영화, 사회복지를 만나다

이 도서의 국립중앙도서관 출판시도서목록(CIP)은 e-CIP홈페이지(http://www.nl.go.kr/ecip)에서 이용하실 수 있습니다.(CIP제어번호 : CIP2011003117)

영화,
사회복지를
만나다

Social Welfare in Cinema

김혜래·김민아·김연옥·박경애·신은주·윤혜미
이은주·이혜경·이혜원·최승희·홍순혜 지음

한울
아카데미

미디어기술의 발달로 날마다 엄청난 양의 지식과 정보가 쏟아져 나오고 있다. 그러나 오히려 그 무게에 짓눌려 사람과 사람 사이의 직접적인 소통은 자리를 잃어간다. 소통을 위해 우리가 할 수 있는 일은 무엇인가?

한국여성복지연구회는 근 30년간 사회복지 분야에 몸을 담아온 배움의 동료들로 이루어졌다. 그동안 정기적인 만남을 통해 현대사회와 사회문제의 양상, 사회문화의 변화, 사회복지적 대안과 사회복지교육의 미래 등에 대해 자유롭게 생각을 나누어왔다. 이 연구회는 책, 영화, 음악 그 밖의 다양한 미디어를 통해 문화적 공감대를 넓혀가며 다양한 가족관계, 소외계층과 우리 사회의 구조적 문제들을 조명하고 소통하는 장이었다. 특히 사회계층과 세대 간 다양한 삶의 양식을 이해하고, 복잡하게 얽혀 있는 사회문제를 보는 시각을 넓히기 위해 복합적인 문화현상과 여러 매체를 이해의 수단으로 활용했다. 다양한 매체 중 영화는 서로의 느낌과 생각을 비교적 쉽게 대화할 수 있도록 소재를 제공해주었을 뿐 아니라, 그 자체가 우리의 사고를 편하게 해주는 쉼의 공간이기도 했다.

한국여성복지연구회가 이러한 관심을 바탕으로 회원 공동으로『가족복지론』,『영화와 사회복지』에 이어 이번에『영화, 사회복지를 만나다』를 낸다. 본 연구회의 세 번째 공동저서인『영화, 사회복지를 만나다』는『영화와 사회복지』2탄의 성격으로, 평소 관심이 많았던 주제를 영상매체를 통하여 분석하고 서로 의견을 나누면서 하나로 엮게 되었다. 회원들이 주로 대학의 사회복지학과에서 강의를 하거나 관련 현장에서 일을 하면서 이 분야의 전공 학생이나 현장실천가를 염두에 두고 함께 나누고자 하는 주제들을 모아보았다. 지난 저서에 비해 최근 영화, 특별히 한국 영화를 많이 다룸으로써 우리 사회의 변화와 흐름에 밀착하여 교감하기 위한 노력을 했다. 또한 사회적 불평등과 차별의식을 자성하고 이를 개선하고자 하는 인권 주제의 글이 포함되었고, 다문화사회를 어떻게 이해할 것인가와 그 속의 개인과 가족, 사회환경에 대한 이해와 소통 등을 주제로 하는 내용을 포함시켜 사회적 필요에 부응토록 했다.

우리 사회가 쉽게 받아들이지 못하고 있는 '다름'과 '다양성'을 인지하고 이해하면서 차별과 편견을 떨쳐버리려 노력했다. 그와 동시에 경제적 빈곤층과 외국인 노동자, 다문화가정, 장애인, 아동청소년, 성적소수자 등의 삶을 단순한 사회복지의 수혜대상으로 인식하지 않고 역동적이며 주체적인 사회의 일원으로서 복지공동체로서의 삶으로 그리려 했다. 개인의 생각과 마음의 변화로부터 사회제도와 환경적 변화를 함께 이루어가는 진정한 만남과 소통의 장이 되길 기대했다.

그간 회원들은 책 작업을 논의하면서 서로의 견해차를 조심스럽게 확인하고 사회복지라는 관점이 너무 좁은 틀로 작용하지나 않을까 우려해보기도 했다. 또한 영화를 너무 이성적으로 접근하는 것은 아닌지, 공동의 논의는 없고 개인적인 관심으로 국한되는 것은 아닌지 하는 걱정도 스쳐갔다. '그래, 우선나 자신의 편견부터 먼저 알아가야지' 하는 마음으로 참여했고, 그 과정에서 자신도 모르는 사이에 돈독해지는 관계 속 만남이 이루어져 왔다. 짧은 사고와 무딘 글의 한계에도 불구하고 공감의 언어를 찾으려 노력했고, 그 결과 우리에겐 소중한 결실,『영화, 사회복지를 만나다』가 나올 수 있었던 것이다.

우리 연구회는 그간 사회복지와 관련된 연구와 토론을 이어오면서 삶을 바라보는 시각을 넓히고 수용력 있는 공동체적인 대화의 장을 추구해왔다. 앞으로도 기존 회원뿐 아니라 관련 현장과 인접 학문 분야의 연구자, 배움의 과정에 있는 학생, 공통의 관심을 가진 사회 속의 일원들이 함께할 수 있길 기대한다. 그로 인해 현실을 공감하고 소통하면서 개개인의 역량과 지혜가 사회적으로 드러나는 공동체로의 지평을 넓혀가길 소망한다.

그간 꾸준히 자신의 자리에서 성실하게 활동하면서 서로를 비춰온 회원들, 그리고 소중한 주제들로 합류해주신 김연옥 교수, 이은주 교수, 최승희 교수, 국가인권위원회의 김민아 선생께 마음 깊이 감사드린다. 특히 편집위원장으로서 회원 간의 소통과 협력을 지혜롭게 이끌어주신 김혜래 전 회장의 노고에 또한 감사드린다. 출판을 맡아주신 도서출판 한울 편집진께도 진심으로 감사드린다. 다시 한 번 동참하신 모든 분들의 신뢰감 넘치는 협조에 감사드리고, 그간의 노고가 헛되지 않았음을 음미하면서 머리글로 인사드린다.

2011년 7월
한국여성복지연구회 회장
박 경 애

01

인간관계의 이해와 소통

박경애

사회복지와 상담 계통의 일을 하면서 늘 당면하는 문제가 가족관계, 즉 부부간, 부모·자녀 간 소통의 어려움이라 볼 수 있다. 또한 직장인인 경우에도 가족관계와 직장 내의 인간관계에서 어려움을 겪는 것을 흔히 경험해왔다. 인간관계를 이해하고 소통하는 문제에서, 사람마다의 성장경험과 사회문화적 환경요인들을 충분히 조사하고 이해하기까지는 많은 시간과 노력이 필요하다. 특히 무의식의 영역인 정서적인 문제를 이해하려 할 때 언어라는 수단만으로는 많은 한계를 느끼게 된다. 따라서 상담자로서 왜곡된 정서 상태를 이해하고 치유로 이끌어내기 위해서는 상담자 자신의 공감능력과 소통능력을 계발하고 훈련하는 것이 기본 과제이다. 상담자 자신과 내담자의 정서 상태를 이해하고 촉진적 환경 조성과 성숙을 도모하기 위해서는 영화, 음악, 놀이, 미술, 춤, 연극 등 다양한 정서표현의 매체를 체험하고 활용하는 것이 크게 도움이 된다.

최근 우리 사회는 인터넷과 각종 미디어의 발달, 특히 영화산업의 발달로 영화의 장르가 어느 때보다 다양하게 생산되고 있다. 원하면 누구든지 영화 감상을 통해 새로운 세상과 만날 수 있는 편리한 영상시대가 된 것이다. 영화는 감상자에게 마음의 정화와 충족감을 주기도 하지만, 상업주의의 만연과 영상기술의 과잉에 노출된 영화들은 상대적 무력감과 소외감을 느끼게도 한다. 그러나 삶의 이야기를 진실하게 다룬 작품을 감상할 때에는 정서적 공감과 마음의 소통을 느끼면서 매우 가치 있는 경험을 하게 된다. 영화를 통하여 함께 공감하고 마음을 교류할 수 있을 때 그 영화는 생명력을 갖게 되고, 개인뿐 아니라 사회의 변화와 성장에 큰 영향을 미치게 될 것이다. 어떤 영화들은 개인의 삶에 큰 영향을 미치고 치유의 힘을 발휘하기도 한다. 마치 어릴 때 가족, 부모로부터 경험한 부정적인 정서 경험, 특히 이후에 반복되거나 억압된 심리적 응어리들을 치유하고 회복하는 과정과 같이 새로운 치유적 정서체험을 갖게 한다. 또한 어떤 영화는 감상자의 가치관과 정체성 확립에 영향을 주는 삶의 멘토가 되기도 하며, 내적 성장의 기회를 제공해주기도 한다.

휴먼서비스의 한 분야인 사회복지현장에서 실천가는 무엇보다도 클라이언트와 소통을 잘하는 사람이라야 한다. 단순히 정보를 얻는 것이 아니라 클라이언트의 관심, 니즈(needs) 파악, 개입과정 등을 공감하면서 의도적으로 개입해야 하기 때문이다. 지식과 경험을 가지고 일방적으로 이끌어가는 것이 아니라 상호협력의 과정으로서, 상호교류를 통하여 클라이언트의 정서적 성장, 역량강화가 이루어지도록 함께해야 한다. 따라서 사회복지사나 상담사 자신의 편견, 자기중심성, 방어기제, 정서적 고갈 등의 문제를 통찰하고 건강함을 유지함으로써 클라이언트와 소통, 공감할 수 있고, 나아가 클라이언트가 가족과 세상 속에서 소통하며 살아갈 수 있도록 돕는 역할을 할 수 있다.

그러한 관점에서 필자는 영화 속에서 가족관계의 이해와 소통, 공감과 변화과정 등 삶의 상황을 분석하고 함께 생각해볼 만한 이슈들을 서술해보고자 한다. 이러한 주제와 관점을 가진 영화는 특히 음악을 매체로 한 작품이 많았는데[1] 여기서는 그중 〈호로비츠를 위하여〉와 〈굿'바이〉 두 영화를 소개한다. 보는 이에 따라 감상 포인트가 다를 수 있겠지만 삶에 대하여 더 많이 통찰하고 이해와 공감대를 넓힐 수 있는 기회가 되었으면 한다.

〈호로비츠를 위하여〉
미운 오리새끼를 사랑하기

감독   권형진
주연   엄정화(지수 역), 박용우(광호 역), 신의재(경민 역),
        최선재(할머니 역)
제작 연도   2006년
상영시간   108분
음악감독   이병우

이 영화의 제작노트를 보면 시나리오를 쓴 작가 김민숙의 이야기가 나온다. 실제로 절대음감을 지닌 조카가 한 명 있는데 사람들의 구둣발 소리, 자동차가 지나가는 소리 등 모든 소리를 음정으로 표현해내는 조카를 보며 언젠가는 시나리오를 써보겠노라고 머릿속에만 담아두고 있던 터에 우연히 TV에서 이태리 부즈르 피아노 콩쿠르 장면을 보게 된다. 콩쿠르에선 총 3곡을 연주하도록 되어 있었으나, 이윤수라는 한국소녀는 단 한 곡만 연주를 하고 무대를 내려왔다. 실격처리가 되어야 함에도 심사위원들은 그녀에게 대상을 주었다. 그녀에게 부여된 신이 내린 천재성에 모두 승복했고 이에 작가는 천재와 범인

사이의 뛰어넘을 수 없는 간극에 대해 생각하게 되었다. 자신과 같은 범인은 평생 노력해도 모차르트 같은 천재가 될 수 없다는 생각이 머릿속을 맴돌던 차에 호로비츠[2]의 변주곡 「결혼행진곡」을 듣고, 무작정 「호로비츠를 위하여」라는 제목을 쓴 뒤 2주 만에 이 시나리오의 초고를 완성했다. 천재와 천재가 아닌 우리 대다수의 이야기를 흥미롭게 그려낸 이 시나리오는 누구나 공감할 수 있는, 실화보다 더 감동적인 이야기를 담고 있다. 이 영화는 피아니스트나 절대음감을 가진 천재소년의 성공에 관한 이야기가 아니라, 사람과 사람이 만나서 서로 사랑하고 변화하는, 사람 간의 관계에 관한 이야기이다. "사람이 누군가를 만나서 마음이 변하고 하는 것은 화학작용 같아서, 그릇에 담듯이 얘기할 수 있는 것은 아닌 것 같다. 피아노 선생과 한 소년이 만나서 서로 변화하고 서로 사랑하게 되는, 나의 꿈이나 욕심보다 먼저 사랑을 느끼게 되는 마음의 소중함이 전달되는 영화가 되었으면 한다. 그렇기에 사람 냄새가 나는 느낌을 제대로 표현해야 한다고 생각했다. 나는 그것을 햇빛의 이미지로 표현하고 싶었다. 햇빛같이 따뜻하고 밝은 이 영화를 통해 사람의 소중함을 느낄 수 있었으면 좋겠다"는 권형진 감독의 이야기처럼 사랑과 따스함이 느껴지는 영화이다.

　권형진 감독은 첫 장편 데뷔작인 이 영화를 통해 그의 섬세한 연출력을 인정받아 2007년 대종상 영화제 신인감독상을 수상했다. 이 영화에서 경민 역을 한 6세 아동 신의재를 찾는 데 1년이 걸렸고, 영화에서 마지막 피아니스트로 특별 출연한 천재적 피아니스트 김정원의 신들린 듯한 피아노 연주는 마치 연주회장에 있는 것처럼 생생한 감동을 주었다. 이병우가 음악감독을 맡았고, 2006년 대한민국 영화대상 음악상을 수상했다. 엄정화는 이병우 감독이 작곡한 영화의 주제곡 「나의 피아노」를 직접 불러 주연배우이자 음악스태프로도 참여했다.[3]

▰ 줄거리

호로비츠와 같은 세계적인 피아니스트가 꿈이었던 지수는 도시 변두리에 있는 피아노학원을 인수하여 그곳으로 이사한다. 이삿짐을 옮기던 중 한 아이가 학원에 들어와서 이삿짐을 뒤지고 메트로놈을 가져간다. 그 아이의 이름은 경민이다. 어느 날 고물상에서 경민을 욕하며 때리는 할머니와 마주치고 그 할머니가 경민의 유일한 가족이라는 것을 알게 된다. 지수가 할머니를 아동학대자로 신고하자 할머니는 지수를 찾아와 "네년이 키울 거냐?"며 때리고 달려든다. 지수는 점심은 먹일 수 있다고 마지못해 약속하고 상황을 모면한다. 말이 없는 아이 경민을 돌봐주던 지수는 어느 날 우연히 피아노를 두드리는 경민이 절대음감을 가진 것을 발견하여 피아노를 가르치게 된다. 지수를 졸졸 따라다니던 경민은 어느 날 어두운 길에서 자동차가 라이트를 켜고 다가오자 그 자리에 멈춰서 공포증을 보이면서 쓰러진다. 지수는 경민을 데려가 진정시키려 했고 「트로이메라이」4를 연주하며 위로해준다.

어느 날 피아노 콩쿠르 소식을 접하자 지수는 경민을 콩쿠르에 내보내 자신이 천재 음악가를 키워낸 스승으로서 찬사를 받는 환상을 떠올리며 경민을 준비시킨다. 또 남들 앞에서 경민의 피아노 실력을 과시하려고 피아노 치면 놀이동산으로 소풍 갈 거라고 한다. 그 후 연습 중에 경민은 "소풍"이라고 처음으로 말을 하게 된다. 피자가게 광호도 함께 나서서 경민을 놀이동산에 데리고 가 즐거운 시간을 갖는다. 그곳에서 경민은 햇빛 가득한 아름다운 자연 속으로 엄마와 손잡고 소풍 갔던 기억이 되살아나 지수의 손을 잡고 행복한 시간을 보낸다. 이후로 경민은 점차 말을 잘하게 되고 지수와도 정이 깊어간다.

한편 지수는 어머니의 생신 때 식사 자리에서 어머니로부터 수입도 변변치 않은 학원에 매달려 있느니 시집이나 가라고 핀잔을 듣는다. 그리고 지수의 친구들과 비교하면서 가족이 너 때문에 희생했는데 너는 그렇게밖에 안 되었 냐며 지수의 자존심에 상처를 준다. 올케도 가세한다.

지수는 학원 운영이 어렵자 마지못해 오빠가 소개해준 결혼식장 반주를 하 면서 자신에 대해 또다시 실망에 빠진다. 그리고 경민에게 유일한 희망을 걸 고 콩쿠르 준비로 맹연습을 시킨다. 그러나 피아노 콩쿠르 도중 경민의 순서 가 되었을 때마침 전기가 나가 임시 조명이 켜지는데 그 불빛에 경민은 또다 시 공포증을 보이며 쓰러지고 만다. 결국 경민은 연주를 못 했고, 실망하며 돌 아온 지수는 경민에게 다시는 오지 말라고 한다. 그 후 지수는 친절한 이웃인 광호에게도 더욱 무관심해진다. 그러나 순수한 마음의 광호는 지수를 위로하 고 늘 가까이서 맴돈다. 지수는 어느 날 포장마차에서 만난 광호에게 "저, 광 호 씨가 생각하는 만큼 대단한 사람 아니에요. 엄마가 장사해서 뼈 빠지게 번 돈 다 저한테 쓰셨어요. …… 근데요, 경민이가 보고 싶어요" 하며 속마음을 토로한다.

어느 날 경민의 할머니가 쓰러지셨다는 말을 듣고 지수는 할머니 집으로 달려가서 방구석에 기대어 잠든 경민을 찾아내고 미안하다며 끌어안는다. 병 원에서 할머니로부터 경민이 4세 때 엄마가 교통사고로 돌아가셨다는 이야기 를 듣는다. "지 새끼 살리느라 지가 품에 안고 떨어졌어." 그 사고 이후 경민이

말을 잃어버렸다는 것을 알게 된다. 지수는 할머니가 회복될 때까지 경민을 돌보겠다고 데려와 경민과 친구처럼, 때로는 엄마와 아이처럼 즐겁고 행복한 시간을 보낸다.

크리스마스 때 경민과 음악회를 갔다가 그곳에서 친구 정은을 다시 만나고 하우스콘서트에 경민과 초대를 받아 간다. 그곳에서 경민이는 집안을 돌아보다가 피아노 있는 방으로 가서 연주하기 시작한다. 그 소리를 듣고 지수와 다른 사람들은 그 방으로 가서 경민의 연주에 몰입하고 그 자리에서 감탄과 찬사를 보낸다. 정은의 은사인 외국인 교수도 경민을 보고 감탄하며 격려한다. 정은은 지수에게 경민이 큰 선생님에게 배우도록 해야 하지 않겠냐고 조언을 하는데 이에 지수는 자신이 충분히 가르친다고 하며 자랑스러운 경민과 함께 행복하게 집으로 돌아온다.

얼마 후 경민의 할머니가 돌아가시자 지수의 오빠는 지수가 결혼도 안 하고 경민을 데리고 지내는 것을 반대하며 아동보호기관에 경민을 보내려 한다. 또 오빠는 "너 어머니가 실망하신다. 고아원에 보내는 게 맞다. 그 아이를 너를 위한 도구로 삼지 말아라" 하며 충고를 한다. 경민과 애정이 두터워진 지수는 괴로워하며 고민한 끝에 정은에게 전에 만났던 외국인 교수에게 경민을 입양 보내도록 주선해달라 하여 결국 멀리 떠나보낸다. 세월이 흐른 후 지수는 광호와 부부가 되어 설레는 마음으로 한 피아니스트의 귀국 연주회를 보러 서울로 온다. 연주를 감상하다가 그 연주자가 경민이라는 것을 알게 되고 과거에 함께해왔던 경민과의 시간을 회상한다. 끝으로 연주자가 지수에 대한 감사의 뜻으로 연주하는 「트로이메라이」를 들으면서 지수는 가슴 벅찬 눈물을 흘린다. 연주자의 손가락에는 지수가 입양을 보내기 전에 경민에게 주었던 반지가 끼워져 있었다.

사회복지 관점에서 영화 보기

자신의 정체성을 찾아가는 과정에서

사람은 성장과정에서, 특히 자신의 정체성을 찾아가는 과정에서 진로문제와 함께 많은 시행착오와 고민을 겪게 된다. 사회적으로 인정받고자 애쓰며 자신을 특별한 존재로 보이려 하는 한편 새로운 인간관계를 통하여 삶의 방향을 확고히 정하기도 한다. 그러한 과정에서 남들과 비교하면서 열등감과 부정적인 가치관이 형성되기도 하고 쉽게 좌절하며 무력감에 빠지기도 한다. 이러한 인격의 근간에는 가족 경험이 자리 잡고 있다. 인간은 누구나 초기 성장과정에서 양육자와의 관계경험을 토대로 점차 그 반경이 넓어지면서 사회적 관계경험을 확장한다. 그 초기과정에서 양육자의 보살핌이 결핍된다든지 왜곡된 정서경험을 반복하게 되면 분노와 우울, 수치심, 한(恨)과 같은 정서적 응어리가 인격 내면에 형성된다. 또한 성장하면서 열등감, 두려움, 패배감 등의 부정적 정서가 자리 잡으면서 인간관계에서 마음을 닫거나 방어벽을 높게 쌓아 타인과의 소통이 어렵게 되기도 한다. 그로부터 회복되고 성장하기 위해서는 안전하고 신뢰할 만한 대상과의 만남을 통하여 마음을 열고 소통할 수 있는 기회가 필요하다. 가족경험으로 인해 상처가 전부인 줄 알았던 사람에겐, 과거를 억압하고 과거로부터 도피해왔던 자기 자신을 되돌아볼 용기를 주는 진정한 누군가와의 만남이 필요하다. 그 만남을 통하여 소통과 이해, 치유의 과정을 경험하고 자신을 소중한 존재로 느낄 수 있게 된다.

세계적인 피아니스트가 꿈인 지수의 가족관계와 성장환경을 살펴보자. 외동딸 지수에게 아버지는 가정형편상 무리하게 피아노를 가르치려 했고 그 때문에 오빠는 대학을 중도에 포기할 수밖에 없었다. 장사하며 뒷바라지한 지수 어머니는 그것이 늘 불만이었다. 다른 가족의 희생으로 자신이 대학에서 피아노를 전공했기에 그런 환경 자체가 늘 부담스러웠다고 가족에 대해 불만을 터뜨리는 지수, 대학교수이거나 외국에서 돌아와 귀국 연주회를 하는 친구들 앞에서는 당당함을 보이려 애쓰나 가족에게는 유학 못 가서 남들처럼 출세 못 했다고 가정환경의 탓으로 돌리려는 지수, 그리고 비록 변두리 피아노 학원이지만 전공자만 가르치겠다고 자존심을 내세우는 지수. 사회에서 흔히 볼 수 있는 좌초된 우리 자신의 모습을 지수에게서 발견하게 된다.

자신의 진로를 찾아갈 때 과연 우리는 무엇을 생각하는가? 적성에 맞는 일이 무엇인지, 어떻게 살아야 행복할지, 경제적인 자립과 전망은 어떠한지 등등 많은 생각을 할 것이다. 그러나 그 이전에, 가족으로부터 분리되지 못한 채 욕망과 환상을 붙잡고자 하는 마음이 우리를 움직이고 있지 않나 생각해본다. 꿈(환상, 욕망)과 현실과의 괴리를 어떻게 받아들일 것인지, 그리고 삶에 대한 가치관이 어떠한가에 따라 미래는 달라질 것이다. 진정으로 자신이 원하는 삶을 살아갈 준비가 되었는가? 아직 지수는 가족에서의 결핍감과 의존심, 불만이 내재되어 있는, 정서적으로 가족과 분리되지 못한 심리상태를 가지고 있다. 자기능력과 현실에 대한 인식(통찰)보다는 내적으로 충족되지 못한 환상과 욕망을 충족시킬 무엇을 외부세계에서 추구하고 있다고 볼 수 있다.

만남을 통하여 새로운 자기를 발견하고

동네 말썽꾸러기 경민은 지수의 학원에 와서 지수의 관심을 끌기 위해 말썽을 피우던 중 피아노를 두드리는데, 그때 경민이 절대음감을 지녔다는 것을 발견하고 지수는 피아노를 가르친다. 자신의 열등감을 보상받기 위해 경민을 택한 것이지만 콩쿠르 준비과정에서 경민을 구슬리기 위해 놀이동산으로 소풍 가자는 말을 하는데, 그 후 경민은 "소풍"이란 말을 처음으로 하면서 다시 말문이 트인다. 그곳에서 경민, 광호와 한 가족처럼 행복한 시간을 갖게 된다.

경민과 지수에겐 특별한 시간이었다. 자연 속에서 놀이를 통해 마음을 활짝 열고 공감하고 소통할 수 있는 시간이었다. 그 후 경민은 말을 회복하고 엄마를 상실한 충격에서 치유되어간다. 또 가족들과 친구들 사이에서 상처받지 않으려고 마음을 닫고 지내온 지수는, 경민과 피아노를 통한 만남으로 마음이 열리고 소통의 끈이 이어지며 놀이 속에서 정서적 교류가 커져 간다. 광호와의 만남 또한 상처받은 경민과 나약한 지수의 관계를 지속적으로 맺어주는 울타리가 된다. 그러나 지수는 여전히 피아노의 천재를 발굴하고 키워낸 스승으로서 자신의 꿈을 키워간다. 현실에서 좌절된 욕구가 또 다른 환상을 만들어낸 것이다.

나중에 할머니를 통해 알게 되었지만, 교통사고로 엄마를 잃고 그 후로 말을 잃은 경민은 콩쿠르 무대에서 강한 불빛의 충격으로 사고 장면이 되살아나면서 연주를 할 수 없게 된다. 이에 지수는 다시 좌절감을 맛본다. 경민의 상처는 알지 못하고 자신의 수치심과 실망감으로 경민을 다시는 오지 말라고 내친다. 경민은 크나큰 상처를 입고 또다시 홀로 거리에 남겨진다. 그리고 지수는 밥벌이를 위해 웨딩홀 피아노를 치면서 좌절된 자신의 현실을 무덤덤하게 받아들인다. 자신의 삶을 빛내줄 경민도 없고 든든한 후원자인 피자집 광호에도 무관심한 채 하루하루를 보낸다. 집착해오던 무엇이 사라지고 삶의 목표와 의욕이 없어진 상태이다. 그런데 새로운 것은 경민이 보고 싶다는 마음이 점점 커지고 있다는 것이다. 욕망은 좌절되었지만 지수의 마음속에는 이전에 느끼지 못했던 새로운 감정이 움트고 있었다.

놀이할 수 있는 능력과 사랑할 수 있는 능력

지수는 경민을 돌보며 피아노를 가르치고, 때론 엄마를 그리워하는 애정결핍 아동인 그에게 슈만의 「트로이메라이」를 연주해주기도 한다. 지수는 자신의 욕구충족을 위한 대상이었던 경민에게 모성적 돌봄5을 준다. 함께 소풍 가서 즐겁게 정서적 교감을 하면서 경민의 마음의 벽이 허물어지고 광호와 함께 마치 한 가족처럼 따뜻한 공감의 시간을 갖는다. 놀이공원에서 즐겁게 놀면서 경민의 마음이 치유되고 있다. 그리고 어릴 적부터 늘 목표를 향해 달려야만 했던 지수에게도 이는 새로운 경험인 것이다. 따뜻한 지지자인 광호의 끊임없는 관심과 개입이 새로운 가족 체험을 가능하게 했다고 볼 수 있다. 경민과 지수 사이의 정서적인 교류가 피아노를 통한 음악이라는 매체를 통하여 이루어져 왔고 즐거운 놀이경험 속에서 친밀감이 증가하면서 서로의 내면이 치유되어간다. 열등감과 정서적 억압으로 자유롭지 못한 지수는 엄마를 상실한 트라우마6 속에 있는 경민과 정서적 교감을 통하여 놀이영역에서 서로를 수용하고 타인에 대해 진정한 관심을 가질 수 있게 되어간다. 놀이 속에서 공감과 소통의 능력이 발휘되고 신뢰 관계를 형성한다. 자기연민, 자기세계 속에서 벗어나 어떠한 대상에 관심을 갖고 그와 함께 놀이할 수 있다는 것, 즉 이는 대상관계이론(object relation theory)에서 강조하는 '놀이할 수 있는 능력은 곧 사랑할 수 있는 능력'과 다르지 않다.

고통을 감내하는 성숙한 사랑의 관계로

변두리 지역에서 우연히 만난 경민은 지수가 가지지 못한 음악적 재능을 가졌으나 엄마라는 대상이 필요한 존재이다. 지수는 그를 돌보면서 타인의 존재를 돌보는 경험을 하고 광호에게서 정서적 지지를 받으며 이전에 경험하지 못했던 새로운 가족의 경험을 한다. 광호는 경민에 대해 좌절하고 괴로워하는 지수에게 다가가 자신이 피자를 굽는 것에 비유하며 경민에 대한 지수의 성숙한 태도를 제시해준다. 경민을 위한다면 "경민만의 피자"를 구워줘야 한다고. 모자관계에서 애착과 분리, 독립의 과정을 적절한 시기에 경험하는 것이

성장에 가장 중요한 것처럼, 경민에 대해서 고민하는 지수가 경민과 자신을 분리하여 생각하고 자기한계를 인식하도록 돕는다. 결국 지수는 경민을 위해서 경민을 떠나보내기로 결심한다. 헤어짐의 고통을 감내하며 진정한 사랑의 마음으로 경민을 이해하려 하고 그를 위한 예술가의 길을 가도록 결정한다.

이러한 과정이 경민에게는 또 다른 상처와 충격이 될 수 있기에 우려가 된다. 그러나 이 영화에서는 지수의 변화, 성숙과정에 더욱 포인트를 두고 상황을 전개하는 듯하다. 지수에게 자기충족을 위한 대상, 연민의 대상이었던 경민을 이해하고 놀이하면서 진실한 사랑의 관계로 발전한다. 경민의 방에 붙어 있는 피아노 그림의 전단지, 길가에 버려진 낡은 피아노 밑에 쭈그리고 앉아 있는 경민, 자신이 죽은 뒤를 생각하여 경민을 강하게 키우려 정을 주지 않던 경민의 할머니, 소풍 가서 놀이 속에서 엄마를 느껴 지수에게 손을 내미는 경민을 회상하면서 지수는 자신과 경민을 돌아본다. 그리고 자신과는 다른 경민의 길을 찾아주기로 결심한다. 상담자에게서도 마찬가지다. 상담자와 클라이언트와의 관계에서 클라이언트 중심으로 상담자 자신을 조율하며 활용하는 원리, 그리고 자기인식(self-awareness), 즉 자기 자신을 먼저 이해하고 통찰할 수 있을 때 클라이언트에 대한 공감적 이해와 개입이 가능하다는 것이다.

진정한 만남이 서로의 삶의 멘토가 되다

이 영화에서는 지수가 자신의 열등감에서 벗어나고 경민도 엄마 상실의 트라우마에서 치유가 이루어졌다고 보면서 예술가로서의 경민의 길을 상정한 것으로 해석할 수 있다. 따라서 경민의 예술세계(내면세계)는 이제 자폐적인 공간이 아니라 지수와의 사랑을 토대로 자기의 재능을 잘 발휘하며 성장해간다는 행복한 결말의 장(場)으로 해석할 수 있다.

이 드라마의 내용은 요즘 우리 현실과 상당한 거리를 느끼게 한다. 지나친 조기교육으로 인해 어려서부터 놀이와 예술적 창조성을 체험하고 개발할 수 있는 촉진적인 환경을 제공받기란 매우 어려운 것이 현실이다. 부모는 이 시점에서 자신의 욕구와 자녀의 욕구를 구분하지 못하고 부모의 생각을 강요하여 자녀의 요구를 무시하거나 성장을 방해하고 상처를 주는 경우도 있다. 또한 일류를 지향하는 부모의 욕망이 아이의 정서를 억압하여 창조성과 예술성을 발휘하지 못하게 하는 교육 현실을 다시 한 번 생각하게 한다. 가정에서부터 놀이할 수 있는 능력과 사랑할 수 있는 능력을 형성해주는 촉진적 성장환경이 결여되고 예술적·창조적 능력도 상업주의와 경쟁적 사회환경 속에서 빛을 잃게 되는 현실은 매우 안타깝다.

영화 끝부분의 귀국 연주회 장면에서, 라흐마니노프 협주곡 2번을 연주하는 청년 경민은 음악 속으로의 진정한 몰입을 통해 세상(관객)과 소통한다. 그리고 「트로이메라이」를 앙코르 곡으로 연주하는 과정에서, 지수는 경민임을 확신하고 경민과의 추억을 떠올리며 회상한다. 과거엔 지수에게 음악이 성공 목표였으나 지금은 음악 자체가 사람과 진정한 만남의 매개로서 사랑의 관계를 이어주는 끈이 된다. 아름다운 고통과 성장의 기억을 공유한 행복한 두 사람, 그 곁에는 두 사람의 진정한 멘토인 광호가 따뜻한 시선으로 함께한다.

〈굿' 바이(Good & bye)〉
자기를 회복하는 아름다운 귀향

감독 다키타 요지로

주연 모토키 마사히로(다이고 역), 히로스에 료코(미카 역),

야마자키 쓰토무(이쿠에이 역)

제작 연도 2008년

상영시간 131분

음악 히사이시 조

영화 〈굿' 바이〉는 2008년 화제작으로 세계적으로 뜨거운 관심을 한 몸에 받았다. 이 영화를 더욱 빛낸 것은 바로 일본 최고의 연기파 배우들의 열연이라 볼 수 있다. 작품의 기획단계에서 영화의 소재인 '납관'에 관한 아이디어를 제안하며 영화 제작에 직접 가담한 배우 모토키 마사히로는 첼리스트에서 초보 납관도우미 두 가지 직업을 완벽히 소화하며 이 영화에 대한 남다른 애정을 표현했다. 모토키 마사히로는 영화 속 낯설고 당혹스러운 직업인 초보 납관 도우미가 된 '다이고'의 모습을 섬세한 심리묘사와 표정연기를 통해 완벽에 가깝게 소화했다. 또한 인간적이고 순수한 남자 '다이고'의 아내 '미카' 역은 히로스에 료코가 맡아 한층 성숙한 모습과 안정된 연기력으로 관객의 마음을 사로잡는다. 또한 스크린을 압도하는 연기파 배우 야마자키 쓰토무가 베테랑 납관사 '이쿠에이'로 합류해 영화의 깊이를 더하고 있다.

다키타 요지로 감독의 빼어난 영상미와 더불어 영화 음악계의 거장 히사이시 조의 아름다운 선율이 더해져 영화의 감동을 배가시킨다. 첼로를 메인 음색으로 잡은 〈굿' 바이〉는 일본 대표 첼리스트들을 비롯해 NHK 교향악단의 수석진 13인이 연주하는 아름다운 선율로 스크린을 가득 채운다. 특히 첼로는 영화 속 인물들의 복잡한 심리묘사를 효과적으로 표현할 뿐만 아니라, 다양한 사람들의 마지막 배웅의 순간을 엄숙하고 장엄한 사운드를 만들어내어 극의 효과를 더한다.

자연의 아름다운 풍경과 현대 생활 속에서 조금씩 잊혀가는 고물(古物)의 운치를 이 작품 속에 담고 싶었던 다키타 요지로 감독은 로케이션 장소를 일본의 야마가타로 결정했다. 각박한 도시의 분위기와는 대조적인 곳이다. 특히 고향 동네의 대중목욕탕이나 '다이고' 아버지가 운영한 재즈 카페는 실제로 야마가타에서 영업 중인 곳으로, 처음 제작팀이 발견했을 때 바로 촬영에 들어가도 될 정도로 영화의 분위기와 가장 잘 맞아떨어지는 장소로 꼽힌다. 이 영화는 아카데미 외국어영화상(2009) 수상, 홍콩 금상장 영화제(2010), 아시아 영화상, 몬트리올 국제영화제(2008) 수상(다키타 요지로) 등, 수많은 국제 영화제에서 감독상, 주연상, 각본상 등을 받았다.[7]

우리는 이 영화를 통하여 삶에서 소중한 것, 그러나 잊기 쉬운 것을 다시 발견하고, 삶이 아름다운 이유를 다시 한 번 생각하게 될 것이다.

◤ 줄거리

주인공 다이고는 도쿄에서 한 오케스트라에 첼로 연주자로 취직하나, 입단하자마자 오케스트라가 해체되면서 실직하게 된다. 생계가 막막해지자 거액의 빚을 내어 산 첼로를 다시 팔고서 아내와 고향 야마가타로 내려가 어머니가 유산으로 남겨준 집에서 지내며 일을 찾게 된다. 그 집에서 아버지는 카페를 운영했는데 다이고가 6세 때 애인이 생겨 떠나가 버리고, 어머니와 다이고가 함께 살아왔다. 다이고는 '여행의 도우미'를 구하는 광고지를 보고 찾아

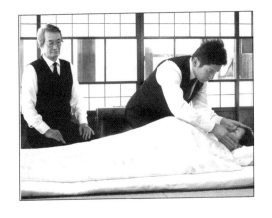

가 보니 그 회사는 시신을 염습하고 납관하는 일을 하는 곳이었다. 당황스럽고 내키진 않았으나 사장이자 베테랑 납관사인 이쿠에이가 고액의 월급을 제안하자 그의 일을 보조하기 시작한다.

　다이고는 그 일을 하는 과정에서 사자와 그를 둘러싼 가족들의 다양한 모습을 보면서 삶과 죽음에 대해서 많은 것을 체험한다. 또한 시신의 부패로 다루기 힘든 상황을 겪으면서 일을 그만두려 했지만 고민 중에 있는 다이고에게 사장 이쿠에이가 찾아와 이 일은 당신의 운명이고 천직이라 말한다. 다시 일을 하게 되나 아내가 남편이 하는 일을 알게 되면서 극구 반대를 했고 결국 아내가 친정으로 떠난다. 다이고는 계속 일을 하면서 상주와 가족들 보는데서 직접 시신에 염습하고 납관하는 일을 한다. 이쿠에이를 본받아 시신을 정성껏 다루며 아름답게 화장하여 가족들과 이별의 의식을 나누게 한다. 그의 정성스런 모습에 마음이 움직인 망자의 가족들도 죽은 사람을 잘 떠나보내도록 돕는 과정이 소중한 일임을 깨닫고 함께 정성을 다하게 된다.

　고향에서 다시 찾아간 목욕탕, 그곳에서 다시 만난 목욕탕집 아주머니, 그는 다이고의 어릴 적 아픈 사연을 누구보다도 잘 알고 있는 따뜻한 마음의 아주머니이다. 50년 동안 그 목욕탕에 다니는 장의사 할아버지, 사연을 간직한 납관회사 사무실 여직원, 전문 납관사이자 사장인 이쿠에이와의 새로운 만남과 대화가 있다. 크리스마스 날 납관회사 사무실에서 조촐한 파티를 하다가 다이고는 첼로를 다시 연주하게 된다. 삶과 죽음의 현장을 맛보면서 다이고는 삶의 깊이가 묻어나는 연주를 하게 된다. 어느 날 아내가 돌아와 임신 사실을 알리면서 아기를 위해 다른 일을 찾아보기를 권한다. 그러나 갑작스런 목욕탕 집 아주머니의 사망 소식을 듣고 함께 간다. 그곳에서 염습과 납관을 정성스럽게 하는 남편을 지켜보던 아내는 그 일이 정말 소중한 일이라는 것을 깨닫게 된다.

돌아오는 길에 강가에서 다이고는 아내와 돌을 주우면서 아버지와 나누었던 돌편지의 추억을 상기한다. 그러나 아버지는 여전히 생각하고 싶지 않은 존재로, 만나면 폭발할 것이라 하며 다이고는 곧 마음을 닫아버린다. 어느 날 아내를 통해 아버지의 사망 통지를 받게 되나 얼굴조차 기억하지 못하는 아버지를 잊어버리려 했던 다이고였기에 아버지의 시신을 보러 가길 꺼려한다. 그때 여직원은 자신도 다이고의 아버지와 비슷한 사연이 있다는 걸 토로하며 가도록 설득하려 한다. 마음을 돌려 아내와 아버지를 찾아보게 된다. 그때 시신을 염도 하지 않고 마구 관에 넣는 납관업자를 보고 자신이 납관사니 직접 아버지의 시신을 다루겠다고 한다. 염을 하다가 아버지의 손에서 어린 다이고가 아버지에게 주었던 작은 돌을 발견한다. 그 순간 아버지의 아들에 대한 사랑을 확인한다. 아버지를 정성껏 염하는 과정에서 다이고는 아버지의 따스한 얼굴을 기억해낸다. 아버지의 사랑을 확인하고 다이고 자신 안의 미움과 원망이 사라진다. 아내와 태어날 아기와 함께 정성껏 보내드린다.

◢ 사회복지 관점에서 영화 보기

인생의 진로를 찾아갈 때

다이고는 아주 어릴 때 아버지로부터 첼로를 배우게 되었고 성인이 되어서도 첼로 연주자로서 오케스트라 단원으로 취직한다. 그것이 자신이 할 수 있는 가장 적합한 일이라 생각했을 것이다. 작은 주변부 마을에서 도쿄라는 대도시에 와서 오케스트라에 일자리를 구하고 거액을 대출받아 악기를 구입한다. 그러나 실직으로 인해 그 모든 일이 좌절되면서 새롭게 현실적인 판단을 내려야 한다. 우리는 진로를 찾는 과정에서 그 일이 무엇이든 새로운 일을 경험하면서 자신의 능력을 새롭게 발견하기도 하고 삶과 직업(진로)에 대한 가치관이 형성되어간다. 다이고는 고향으로 돌아가 얼떨결에 시작한 납관이라는 새로운 일에서 삶의 소중함을 깨달아 오히려 예술가의 혼을 발휘한다. 섬세하고 감수성이 예민한 소년, 어머니에게는 착한 아들로서 눈물을 보이지 않으려고 애써온 다이고는 염하고 납관하는 과정을 보조하면서 삶과 죽음의 의식을 경험한다. 그리고 자신의 마음을 쏟아 연주하듯이 일에 몰입한다. 그러한 경험을 통해 더욱 삶의 고뇌를 담은 공감력을 지닌 살아 있는 연주를 하게된다. 생계를 위하여 염습과 납관 일을 시작하게 되었지만 그 일을 통하여 산자와 죽은 자 사이에서 화해케 하는 진정한 예술의 경지를 맛보며 가치를 느낀다.

외로운 삶의 진정한 멘토들

베테랑 납관사이자 사장인 이쿠에이는 다이고가 일하는 과정에서 일의 가치를 배우게 하는 훌륭한 모델이자 멘토의 역할을 한다. 또한 다이고가 일에 대해 갈등하고 고민하는 과정을 묵묵히 지켜보고 그의 자질을 실습을 통하여 향상시키도록 돕는다. 다이고는 그의 프로다운 직업정신과 사자를 보내는 경건한 태도에 감화되어 조금씩 생각이 바뀐다. 또 이쿠에이는, 다이고가 자신이 하는 일이 어떤 의미가 있는지 스스로 깨닫도록 기다려준다. 예술가가 되려는 사람이 진정한 예술이 무엇인지 체험해야 하는 것과 마찬가지로. 납관사 사무실의 여직원 또한 누구와도 마음을 열고 대화할 수 없는 다이고가 스스로 마음을 열기까지 지켜본다. 그리고 결정적인 순간에 다이고가 아버지를 원망하고 증오하는 마음에서 해방되도록 자신의 숨기고 싶었던 과거 경험을 노출시킨다. 또 다른 멘토의 역할을 잔잔히 담당하고 있다. 동네 목욕탕 집 아들이 다이고가 하는 일을 알고 실망스럽다고 면전에서 다이고를 무시하는 말을 한다. 그럼에도 다이고가 자신의 일을 정성스럽게 하게 된 것은 이러한 멘토들이 곁에 있었기 때문일 것이다.

삶과 죽음을 통해 소중한 가르침을 얻음

다이고는 아버지로부터 받은 마음의 상처가 너무 커서 새로운 누구와도 소통하기 두려운 마음 때문에 가장 친숙한 음악의 세계에 머물러왔을지도 모른다. 그러다가 고향으로 돌아와 자신의 가족환경과 성장과정을 되돌아보는 기회를 갖게 된다. 아버지가 집을 나가고 어머니와 함께 남은 어린 다이고는 어떻게 성장했을까? 목욕탕 집 아주머니의 말에 따르면, "엄마 앞에서 눈물을 보이지 않으려고 목욕탕에 와서 혼자 울곤 하는" 아이였다. 아버지에 대한 그리움, 원망, 분노, 그리고 어머니에 대한 연민 등으로 어린 소년은 어머니의 착한 아들로서 아버지의 빈자리를 대신하며 살아가려 했을지 모른다. 따라서 감정을 잘 드러내지 않는 내향적이며 섬세한 성격으로 성장한 다이고는 부정적인 정서적 응어리를 마음속에 지닌 채 자신의 미래에 대해 다양한 도전을 시도해보지 못하면서 지금까지 지내온 것 같다. 우연한 계기에 새로운 일을 하면서 남들에게 보이는 나와 과거의 나로부터 조금씩 벗어나 새로운 나를 경험하게 된다. 억압된 자아로부터 자유로워지면서 우울한 내면아이[8]가 치유되고 있다.

고향에서의 새로운 시작, 즉, 염과 납관하는 과정은 산 자와 죽은 자 사이의 대화이며, 원망과 한을 풀고 정성껏 사자를 보낼 수 있게 예를 갖추는 절차이다. 상을 당한 다양한 가족 군상을 접하며 서로 상처 주고 소통하지 못하는 가족 간의 어려움을 목격한다. 다이고는 이들 사자와 가족들 사이에서 소통과 치유자의 역할을 한다. 목욕탕 집 아주머니는 다이고의 어린 시절을 잘 알고 있는 유일한 가족과 같은 친밀한 존재이다. 그의 갑작스런 죽음 소식을 듣고 달려가 그의 시신을 정성껏 염하는 다이고를 보면서 그의 아내는 그 일의 가치를 깨닫고 다이고를 이해하게 된다. 그리고 50년 이상 그 목욕탕을 드나드는 아주머니의 오랜 친구인 장례사는 지역 사람들의 삶과 죽음의 역사의 증인이다. "죽음은 문이다. 헤어짐이 아니라 다음 세상을 맞이하는 문이다"라고 하며 정중히 장례의식을 진행한다. 삶이 늘 죽음과 함께한다는 것을 깨닫게 한다.

아버지와의 화해, 새로운 인생의 출발

귀향을 통하여 다이고는 새로운 사람들과의 만남, 새로운 일과의 만남, 목욕탕 아주머니와의 만남 등 새로운 좋은 관계경험을 하게 된다. 아버지의 시신을 대하면서 아버지의 손에서 굴러떨어진 어린 다이고의 돌멩이가 아버지의 사랑을 확인시켜주었고 염하는 과정을 통해 아버지의 얼굴을 기억할 수 있게 되며 치유가 일어난다. 과거 속에 묻혀 있었던, 어릴 적 냇가에서 아버지와 주고받았던 돌편지는 소통과 사랑의 표현이다. 아버지는 원망과 증오의 대상이 아니라 사랑의 대상임을 알게 되고 태어날 아기에게도 알려주려 한다. 이로써 자신과 가족이 새롭게 회복된다.

자연 속에서, 삶의 현장에서 울려 나오는 첼로 연주가 영상을 통하여 치유과정을 느끼게 한다. 대도시에서 다시 시골 고향으로, 첼리스트에서 납관사로의 여행, 고향은 가족의 아픈 과거를 기억하게 하고 때로는 도망치고 싶은 곳이지만, 마치 연어가 강을 거슬러 상류에 가서 알을 낳고 죽는 것처럼 고통스

럽지만 깊은 내면의 치유
의 자리가 된다. 들판에
서 자유롭게 첼로를 연주
하는 다이고는 일과 놀이,
그리고 예술의 세계가 자
기 안에서 하나로 느껴질
만큼 삶이 성숙해간다.

자연 속에서 깨달음을 얻고 살아 있음의 아름다움을 느끼게 된다. 어떠한 분
야의 일을 하든 자신의 일을 통하여 삶의 의미를 깨닫고 이웃에게 위로와 힘
이 되어주는 것은 자족감을 준다. 인간과 자연의 생태적 그물망 속에서 삶을
공감하고 하나의 생명체로 느끼면서, 소통하면서 살아가는 것이야말로 행복
한 삶이라 할 수 있지 않을까?

　〈호로비츠를 위하여〉와 〈굿' 바이〉, 이 두 작품은 음악이라는 매체를 통하
여 정서적 교감과 소통의 길을 찾게 됨을 보여준다. 그로 인해 상처와 내면의
모습이 드러나고 공감과 신뢰관계 속에서 치유가 일어나고 있다. 위의 영화
들은 외형적 성장주의, 경쟁주의의 입장에서 보면 별 볼 일 없는 사람들, 즉
패배자들의 이야기일지 모른다. 삶의 근본적인 변화와 성장은 내면의 문제를
용기 있게 바라보는 데서 시작되고, 인간관계를 통한 상처와 왜곡은 새로운
인간관계의 경험, 만남과 공감, 소통을 통해서 치유되고 변화된다는 것을 깨
닫게 한다. 상담자나 휴먼서비스의 실무자들은 변화를 만드는 사람이다. 때
로는 매개자, 조정자, 촉진자, 지지자, 치유자 등의 역할을 통하여 사람과 사
람, 사람과 환경 사이에서 변화가 일어나게 한다. 사회복지 현장에서 일하는
사람은 심층적 인간이해와 더불어 사회의 변화와 다양한 계층에 대한 이해가

필요하다. 사회적 약자와 어려움에 처한 자를 대할 때 어느 한 계층의 시각에서 자유로워야 하며, 인간 대 인간으로 교감할 수 있어야 한다. 인간은 자신의 문제와 씨름하면서 더욱 발전하고 타인에 대한 이해심을 갖게 된다. 따라서 심리상담이나 사회복지 분야의 실무자들은 자신의 내면에 관심 갖고 깨달아가는 자기인식(self-awareness)의 노력이 중요하다. 인간관계 문제를 함께 고민하고 치유하고자 하는, 진정한 삶에 대해 관심을 가진 사람들이 영화를 함께 분석, 토론하면서 자신의 내면 성장과 공동체 의식, 상호 지지기반을 만들어가는 것 또한 경쟁적 갈등의 사회를 공생의 사회로 변화시키는 생태학적 삶의 추구라 할 수 있다. 영화를 비롯한 여러 예술매체는 언어소통의 부재시대에 마음을 열고 소통할 수 있는 또 다른 공감대를 제공한다.

❖ 생각할 거리

1. 어린 시절, 가족으로부터의 상처, 즉 내면 아이의 치유와 성장 과정을 영화에서 발견하고 자신에 비추어보자.
2. 자신의 진로를 찾아가는 과정에서 경험한 것들을 서로 이야기해보자.
3. 사회복지사로서 다양한 사람들과 소통하고 공감하기 위해 필요한 노력은 무엇인지 생각해보자.
4. 생태학적 관점에서의 인간관과 세계관을 이해하고 실제 사례에 적용하여 설명해보자.

1 * 〈코러스〉(프랑스·스위스·독일, 크리스토프 바라티에, 2004): 아동, 청소년의 성장위기, 환경적 제약 속에서 참된 교사와 학생관계를 통해 정서치유, 음악적 잠재력을 발휘하도록 돕는 과정을 볼 수 있다. 아이들과 소통과정이 음악(합창)이라는 매체로 표현되고 사회에서는 별 볼 일 없는 실패자로 보이나 아이들에게서 희망을 발견하고 그들의 꿈을 실현할 수 있도록 돕는 진정한 교사상, 부모상을 발견할 수 있다.

* 〈호로비츠를 위하여〉(한국, 권형진, 2006): 호로비츠와 같은 피아니스트가 되고 싶었으나 좌절한 30대 여성이 지방에서 학원을 경영하며 만난 천재적 음감의 아동과 겪는 이야기이다. 여주인공의 인격특성, 천재아동의 생장배경을 잘 묘사했고, 상처와 갈등 속에서 진정한 이해·공감의 기회가 오면서 여주인공은 자신을 통찰하고 아동의 좋은 교사(어머니)로서의 역할을 함으로써 함께 성장하는 과정을 보여준다.

* 〈하모니〉(한국, 강대규, 2010): 여러 가지 범죄에 얽혀 여자교도소에서 생활하는 여성들의 마음의 상처, 합창을 연습하는 과정에서 진한 유대감이 형성되어 마음을 열고 서로 지지해주며 서로 힘을 얻고 가족들과 세상과 화해하는 영화이다. 여성으로서 겪게 되는 사회적 부조리 현실, 편견과 불신이 우리 모두의 내면의 문제이고 모두의 책임이라는 것을 깨닫게 한다. 영화제목처럼 메시지를 강하게 드러내고 있다.

* 〈포 미니츠〉(독일, 크리스 크라우스, 2006): 내면의 비밀과 트라우마를 가진 크뤼거란 여성이 교도소의 젊은 여성에게 피아노를 가르치려 하나 각자의 마음을 열지 못한 채 각기 자기 식대로 하려 하면서 갈등하는데, 아프지만 피하기보다는 음악을 통해 자신의 내면을 드러낼 수 있는 이끌림, 계기를 갖게 된다. 이 영화에서는 음악이 감동의 요소라기보다는 내면의 소리(표출) 그 자체인 것을 느낄 수 있게 하는 훌륭한 작품이라 생각한다.

* 〈굿' 바이〉(일본, 다키타 요지로, 2008): 평생 첼로만 연주하던 손으로 얼떨결에 납관 도우미가 되어 고인에게 마지막 온기를 불어 넣는 주인공 다이고가 다양한 사람들의 마지막 작별의 순간을 함께하며 그 속에서 인생의 진정한 행복을 찾아가는 과정을 따뜻한 시선으로 그리고 있다. 이 영화는 '떠나야 하는 사람'과 '남겨진 사람들'의 마지막 이별의 순간 속에서 삶의 가치를 깨닫게 해주며 삶의 소중함이 무엇인지 되돌아보게 한다.

* 〈밀양〉(한국, 이창동, 2007): 박탈과 상실이 반복되면서 절망의 밑바닥을 경험하는 여성과 그 주위 사람들의 군상, 진정한 공감과 치유가 가능한가? 어느 정도로 상대를 이해할 수 있고 그녀에게 무엇을 할 수 있을까? 고통 가운데 있는 그녀가 회복되도록 함께 그냥 머물러 있을 수 있는가? 여러 물음을 던져주는 영화.

* 〈즐거운 인생〉(한국, 이준익, 2007), 〈너를 보내는 숲〉(일본, 가와에 나오미, 2007), 〈바베트

의 만찬)(스웨덴, 가브리엘 액셀, 1996) 등도 같은 주제의 관점에서 함께 생각해볼 만한 영화이다.

2 블라디미르 호로비츠(1904~1989): 20세기 러시아 출신의 천재 피아니스트로서 현존하는 피아니스트들이 뽑은 '가장 부러운 피아니스트'라고 한다. 오랫동안 미국에서 살다가 죽기 3년 전인 1986년, 꿈에 그리던 고향 모스크바에서 '61년 만의 귀향 연주회'를 가졌다. 지금도 그 연주회는 그의 평생에 가장 아름다운 연주로 알려져 있다.

3 〈호로비츠를 위하여〉 제작노트 중 발췌. http://movie.daum.net/moviedetail/moviedetailStory.do?movieId=41396&t__nil_story=tabName

4 「트로이메라이(Traumerei)」는 슈만(Schumann)의 〈어린이 정경〉 중의 한 소곡으로, 호로비츠가 말년의 무대에서 연주하여 많이 알려졌다. '꿈을 꾸다'라는 뜻으로 마음을 평화롭게 해주는 느낌의 곡이다.

5 정신분석학자 위니콧(D. Winnicot)이 그의 저서 『성숙과정과 촉진적 환경(The Maturational Processes and the Facilitating Environment)』, 『박탈과 비행(Deprivation and Deliquency)』 등에서 모성적 돌봄(maternal care)의 다양한 기능과 의미를 서술했다. 그의 이론의 주요개념이며 치유적인 돌봄의 주된 방법으로는 '안아주기(holding)' 등이 있다.

6 트라우마(trauma)는 신체적·정신적 충격을 경험한 후 나타나는 심리적 외상을 뜻한다.

7 〈굿' 바이〉 제작노트 중 발췌. http://movie.daum.net/moviedetail/moviedetailStory.do?movieId=47451&t__nil_story=tabName

8 내면아이(inner child)란 바로 내가 받아온 좋지 못한 교육과 환경에 의해 무시되고 등한시되었던 나의 잃어버린 부분, 곧 그림자(shadow)이다. 내가 사랑해주지 않았던 그 부분을 소중히 받아들일 때 손상된 인격의 조화와 화해가 이루어지며 비로소 자유로움을 경험하게 된다. 오제은, 「자기사랑노트」(샨티, 2009), 94쪽.

다른 '시선'이 보는 '별별' 이야기

김민아

'가만히 있으면 중간이라도 간다'는 말은 잠자코 있으라, 나서서 틀리지 말라는 '명령'이다. 맞는 답과 틀린 답만 강요하는 세상에서 이런 생각, 저런 생각, 다른 생각은 존재할 이유가 없다. 가까스로 용기를 낸 질문을 하면, "그건제 생각과 좀 다르군요"가 아니라 '어떻게 그런 바보 같은 말을?' 하는 난감한표정이 대답 대신 돌아온다. 무시당한 경험은 질문의 싹을 자른다. 사람들이질문하지 않는 건 궁금한 게 없어서가 아니라 질문 해봤자 친절한 응대를 받지 못할 거라는 두려움 때문이 아닐까?

두려움은 '다른 것'을 부정적인 것으로 인식하도록 만들고 '다른' 사람을 무리밖으로 쫓아내도 된다는 명분을 준다. 다르다는 것만으로 합리적인 이유 없이A가 B를 어떤 조건에서 분리, 배제, 박탈하는 게 차별이다. 국가인권위원회(이하 국가인권위)는 사회 곳곳에 스며들어 있는 차별을 알려내고 해소하기 위해 일하는 기관이다. 그런데 대체 어떻게 그 중차대한 일을 해낼 수 있을까? 국가인권위 인권영화 프로젝트인 '시선'과 '별별 이야기'는 이런 고민을 품고 태어났다.

관(官)에서 영화를 만든다고?

까마득한 옛날 일 같지만, 15년 전만 해도 영화관에 가면 영화를 보기 전에 관람객이 꼭 해야 하는 일이 있었다. 바로 국민의례. 거대한 화면에서 애국가가 울려 퍼지면 사람들이 일제히 일어나 가슴에 손을 얹는다. 미적거리거나 앉아 있는 사람은 없었다. 조건반사적으로 일어났다. 애국가가 끝나면 이어지던 「대한 늬~우~스」는 1953년부터 1994년까지 정부가 주도적으로 만들었다. 주로 4·19 혁명에서부터 5·16 군사정변, 경부 등 주요 고속도로개통, 박정희 대통령 서거, 86년 서울 아시안 게임, 88년 서울 올림픽 등 현대사를 이루는 굵직한 사건이 많았던 만큼 정부의 행정활동을 소개하거나 치하하는 화면이 주를 이루었다. '관제(官制)' 뉴스인 셈인데, 암울했던 당시의 정치사회적 상황을 고려해보면 뉴스라는 '사실'에 어떤 '관점'을 덧칠했을지는 더 설명할 필요가 없겠다.

오랫동안 국가 주도적인 관점에 의심을 품어왔던 사람들은 2002년, 국가인권위가 '나랏돈'으로 영화를 만들겠다고 했을 때 곱지 않은 시선을 보냈다. 국가기관이 영상물을 만든다는 건 「대한 뉴스」처럼 "관급품 특유의 소독약 냄새"1를 풍기는 각종 홍보 영화일 가능성이 컸기 때문이다.

국가인권위가 첫 영화 〈여섯 개의 시선〉을 만들어 세상에 내놓았을 때 우려는 기우로 바뀌었다. 〈여섯 개의 시선〉은 〈와이키키 브라더스〉의 임순례, 〈고양이를 부탁해〉의 정재은, 〈너에게 나를 보낸다〉의 여균동, 〈너는 내 운명〉의 박진표, 〈아름다운 청년 전태일〉의 박광수, 〈공동경비구역 JSA〉를 비롯, 더는 설명이 필요 없는 박찬욱의 영화다. 재능 있는 신예감독과 역량 있는 중견감독들이 한 자리에 모인 것만으로도 '일대사건'이었지만, 즐겁고 재미있는 소재가 아닌 한국 사회의 부끄러운 단면을 보여주는 주제로 영화를 만들었다는 점에선 놀라움 그 자체였다.

이 개성 충만한 감독들은 외국인노동자, 이주민, 성범죄자, 장애인, 아동에게 일상적으로 일어나는 일들을 감독들 특유의 정서와 유머로 버무려 관객에게 한 접시씩 내놓았다. 어느 문학평론가는 〈여섯 개의 시선〉을 '한국 영화계에 벼락처럼 쏟아진 축복'이라고 했다. 국가인권위의 '인권영화 프로젝트'는 이렇듯 순조로운 출발로, 극영화 '시선'시리즈와 애니메이션 '별별 이야기' 시리즈의 테이프를 끊는다. 이후 〈별별 이야기 1〉(2004), 〈다섯 개의 시선〉(2005), 〈별별 이야기 2〉(2006), 〈세 번째 시선〉(2006), 〈시선 1318〉(2007), 〈날아라 펭귄〉(2008), 〈시선 너머〉(2009~2010)가 만들어졌고 현재도 제작 중에 있다.

인권은 '우리'의 이야기

인권, 이 단어를 떠올리긴 쉽지 않아도 나, 가족, 친구, 사회구성원들에게 일어나는 일을 들여다보면 그건 그냥 인권이 된다. 나이가 어려서, 키가 작아서, 몸무게가 많이 나가서, 다리를 절어서, 결혼을 안 해서 또는 결혼을 해서, 아니면 이혼을 해서, 피부색이 달라서, 지방대학을 나와서, 과거에 병을 앓았던 적이 있어서, 비정규직이어서 차별받는 사람들. 그러나 이들은 우리다.

나이 어린 사람은 내 동생이고, 키 작은 사람은 우리 삼촌이며, 몸무게가 많이 나가는 사람은 우리 아버지고, 결혼 안 한 사람은 우리 언니다. 지방대학 나온 사람은 우리 오빠고, 피부색 다른 사람은 나와 같은 학교를 다니는 필리핀 친구다. 세상을 풍요롭고 가치 있게 만들 수도 있는 반면 처참하고 비극적으로 만들 수도 있는 '삶의 본질이자 재료'가 인권이라면, 차이가 차별의 전제조건이 되는 이 세상은 암흑에 가깝다.

이 장에서는 그동안 국가인권위에서 제작된 총 38편의 영화 가운데 〈여섯 개의 시선〉 중 여균동 감독의 ① 「대륙횡단」과 〈시선 1318〉의 한 편인 김태용 감독의 ② 「달리는 차은」, 유일한 장편영화인 임순례 감독의 ③ 〈날아라 펭귄〉을 소개한다.

소수자를 다루는 어떤 영화들은 '그' 혹은 '그들'만 뚝 떼어 고통을 극대화해서 보여준다. 그러다 보니 소수자는 종종 우스운 소재로 전락하거나, 그저 '멀리 있는' 사람이 된다. 소개할 영화들의 미덕은, 세상에 존재하는 크고 작은 문제들은 소수자 여부에 관계없이 찾아온다는 걸 일깨워준다는 데 있다. 우리는 다만 관계 속에서 담담하게 풀고 매듭짓는 일을 반복할 뿐이다.

〈여섯 개의 시선〉 중 「대륙횡단」

유령 같은 장애, 대륙 앞에 서다

감독   여균동
제작   국가인권위원회
제작 연도   2002년
상영시간   15분

▶ 줄거리

「대륙횡단」은 '이력서', '18년 만의 외출', '이 감정을 알아', '친구', '횡재', '내가 본 것', '음악감상시간', '약혼식', '예행연습', '셀프카메라', '대륙횡단'이라는 우화 같은 이야기로 이루어져 있다.

'18년만의 외출'은 타인을 돕는 일을 상대방의 입장에서가 아니라 자신의 입장에서 할 때 전혀 달라지는 결과를 코믹하게 드러내주고, '횡재'편에서는 지나던 사람이 장애인 문주가 실수로 바닥에 떨어트린 동전을 보고 문주가 동냥'질'하는 것으로 오해해 동전을 던지는 상황을 보여준다. '음악감상시간'은 지하철 계단에 설치된 장애인용 리프트가 크고 반복적인 음악을 틀어놓고 리프트에 탄 장애인을 '아주 느린 속도'로 올려 보낼 때 지나가는 사람들의 시선을 고스란히 받아야만 하는 장애인의 또 다른 고통을 생각하게 한다.

'약혼식'에서는 식구가 적어서 약혼식장이 썰렁할까 봐 걱정하면서도 문주에게 함께 가자고 권하지는 않는 가족들의 이중적인 시선이 드러난다.

늘 시선의 대상이 되기만 했던 문주는 어느 날 우연히 TV에서 장애인 이동권 투쟁을 하다가 경찰에게 잡혀가는 친구를 본다. 그리고 결심한다. 광화문 네거리를 무턱대고 가로질러보기로 하는데…….

▶ 사회복지 관점에서 영화 보기

말하지 못하는 가족사(史), 장애인

거울 앞에서 멋을 내는 문주는 오랜만에 외출할 채비를 한다. 얼마나 오랜만이면 '18년 만의 외출'이라 했을까. 오랜 시간, 정말 오~랜 시간을 움직여 외출 준비를 하고 문밖을 나서 현관문을 잠그려던 문주는 그만 열쇠를 놓치고 만다. 때마침 계단을 내려오던 위층 아주머니는 문주가 외출하고 돌아오는 줄 알고 바닥에 떨어진 열쇠를 주워 문을 딴 후 문주를 집 안으로 밀어 넣어준다. 말이 느린 문주는 아주머니에게 설명할 시간도 갖지 못한 채 집 안으로 들여보내진다. 문주는 웃어야 할지 울어야 할지 생각하는 사람처럼 붙들려 있다. 아주머니는 분명 문주를 도왔을 뿐인데 왜 이런 일이 벌어진 걸까? 문주가 지금, 어떤 상태인지 '묻지 않았기' 때문이다. 아주머니는 결과적으로 문주에게 해를 끼쳤다.

휠체어를 타고 가는 장애인이 안쓰러워 다짜고짜 뒤에서 밀었다는 어떤 아저씨는 휠체어를 어느 정도의 속도로 밀어야 하는지, 휠체어가 어디로 가는 중이었는지 휠체어 장애인에게 묻지 않았다. 그러다 만난 내리막 경사로에서 결국 휠체어 장애인은 앞으로 고꾸라졌다.

다시 힘겹게 목발을 짚고 거리로 나온 날, 계단을 다 오른 문주는 허리를 숙이다 주머니 속 동전을 떨어트린다. 목발을 바닥에 내려놓고 동전을 주우려는데 지나가는 행인이 고개 숙인 문주 앞에 동전 몇 개를 떨어트린다.

가족들은 모두 예복을 곱게 차려입고 식장에 갈 준비에 바쁘다. 문주 어머니는 친척들에게 일일이 전화를 걸어 사람이 너무 없어 식장이 썰렁할 수 있으니 누구든 데려오라고 당부한다. 문주는 통화하는 어머니를 물끄러미 본다. 어머니와 가족은 문주에게 집 잘보고 있으라고 당부하고는 썰물처럼 빠져나간다. 그때 문주의 얼굴은 물 빠진 바닷가처럼 적적하고 쓸쓸하다. 문주는 친척 결혼식에 머릿수도 채우지 못하는 가족이고, 가족에게 문주는 가족이 아닌 숨기고 싶은 가족사(史)일 뿐이다.

「대륙횡단」의 주인공 문주가
광화문 대로를 무단 횡단하기에 앞서
사전 연습을 해보는 모습.

장애인, 장애물(物)이 아니라 장애가 있는 사람[人]

'장애'의 사전적 의미는 "어떤 사물의 진행을 가로막아 거치적거리게 되거나 충분이 기능하지 못하게 된 상태"다. '장애인'은 "정신능력에 결함에 있어서 일상생활이나 사회생활에 제약을 받는 사람"을 말한다. 모든 장애인이 정신능력에 결함이 있다고 전제하는 사전적 정의도 문제지만, 일상생활에서 '장애'와 '장애인'의 뜻은 뒤섞인다. 장애인은 일상생활에서 제약을 받는 사람[人]이 아니라, 거치적거리는 장애물(物)이 된다. 장애인이 휠체어를 타고 거리에 나서면 "몸도 불편한데 왜 나왔느냐"고 누군가 말한다. 편의시설도 변변치 않은 거리에서 장애인이 다치거나 힘들까 걱정스런 마음에 하는 말일 수도 있지만, 혹시 불편하고 거치적거리는 장애인을 '봐야 하는' 자신이 불편하기 때문은 아닌지 모르겠다.

신체장애가 있는 사람이 출근시간에 버스를 타면 하필이면 바쁜 시간에 탄다고 운전기사가 짜증낸다, 장애인에게 부여되는 무료승차권을 동냥 주듯이 내던지는 역무원이 있다(노인에게도 마찬가지), 리프트가 있긴 하지만 담당자가 없거나 사용법을 알 수 없게 설치돼 있어 안전장치 없는 놀이기구에 가깝다, 어쩌다 작동이 되어도 너무 낙후된 상태라 타기도 불안하다, 시각장애가 있는 사람이 대출금을 융자받으려 은행에 가면 대출금을 융자받기까지도 하늘의 별따기지만 자필 서명을 할 수 없다는 이유로 거절당한다, 계약은 다 마쳤고 당장 입주해도 좋다고 하고선 가족 중에 장애인이 있다고 하면 계약을 파기하자고 한다.

하루에도 수십 건씩 장애 단체에 접수되는 상담사례들. 이런 세상에서 만일 교통사고라도 당해 장애를 갖게 된다면? 그런 불운이 내게는 찾아오지 않길 빌고 또 비는 수밖에 없겠다.

문주가 휠체어 장애인 친구와 술잔을 기울이면서 "나는 뇌성마비라서 안 된다"고 말하자 친구는 "네가 뇌성마비라서 안 되는 것이 아니라 아무것도 안하고 있어서 안 되는 것"이라고 일갈한다. 문주 친구가 같은 장애를 가졌으면서도 문주에게 아픈 충고를 건넬 수 있었던 건 문주를 '아무것도 못하는 장애인'으로 본 게 아니라, 문주를 의지를 가지고 무엇이든 해주기를 바라는 '인간'으로 보았기 때문이다.

〈조제 호랑이 그리고 물고기들〉의 이누도 잇신 감독은 인터뷰에서 쓰네오가 조제를 떠날 수 있었던 건 조제를 '장애를 가진 사람'으로가 아니라 여자친구로 동등하게 사랑했기 때문이라고 했다. 착한 쓰네오가 장애를 가진 여자친구를 동정과 시혜로 돌봐야 한다고 마음먹었다면 쓰네오는 평생 조제를 자신이 감당해야 할 짐으로 여겨 그녀를 떠날 수 없었을지도 모른다.

제목에 '사랑'이라는 이름을 붙여 화면 오른쪽 상단에 ARS 번호를 붙이고 장애인을 위한 전화 성금을 유도하는 프로그램들은 곧잘 성인 여자들이 성인 남자를 목욕시키는 화면을 내보내거나, 몸을 잘 가누지 못하는 장애인의 모습을 오래 비춰주고, 밥을 떠먹이고 물을 먹이는 장면을 반복해서 보여준다. 불쌍하고 처참하도록 철저히 대상화된 화면 속 장애인들에게 프라이버시권이란 있을 수 없다.

친구의 진심어린 충고가 문주에게 어떤 울림을 주었던 걸까. 서울 교통 중심부인 광화문 네거리, 횡단보도도 없고 지하도에 리프트도 설치돼 있지 않은 거리를 문주는 목발을 짚고 가로지른다. 문주의 '대륙 횡단'을 경찰이 저지한다. 절규하는 문주. 이때 문주의 절규는 횡단을 저지당해서가 아니라, 버젓이 존재하지만 자신을 유령 취급하는 사람들과 세상에 대해 지르는 비명에 가깝다. 이 장면을 찍으면서 배우, 스태프 모두 엉엉 울었다는 후문이 전해진다. 영화가 상영된 후 광화문 네거리에는 신호등과 횡단보도가 설치되었다.

〈시선 1318〉 중 「달리는 차은」

15세 소녀가 느끼는 '공감의 빛'

감독 김태용

제작 국가인권위원회

제작 연도 2007년

상영시간 27분

작품 소개 및 줄거리

〈시선 1318〉은 제목 그대로 13세부터 18세까지 1318 세대를 이야기하는 영화다. 그들은 이제 아이가 아니지만 그렇다고 어른도 아니다. 작은 가슴에 저마다의 큰 꿈을 품고 있지만 실제로 선택할 수 있는 건 별로 없다. 김태용 감독의 「달리는 차은」에는 주인공 차은이 눈물을 머금고 "답답해……"라고 조그맣게 읊조리는 장면이 나온다. 마음속에 꿈과 희망이 꿈틀거리지만 그 길을 갈 수 없고 도움을 요청해도 아무도 귀 기울이지 않는 현실에서 그들은 답답함을 느낀다.

〈시선 1318〉은 이런 1318 세대의 정서를 고스란히 스크린에 담았다. 언제나 사회의 미래로 불리지만 정작 밖으로 밀려나 있는 10대. 다섯 명의 감독은 그들의 삶 속으로 성큼성큼 걸어 들어가 실제 사례를 조사하여 대한민국 10대라면 누구나 깊이 공감할 수 있는 이야기를 영화로 완성해냈다. 감독들은 전문 배우가 아닌 무명의 십대를 다수 캐스팅하고 자연스러운 생활의 모습을 보여준다.

하지만 10대만이 공감할 수 있는 이야기는 아니다. 88만 원 세대, 그 어느 때보다 힘겨운 시기를 보내고 있는 20대와 자신의 의견을 표출하며 이전 세대와의 차별을 주장하여 처음으로 'X세대'로 명명된 30대가 함께 공감할 수 있는 이야기이기도 하다.

〈시선 1318〉의 '1318'은 나이를 기준으로 뚝 떼어낸 그들의 이야기가 아니라, 나이와 상관없이 대한민국에서 꿈꾸고 있는 이들이라면 누구나 공감할 수 있는 영화이기도 하다.

� 사회복지 관점에서 영화 보기

외로워도 슬퍼도 뛰는 소녀, 차은

엄마가 자신의 방에 드나드는 게 신경 쓰이기 시작한 차은은 15살 소녀다. 시골학교에는 차은이 사랑하는 육상부가 있다. 어느 날, 육상부원 차은에게 반갑지 않은 소식이 날아든다. 학교가 더는 육상부를 운영할 수 없어 해체한다는 것. 코치 선생님은 부원들에게 도시로 전학 가서 뛸 것을 권하고, 함께 뛰던 아이들은 부모의 동의를 얻어 모두 도시 학교로 갔지만 아버지의 허락을 얻지 못한 차은만 혼자 운동장에 남았다.

새만금 방조제가 끝도 없이 펼쳐진 방둑길, 학교에서 집까지 이어진 들판, 뛰다보면 만나는 철로. 차은은 어디든 연습인 듯 뛰고, 뛰면서 키가 컸다. 마른 몸이 껑충하고, 말수가 없고, 마음 표현이 서툰 이 소녀가 대지를 딛고 달릴 땐, 가녀린 어깨에 내려앉은 외로움은 바람이 모두 가져가 버릴 것만 같다.

차은의 엄마는 차은이 세 살 되던 해 춥고 낯선 한국에 왔다. 엄마는 차은을 키우면서 남동생 동민을 낳았다. 차은과 친해지고 싶은 엄마는 말(어법)이

안 되는 말을 건네며 차은에게 나름의 선물 공세도 펼치지만, 차은은 엄마가 필리핀 타갈로그어로 말할 때 어쩔 수 없는 이물감을 느낀다. 모르는 나라의 낯선 언어를 쓰는 엄마는 그래서 더 멀게만 느껴진다.

영찬은 차은을 마음에 둔 순진한 소년. 육상부가 해체되면 차은도 도시 학교로 전학가지 않을지 내심 걱정했지만 떠나지 못해 서운한 차은의 마음을 알 길 없는 영찬은 차은을 보며 안도의 한숨을 쉰다. 영찬은 개구지고 활달한 자신에 비해 말없이 수줍은 차은이 좋기만 하다.

영화 속에는 새만금 바다가 땅이 되고 말 현실이 다가오고 있다. 하고 싶은 말을 머뭇거리는 사람처럼 쓸려왔다 입 다물고 다시 돌아가는 파도를 품은 바다. 바다는 말없이 차은과 영찬을 바라볼 뿐이다. 아이들은 그런 바다를 보고 자랐는데 바다가 메워져 땅이 된 자리에는 곧 공장이 들어서고, 골프장도 생길 판이다. 차은은 영찬에게 "그런 거 생기면 뭐가 좋은데?" 물어보지만 영찬도 모르기는 마찬가지. 그러므로 이 마을 사람들에게 앞으로 어떤 일이 일어날지는 아무도 모른다. 누구는 개발 정책에 환호할 테고 누구는 바다를 보며 눈물을 흘릴 수도 있다. 개발 찬반을 둘러싸고 분분했을 지역여론도 그저 짐작만 할 뿐이다.

차은과 조금은 가까워졌다고 느낀 영찬은 어느 날 차은이 집에서 밥을 먹게 된다. 엄마가 필리핀 사람인 걸 보고 무척 놀란 영찬은 친구들에게 차은의 집에서 보았던 일을 친구들에게 들려준다. 그 후 아이들은 "야, 필리핀. 야, 필리핀" 하며 차은을 놀린다. '믿었던 건 아니지만, 너도 별 수 없다'는 차은의 시린 눈빛이 영찬을 쏘아본다.

"너 나 좋아하지? 좋아하면 그러는 거 아니야"라고 영찬에게 말하는 차은. 이 말 속엔 차은이 생각하는 사람과 세상에 대한 예의가 녹아 있다. 좋아하는 사람에게는 가슴 아픈 말을 해선 안 되고, 그가 원하는 것과 그가 꿈꾸는 것이 무엇인지 가만히 귀 기울여야 한다는. 그런 차은인데도 엄마에게만은 싸늘하다. 자신이 그토록 받기 원하는 조건 없는 사랑과 따스함을 똑같이 힘든 입장에 있는 엄마에게는 나누어줄 생각을 못하는 차은을 보면 가장 가까운 사람에게 야박한 우리의 모습이 떠오른다. 사람은 타인이라는 거울을 통해 자신을 보고 타인이 내게 미친 영향력으로 성장한다. 그런 맥락에서 차은은 성장 중이고, 언젠가는 차은도 엄마가 자신과 가까워지려 마음 졸였던 날들을 이해하게 될 것이다.

우리는 다 누군가에게 빚지고 있다

아버지가 쉽게 허락하지 않을 줄 알면서도 차은은 가족이 둘러앉은 밥상에서 한 번 더 간청한다. "아버지, 저는 뛰고 싶어요. 저 잘 뛰어요. 보내주세요. 네?" 묵묵하게 밥을 먹던 아버지는 말 대신 차은이 머리 위로 손을 올리는데 그 순간 정전(停電)이 온다. 정전은 문자 그대로 '오던 전기가 끊기는 것'이다. 사람 관계에 정전이 오면 어떤 일이 일어나는가. 사랑하는 사람의 요구에 귀 기울일 마음이 사라지고, 도리어 손이 올라간다. 오고 가던 마음이 끊기는 게 정전이다. 차은을 보내지 못하는 아버지도 어쩐지 짠하기는 마찬가지. 어부인 아버지가 근근이 고기 잡아 밥술이나 뜨는 형편에서 아이를 도시로 전학 보내는 일은 쉽지 않을 테고, 아직은 어린 딸을 도시로 보내고 싶지 않은 아버지의 정(情)도 엿보이기 때문이다.

정전을 틈타 집을 뛰쳐나온 차은은 답답한 가슴을 안고 아스팔트 위를 달린다. 그 길로 서울까지 내달릴 것처럼. 차은이 사라지자 낡은 트럭을 몰고 차은을 찾아 나선 엄마. 차은은 아버지가 미워 나왔는데 차은을 찾아 나서는 건 엄마다. 그 순간 관객은 본다. 각자의 새장에 갇힌 두 마리 새를.

엄마는 편의점 간이 테이블에 소주를 시키고 차은에게 호기롭게 말한다.

엄마	차은아! 소주 한 병 마실까? 아! 맛있다. ……너도 한잔 마셔!
차은	싫어.
엄마	맛있는데……. 와! 춥다. 내가 한국 처음 왔을 때 ……정말 너무 추웠었는데…….
	그때 바로 도망갔어야 됐는데.
차은	그때 도망가지 왜 안 갔어.
엄마	네가 꽈악 잡았잖아.
차은	내가?
엄마	그래. 꽉 잡았어.
차은	내가 언제?
엄마	너 세 살 때.
차은	그런 적 없어.
엄마	아……. 그랬어.
차은	안 그랬어.
엄마	그랬다니깐.
차은	안 그랬다니깐.
엄마	그랬당께.
차은	안 그랬당께.

차은은 그 순간 깨달았을지 모른다. 엄마도 적지 않은 시간 동안 외로웠다는 걸. 소매 깃을 붙잡고 늘어지는 세 살짜리 여자아이를 외면할 수 없어서 엄마는 춥고 물 선 이곳에 주저앉을 수밖에 없었다는 걸. 엄마가 만일 조금이라도 불행하다면 자신도 그 책임에서 자유로울 수 없겠다는 걸.

차은은 영찬에게 "좋아하면 그러는 거 아냐"라고 던진 말의 의미를 머리가

엄마도 자신 못지않게
힘든 시간을 견뎌왔음을
마음으로 이해하게 된 차은.

아닌 가슴으로 이해하지 않았을까. 차은 앞에 어떤 미래가 기다리고 있을지 아
무도 모르지만 이것만은 분명해 보인다. 차은은 앞으로도 쭉 달릴 거라는 것.

▶ 깊이 읽기_

그렇다면, 우리는 모두 다문화인입니다[2]

　정부가 정책용어로 쓰기 시작하면서 '다문화'는 국제결혼으로 이루어진 가
정을 말하는 대표적인 문구로 떠올랐다. 더불어 '다문화 가족'은 「다문화가족
지원법」이 제정되던 2008년부터 유행처럼 번졌다. 이 법이 정의하는 '다문화
가족'이란 「재한 외국인 처우 기본법」의 결혼이민자 또는 「국적법」의 귀화허
가를 받은 자와 출생 시부터 대한민국 국적을 취득한 자로 이루어진 가족을
말한다. 법 제정 초기에는 '혼혈', '코시안'이라는 용어가 갖는 부정적 의미를
극복했다는 평가를 받으며 반기는 분위기였지만 소위 '다문화' 자녀가 있는
학교 현장을 가보면 여러 가지 고민이 드는 게 사실이다.

　다문화 인권교육을 하는 필자는 '다문화 교육 지정학교'로 지정된 학교에
강의를 나갈 기회가 많다. 아이들은 처음에는 또래 중에 누가 국제결혼으로

한국에 온 엄마나 아빠를 두었는지 모른다. 그러다 자신의 학교가 '다문화 교육 학교'로 지정되면 서로 궁금해한다. "도대체 우리 중에 누가 다문화야?" 이런 상황은 필자가 직접 보고 들은 것보다 훨씬 많을 것이다.

'달리는 차은'의 아버지는 필리핀 출신 엄마와 재혼했다. 차은이는 일반적으로 떠올리는 국제결혼이나 다문화가족(필리핀 2세)은 아니다. 서로 다른 국가의 이주노동자 커플이 가족을 이루거나 북한이탈주민과 가족을 이룬 이들은 법에서 정의한 다문화 가족에 속하지 않는다. 아니 못한다. 그러나 엄밀히 따져보면 다문화적 요소를 가진 다문화 가족이다. '다문화'에 대한 용어의 한계를 벗어나기 위해서는 이처럼 다양한 형태로 이루어진 '다문화 가족'에 대한 제한적인 해석의 정책 변화가 요구된다.

가족원이 두 국가 이상으로 구성되었다는 이유만으로 이름 대신 '다문화'라고 불리는 아이들을 보고 있으면 얼마나 상심이 클까 마음이 아프다. "이름을 불러주었을 때 그는 나에게로 와서 꽃이 되었다"는 김춘수 시인의 '꽃'은 존재와 관계에 대한 깊은 성찰을 준다.

한 인권교육 전문가로부터 '사람이 알고도 인권을 침해하기도 하고 모르고 하기도 하지만, 아이들은 대개 모르고 하는 경우가 많기 때문에 아이들을 만날 땐 인권침해 가해자로 여겨지게 하는 교육은 삼가야 한다'고 들은 적이 있다. 결국 문제는 성인들이 심어준 무의식이 아닐까.

'다문화'를 말할 때 그 안의 '나 혹은 출생 시부터 대한민국 국적을 취득한 우리' 자신은 쏙 빼놓고 말하진 않았는지 돌아보자. 단일한 문화라는 건 애초부터 존재할 수 없다는 걸 생각해보면 나 자신도 다문화인이다. 왜 단일한 문화는 빼고 '새로운', '다양한' 문화만 얘기하는지 모르겠다. 법과 제도의 변화도 중요하지만 그 안에서 관계를 맺어가는 '다문화', '다문화 가족'을 바라보는 우리의 자세도 함께 변화해야 할 것이다.

〈날아라 펭귄〉

날개가 퇴화된 그들이 나는 법

감독 임순례
제작 국가인권위원회
제작 연도 2009년
상영시간 99분
배급 및 홍보사 스튜디오 느림보

작품배경

임순례 감독은 연출의 변(Director's Comments)에서 말했다. "그간 국가인권위원회에서는 단편 옴니버스 위주의 시리즈를 제작해왔다. 이번에 제작된 〈날아라 펭귄〉은 처음으로 시도되는 장편영화이다. 흔히 인권영화라고 하면 무겁고 우울한 분위기의 영화를 연상하기 쉬우나, 이번 영화에서는 최대한 경쾌하고 가벼운 분위기로 관객에게 좀 더 가까이 다가가고자 노력했다. 화려하고 감각적인 자극이 난무하는 상업영화들 속에서 '인권영화'의 자리매김이 쉽지는 않을 것이다. 그러나 '우리는 어떠한 모습으로 2009년 현재의 대한민국을 살아가고 있는가……?'라는 질문은, 우리들 한국인의 삶을 더욱 풍요롭게 만들어주는 분명한 거름이 되어 돌아올 것이라고 확신한다. 경제적 가치 축적과 사회적 성공을 위해 미친 듯이 앞만 보고 달려가는 한국인의 모습에서 나는 '공존'이라는 화두를 생각하게 된다. 나와 생각이 '다른' 이들과 어떻게 조화롭게 공존할 것인가? 이 영화가 작은 해답이 되었으면 좋겠고, 친근하지만 가슴이 아리고 슬프지만 유머가 있고, 절망스럽지만 희망을 느낄 수 있는 그런 영화가 될 수 있다면 참으로 기쁘겠다."

감독의 바람처럼 〈날아라 펭귄〉은 우리가 살아가야 할 내일은 더 따스하고 사랑스러워야 하지 않겠느냐고 살며시 제안하는 영화다.

◤ 줄거리

〈날아라 펭귄〉 첫 번째 이야기는 부모의 과도한 교육열로 고통받는 아이와 아이의 일거수 일투족을 감시하며 아이를 통해 성공이라는 대리욕망을 추구하는 헬리콥터 맘을 현실적으로 보여준다. 두 번째 이야기는 채식주의자인 한 남자의 직장생활을 들여다보며 대한민국에서 '평균 남자'로 산다는 것의 의미가 무엇인지를 묻는다. 세 번째 이야기는 행복해지기 위해 기러기 가족으로 헤어져 살기를 마다하지 않았지만 시간이 흐를수록 고립되는 가족구성원들의 파편화된 삶을 통해 진정, 행복하게 산다는 것은 무엇인지를 생각해보게 한다. 네 번째 이야기는 엄마와 아내라는 이름으로 한 평생 희생을 강요당해온 노인 여성이 얼마 남지 않은 여생을 어떻게 주체적으로 살아갈 것인지를 고민하며 벌이는 일상의 소소한 실험을 재치 있게 그려내고 있다.

◤ 사회복지 관점에서 영화 보기

임순례 감독은 인터뷰에서 우리 사회는 인권영화를 만들기에 매우 좋은 환경이라고 말했다. 골라먹는 재미가 있는 아이스크림만큼이나 너무도 다양한 차별과 침해가 일상에 녹아 있다는 말일 게다.

암울한 청년들의 현실을 잘 담아낸 〈세 친구〉, 삼류인생이라고 낙인찍힌 사람들에게 따스한 시선을 보내는 〈와이키키 브라더스〉, 금메달이 아니면 아무도 주목하지 않지만 값진 은메달의 땀과 의미를 일깨워준 여자핸드볼 선수들의 이야기 〈우리 생애 최고의 순간〉. 임순례 감독은 이처럼 울림과 감동을 주는 영화들을 만들어왔다.

이미 〈여섯 개의 시선〉에서 「그녀의 무게」라는 단편을 연출한 바 있는 감독이 이번에는 장편에 도전했다. 네 개의 에피소드로 구성된 이 영화는 순환하는 사계절처럼 자연스럽게 맞물려 있는 우리 일상에 현미경을 들이대며 그냥 보지 말고 '성찰'이라는 안경을 쓰고 들여다보길 권한다. 이제, 날고 싶어도 날지 못하는 펭귄들의 이야기, 〈날아라 펭귄〉 속으로 들어가 보자.

승윤, 울분을 간직한 아이

초등학생 2학년 승윤의 장래희망은 위험에 빠진 사람을 구하는 소방관이나 경찰관이다. 그러나 엄마에겐 말할 순 없다. 실망하실 게 뻔하니까. 밤 열한 시가 넘었지만 잠들려는 승윤을 흔들어 깨우는 엄마. 승윤은 지금 3학년 문제집을 풀며 선행학습 중이다. 승윤 아빠 말마따나 '급전 땡기는' 것도 아닌데 미리미리 당겨서 공부를 해놔야 한다는 엄마의 성화에 아이는 곧 4학년, 5학년 학습지도 풀 것이다. 엄마는 승윤이 입에 착착 달라붙는 영어를 할 수 있도록 자신부터 달라져야 한다며 원어민과 전화로 영어를 배우는 '폰 잉글리시'도 등록한다. 그러면서 아빠와 승윤에게 주말에는 "온리 잉글리시 커뮤니케이션"을 하자고 제안한다. 황당한 아빠는 엄마에게 "아 유 크레이지?"라고 묻지만, 엄마는 기쁘게 답한다. "예스! 굿! 온리 잉글리시."

영어시간. 얼굴이 노래진 승윤. 오줌 마렵다는 말을 영어로 해야 하는데 표현은 떠오르지 않는다. 원어민 영어선생은 승윤의 표정을 보고, "오우, 유 니드 투 고 투 더 베스룸?(Oh, you need to go to the bathroom?)" 하고 물으며 그럴 때는 "메이 아이 고 투 더 베스룸?(May I go to the bathroom?)"이라고 말해야 한

졸린 눈을 비벼가며
선행학습 중인 승윤.

다고 다그친다. 따라 읊다가 더는 참지 못하고 화장실로 달려가는 승윤.

　순하고 착한 승윤은 대부분 엄마 말씀에 순응하지만, 감정 없는 아이처럼 갑자기 섬뜩하게 변할 때가 있다. 표정 없는 얼굴로 가위로 화초를 싹둑싹둑 자르기도 하고, 어항에서 노는 거북이를 꺼내 고층 베란다에서 1층 바닥으로 떨어트리기도 한다. 감정을 느끼지 못하는 장애가 사이코패스라면, 그 순간 승윤의 표정은 덤덤하고 무심한 영화 속 사이코패스와 같다.

　두 장면은 승윤이 이미 불길한 골목길에 접어들었음을 알리는 예시처럼 보인다. 말 못 하는 식물과 동물에게 폭력을 가하는 승윤의 공격적인 에너지는 이제껏 분출하지 못하고 켜켜이 쌓아둔 스트레스의 다른 이름이다.

　게임에 몰두하는 아이들이 겪는 마음의 고립감이라는 것도 마찬가지 아닐까. 역설적이게도 그토록 잔인하고 무서운 게임 세계에서만 안정감을 느끼는 아이들은 공부라는 카드밖에 보여주지 않는 어른들과 세상에 이미 기가 질린 상태다. 그렇게 공부해서, 모두 행복해지셨습니까. 첫 번째 에피소드는 그걸 묻고 있다.

채식주의자 주훈 씨의 고군분투기

　사회복지과 신입사원 이주훈 씨. 아무도 돌보지 않아 시들해진 사무실 화

술과 고기를 못 먹는 주훈 씨에게
술과 고기만 있는 회식자리는
고역일 뿐이다.

분에 물을 주고, 요리학원에 다니고, 도시락을 싸 오고, 간식으로 과일을 예쁘게 깎아 오는 남자.

팀 회식 날, 주훈 씨는 동료들이 건네주는 불고기, 생태탕을 보기만 하고 먹진 못한다. 한약이라도 먹느라 몸을 사리는 거냐고 눈총 주는 직원들에게 주훈 씨는 큰 맘 먹고 커밍아웃을 한다. "저 사실 채식주의자입니다." 게다가 주훈은 술 분해 효소가 거의 제로라 맥주 한잔에도 링거를 꽂아야 하는 수준.

두 번째 이야기는 술과 육식을 못하는 사람의 사회생활이 얼마나 고달플 수 있는지를 보여주는 '멀쩡한 성인 남자, 채식주의자 되기' 보고서다.

주훈이 채식주의자가 된 데는 사소하지만 가슴 아픈 경험이 자리 잡고 있다. 어느 날 된장찌개를 끓이려고 바지락을 사다 놓고선 냉장고에 넣는다는 걸 깜빡한 채 잠든 주훈. 잠결에 뭔가 자꾸 바스락거리는 소리를 들었다. 봉지 안 바지락이 움직이고 있었던 것. 주훈은 알았다. '얘들도 이렇게 살려고 버둥거리는구나. 생명이 있는 거로구나.' 그때부터 주훈은 동물 키우는 환경에 관심을 갖게 됐고, 가축을 도살하는 동영상 같은 건 볼 수 없게 됐다. 그러니 어찌 고기를 먹으랴.

동료들은 그런 그를 까다로운 남자라고 면박을 주고, 성향이 그렇게 까다로우니 여자친구나 있겠냐며 비아냥거린다. 옆 자리 창수는 주훈이 "하도 남

다르고", "여자 같아서" 혹시 게이가 아닐까 의심스럽다고 말한다.

이 영화에 등장하는 직장은 왜 일반 회사가 아니고 사회복지관일까. 일반적으로 사회복지사는 내담자(클라이언트) 개인의 문제와 욕구를 해결하기 위한 미시적 개입에서부터 사회문제를 예방하고 해결하기 위한 거시적 정책까지 아우르는 직업이다. 사회복지사는 도움을 필요로 하는 클라이언트에게 정보를 제공하는 것은 물론 상담자의 역할도 해야 하고 교육자의 역할도 해야 하며, 때로는 클라이언트 편에 서는 옹호자(advocator)도 해야 한다. 그런데 이 옹호자의 역할이란 게 쉽지 않다. 영화는 사회복지사가 단순 직업인이 아니라 인간의 조건과 복지를 고민하는 실천적 조력자로서의 직업인 인지를 어느 안타까운 노인의 사연을 빌어 묻는다.

"아픈 아내를 돌보면서 폐지 주워서 먹고산다"는 할아버지 한 분이 어느 날 복지관에 찾아온다. 아들이 집을 나간 지는 5년이 넘었다. 이 말은 현재 할아버지의 아들은 사실상 가족이라고 보기 어려운데 주민등록상 아들로 기재되어 있다는 이유 때문에 할아버지는 기초생활수급권자가 되지 못한다는 의미다. 창수는 '그러니까 아들의 주민등록을 말소하라'지만 할아버지는 어찌 당신이 살자고 자식 놈 말소할 수 있냐며 난색을 표한다. 애원하는 할아버지에게 법 규정을 들이밀며 사정은 딱하지만 어쩔 수 없다고 매몰차게 거절하는 창수. 이 모든 상황을 지켜보던 주훈이 할아버지께 다가간다. 일단 아들의 주민등록 말소를 하고 나중에 다시 신청하면 된다, 자신이 돕겠으니 자신을 따라오시라고.

관련 복지법 규정과 현실을 제대로 알 길 없는 사람들이 이 장면을 어떻게 해석할지 모르겠다. 할아버지의 사정은 딱하지만 법 규정에 근거해 원칙을 고수하는 창수가 옳다고 할 사람도 있겠고, 사람 있고 법 있지 법 있고 사람 있나, 법이 무엇 때문에 존재하나를 묻는 사람도 있겠다. 이 장면은 우리에게

법과 현실 사이의 간극을 생각하게 하고, 현실을 돌보지 않는 법 규정이 사람들을 얼마나 힘들게 하는지 돌아보라 권한다.

이 장면은 클라이언트를 대하는 창수와 주훈의 업무 방식과 태도의 차이를 보여주기도 하지만 다른 한편으로는 사람을 수단으로가 아니라 목적으로 대해야 한다는 걸 말하고 있다. 이름만 올라와 있는 자식들 때문에 기초생활수급권자조차 되지 못하고 이중 삼중으로 고통받는 가난한 부모는 영화 속뿐만 아니라 현실에 부지기수로 존재한다. 법 규정에 매여 사람을 재단하는 행정은 행복을 추구하고 복지혜택을 누릴 권리가 있는 개인의 삶을 침해한다. 법이 중요하지 않다는 게 아니라 현실을 살피고 돌보는 따뜻한 법의 기준과 잣대가 절실하다는 말이다.

우리 시대의 펭귄 아빠, 여기 날지 못하는 펭귄을 보라

권수현 과장은 주훈에게 떡볶이 만드는 비법을 배운다. 며칠 후면 캐나다에서 잠깐 들어올 아이들과 아내를 위해 권 과장은 설레는 마음으로 떡볶이를 만들어본다. 캐나다로 떠나기 전 초등학생 딸은 떡볶이를 좋아했다. 그런 딸이 자신이 열심히 만든 떡볶이를 한 번 입에 대고 말 때 권 과장은 서운하다. 아내도 아이가 떡볶이 먹을 나이는 지나지 않았냐고 대수롭지 않게 말한다. 그렇기도 하겠다고 고개를 끄덕여보지만 그래도 서운한 마음이 드는 건 어쩔 수 없는 권 과장.

반가운 마음에 아이들을 안아보지만 아빠가 어색하기만 한 아이들은 이리저리 빠져나가고, 아빠는 자기 방 물건엔 손대지 말아줬으면 좋겠다는 딸의 핀잔만 듣는다. 그는 딸의 정색에 무안해지지만 그간 함께하지 못한 시간의 더께가 없어서 그러려니 자위한다. 그러나 정작 낯선 강물은 부부 사이에 흐르고 있었다. 권 과장은 아내의 체취가 그립기만 한데 아내는 남편과 함께 눕

언제 찾아올지 모르는 행복을 위해
아내와 아이들을 외국으로 떠나보내고
혼자 '기러기' 생활을 하는 권 과장.

는 침대 자체가 버겁다. 몇 번이고 베개를 고쳐 베다가 결국 딸 방으로 가버리는 아내의 뒷모습을 보며 권 과장은 생각한다. 최선을 다해 돈을 벌었고, 보냈다. 자신은 돈을 버는 아빠나 남편 혹은 돈을 송금하는 ATM(현금자동인출기)으로서만 존재해온 걸까. 권 과장이 노래방에서 절규하는 「아빠의 청춘」은 그래서 가족과의 외로움과 단절에 치를 떠는 모든 아빠들의 주제곡처럼 들린다. 아빠의 청춘이 그토록 슬픈 노래일 줄이야.

'영감탱이' 권 노인과 '여편네' 송 여사

〈날아라 펭귄〉의 마지막 에피소드는 권수현 과장의 아버지인 권 노인과 어머니인 송 여사가 사는 이야기다. 권 노인과 송 여사를 보고 있으면, 그들은 나의 부모님 같기도 하고, 나의 조부모님 같기도 해서 웃음이 나지만 언젠가는 나도 도달해야 노년이라 한없는 공감과 연민이 느껴진다.

남편 떠나보내고 울적해하는 친구 순심을 위해 송 여사와 친구들은 제주도 여행을 준비했다. 반찬 다 만들어 냉장고에 넣어두었으니 꺼내 먹는 것만 해도 좋으련만, 귀찮아서 컵라면으로 때우는 남편을 위해 송 여사는 곰국을 한 솥 가득 끓인다.

"곰국 하루에 한 번 뎁혀서 자시구, 곰국에 넣을 파 썰어서 냉장고에 다 담아났고, 쌀도 다 씻어서 넣어놨으니까, 끼니때마다 한 움큼씩 넣고 밥솥 스위치만 누르면 돼요. 김치랑 다 있고." 이 말을 듣고 있는 권 노인을 리액션으로 보여주지 않았다면 관객은 엄마가 어린아이에게 하는 말로 착각할 것이다. "여편네들이 집을 며칠씩 비워놓고", "어딜 그리구 싸돌아다니는지" 도통 이해할 수도 없고 이해하고 싶지도 않은 권 노인은 '곰국'은 바람난 여편네들의 상징이라고 생각한다.

권 노인의 특기는 이렇다. 소파에 앉아 아내에게 물 좀 갖다 달라고 말하기, 담배 냄새 싫으니 제발 베란다에서 피워달라는 아내의 권유에도 아랑곳 않고 집안 아무데서나 담배 피우기, 운전면허시험을 준비하는 아내 앞에 얼쩡거리며 '국가고시인 면허시험을 아무나 따는 줄 아느냐'고 빈정거리기, 툭 하면 여편네라고 부르기, 반찬 간이 맞지 않는다고 투정하기, 친구들 다 보낼 줄 아는 핸드폰 문자 메시지는 "애들이나 하는 짓"이라고 비웃기. 심술의 정도가 현대판 놀부에 버금간다.

권 노인의 친구들은 그렇게 손 하나 까딱하지 않으면 언젠가 마누라한테 이혼당할지도 모르니 제발 정신 차리고 잘하라고 충고하지만, 권 노인은 냄새나는 노인네들이 모여 하는 걱정이 듣기 싫다.

급기야 참을 수 없게 된 송 여사가 권 노인을 떠나 딸의 집에 머물 때, 권 노인은 어린아이마냥 오도카니 혼자 남겨져 어쩔 줄 모른다. "흥! 혼자 살라면 못 살 줄 알고." 그러나 호기롭던 며칠이 지나니 집은 온통 엉망이 된다. 설거지는 산더미처럼 쌓아두고, 밥통의 밥은 말라 비틀어져 컵라면으로 연명하면서도 자면서는 "마누라, 물 좀 줘" 하는 습관만은 여전하다. 보다 못한 아들 권 과장이 제발 궁상 그만 떨고 어머니 모셔오라고 하지만 "네 어미 역성 들 거면 나가"라고 되레 큰소리치는 권 노인.

큰소리도 바닥날 즈음, 물건을 찾다 의자에게 굴러 떨어진 권 노인은 꼼짝

평생을 남자로서의 채면만을
중히 여기며 살아온 권 노인은
'마누라'와 동반자로
여생을 함께 산다는 의미에 대해
생각하게 된다.

없이 깁스 신세를 진다. 몸이 불편해지니 수족처럼 부리던 여편네가 더욱 아쉬운 권 노인. 자신을 용서해달라는 화해의 제스처를 보내는 권 노인을 아내에게 무조건 잘 하겠다는 조건으로 수락하는 송 여사. 엔딩 크레딧이 오를 때 권 노인과 송 여사뿐만 아니라 모든 출연자가 눈과 호흡을 맞추어 함께 춤을 춘다. 춤의 기본은 상대를 이해하는 것. 영화는 끝나지만 이들의 미래는 어둡지 않을 것 같다.

사회복지는 인간이 생애주기에 따라 만나게 되는 다양한 문제를 다룬다. 성장기 아동에게 필요한 복지 문제가 있고, 청년기, 중·장년기, 노년기에 만나는 그들만의 특수한 고충이 있다. '어른은 아이가 자란 모습'이다. 생애주기는 우리가 태어나서 죽을 때까지 걸어가야 할 길이다. 가는 길목에서 만나게 되는 사고, 재난, 역경을 슬기롭게 헤쳐나갈 수 있도록 국가는 제도적·정책적인 대안을 설계해야 하고 이 일의 상당 부분은 사회복지가 해야 한다. 내 아버지의 문제는 20년 후에 내가 만날 문제이고, 내 아이의 문제는 30년 전에 내가 겪었던 바로 그 문제다. 우리는 모두 연결되어 있다. 연결된 그물코들이 어떻게 의지하고 연대하여 살 것인가를 고민하도록 만들어주는 영화가 바로 날지 못하지만 날았으면 하는 펭귄들, 우리들의 이야기인 〈날아라 펭귄〉이다.

'사람'을 위한 일을 한다는 것

내담자의 상황과 자원을 파악하는 '사정 단계'에서 내담자를 직접 도울 방법은 많지 않지만, '행정'적인 관점이 아닌 '인권'의 관점으로 내담자를 만난다는 것이 어떤 의미인지 국가인권위원회 인권상담센터 최희자 전문상담원의 사례를 소개하고자 한다.

상담하러 오신 분은 앉기도 전에 악취가 코를 찔렀다. 노숙하고 온 듯했다. 내가 어떻게 오셨느냐고 물으니, 같은 내용으로 여러 번 왔다고 했다. 이름을 검색해보니 이분은 2005년부터 부인과 주택 소유권 문제로 상담을 여러 번 했고, 이미 법원의 확정판결을 받은 재산권 침해 사안이므로 도움을 줄 수 없다는 답변 기록이 나왔다.

여기까지 찾아온 사람에게 '어쩔 수 없다'는 말만 한다는 게 찜찜했다. 편안하게 말벗이라도 돼주고 싶다는 생각에 두런두런 질문을 던졌다. '자녀가 몇 명이시냐', '식사는 어디서 하시느냐'……. 사적인 질문일수도 있지만 주고받는 말 속에서 그분은 오히려 편안함을 느끼는 것 같았다.

대화가 이어질수록 그분이 달리 보였다. 어쩌면 내가 처음 본 것은 그가 아닌지도 모른다는 생각이 들었다. 역겨웠던 냄새는 어느새 사라졌고 때가 꼬질꼬질한 옷도 정겹게 느껴졌다. 어느덧 그는 미소까지 띠고 있었다. 나는 새로운 그를 만나고 있었다.

그는 2002년 뇌병변 3급 장애를 받았다. 예전에는 건축 일을 해서 돈도 많이 벌었지만 지금은 빈털터리다. 집에서는 잠만 자고 복지관 무료급식으로 끼니를 때운다. 목욕도, 빨래도, 식사도 여의치 않다. 그가 어쩌다 집에서 음식이라도 만들려고 하면 가족들이 도마와 칼을 빼앗아 감춰버린다. 집이든 거리든 마음 붙이고 지낼 곳이 없는 셈이다.

그는 2002년부터 2009년 2월까지 월 36만 7,000원씩 장애연금을 받았다. 그러나 2월 이후엔 입금되지 않아 경제적으로 매우 어렵다 했다. 나는 순간 정신이 번쩍 들었다. 누군가 장애인 수당을 가로채고 있는 건 아닐까.

국민연금관리공단에 문의했더니 공단 측은 2010년 1월분까지 지속적으로 입금했다고 알려주었다. 추측대로 누군가 가로채고 있었던 것이다. 나는 그에게 장애연금이 지금도 지급되고 있다고 말했고, 그는 아마도 부인일 가능성이 크다고 말했다(어디까지나 추측일 뿐이므로 정확히 하기 위해 공단을 방문해보길 권했다).

그는 내 말을 듣고 얼굴에 화색이 돌았다. 그리고 '최 여사 때문에 살았다'고 했다. '내가 최 여사인지 어떻게 알았느냐고 묻자, 그는 공단에 전화할 때 이름을 밝히지 않았느냐고 했다. 그는 과거의 눈치 빠른 사람으로 돌아와 있었다.

그는 어떻게 되었을까? 다음날 다시 왔다. 연금의 행방도 찾았다고 한다. '은인에게 보답하고 싶다'는 그를 돌려보내고 편안한 마음으로 오후 상담에 임했다.

상담 단계에서는 내담자에게 직접 도움을 줄 수 있는 경우가 많지 않다. 내담자의 처절한 호소에도 법의 조사대상을 회피의 무기로 써왔음을 고백한다. 조사대상 제외가 '전가의 보도'처럼 남용되는 건 매우 위험한 일이다. 좀 더 여유를 갖고 듣다 보면 내담자가 흘려버린 한 마디 속에서 실마리를 찾을 수 있다.[3]

❖ 생각할 거리

〈여섯 개의 시선〉 중 「대륙횡단」

1. 지하철 계단의 장애인용 리프트를 타고 오르는 장애인의 모습을 담은 장면에서 감독은 왜 '음악감
   상시간'이라는 제목을 붙였을까? 오이도역 사건, 발산역 사건 등 장애인용 리프트와 관련해 발생
   했던 사건들을 신문기사 등에서 찾아보고 이를 이동권과 연관 지어 토론해보자.
2. 장애를 구체적으로 적시한 WHO를 보면 Impairment와 Disability와 Handicap가 각각 다르게 정의되
   어 있다. 각 용어의 의미를 찾아보고 사회문화적으로 어떻게 다른지 토론해보자.

〈시선 1318〉 중 「달리는 차은」

1. 다문화인이라는 용어에는 어떤 의미가 담겨 있는지 생각해보자
2. 가족 구성원의 국적과 출신지역이 다를 경우 사회적으로 어떤 배제와 차별을 겪을 수 있을지 기본
   권의 측면에서 논해보자.

〈날아라 펭귄〉

1. 사회복지 전문직이 사회복지분야에 인권 개념을 수용하기를 주저해왔다는 의견도 있다. 만일 그
   렇다면 그 이유는 무엇일까?
2. 영화 속에 드러난 것처럼 생활 속에서 일어나는 차별과 기본권 침해에는 무엇이 더 있을지 토론해
   보자.

주

1 유상호, "인권위, 해마다 영화에 말 걸다",《한국일보》, 2008년 4월 9일자 참조
2 국가인권위원회 다문화 인권교육 담당 김선아 씨가 작성해 주신 글.
3 국가인권위원회 인권상담센터 전문상담원 최희자 씨의 글로,《상담원, 일일리포트》(2008.
   5)에 실린 것을 글쓴이 동의하에 이 글에 인용.

03

다름에 대하여
문 화 적 역 량

이은주

    우리는 자기와 비슷한 것에 대하여 친근감이나 동질감을 느끼는 한편, 자기와 다른 것에 대하여는 배타적인 태도를 취하는 경향이 있다. 이러한 태도는 편견이나 선입견의 근원이 된다. 따라서 사회적 약자와 함께 일하는 사회복지사들은 우리와 다른 사람들에 대한 편견의 문제, 그리고 차별대우에 대한 문제에 대하여 각별한 관심을 가져야 할 것이다. 한국사회복지사협회 윤리강령에서는 "사회복지사는 클라이언트의 종교, 인종, 성, 연령, 국적, 결혼상태, 성 취향, 경제적 지위, 정치적 신념·정신적·신체적 장애, 기타 개인적 선호·특징·조건·지위를 이유로 차별대우를 하지 않는다"(한국사회복지사협회, 2001)는 것을 사회복지사의 기본적 윤리기준으로 명시함으로써, 자기와 '다름'에 대하여 사회복지사가 가져야 할 자세를 일깨우고 있다.

    여기에서는 '다름' 중에서도 인종이나 문화의 다름, 그리고 이를 다룬 영화에 대해 이야기해보고자 한다. 다른 인종이나 문화에 대한 이슈가 우리 사회에 부상하게 된 것은 비교적 최근의 일로서, 우리나라에 외국인 노동자 및 결혼이주여성의 유입이 급증한 1990년대 이후이다. 그 이전까지 우리는 단일민족이라는 순혈주의에 대한 자부심을 배양하는 교육을 받아왔기에, 외국인을 우리 사회의 구성원으로 받아들인다는 것이 정서상 쉽지만은 않은 일이다. 또한 북한이탈주민의 국내 유입이 시작된 것 역시 1990년대 이후로서, 한국전쟁 이후 고착된 분단국가에서 이들을 편견 없이 받아들이는 것 역시 쉽지 않다.

〈반두비〉는 한국에서 일하는 방글라데시 청년과 한국 여고생의 만남에 대한 이야기로서, 우리나라에서 외국인으로 산다는 것이 어떠한지에 대하여 생각하게 해주는 영화이다. 이런 점에서 〈반두비〉는 우리 내부의 치부, 즉 스스로도 인정하고 싶지 않은 부끄러운 모습을 돌아보게 만든다. 또한 〈크로싱〉은 탈북인의 가족 사랑에 대한 이야기로서, 우리와 같은 민족임에도 우리와 다른 문화를 갖게 된 북한 주민에 대하여 생각하게 해주는 영화이다.

사회복지사는 어느 직종보다도 문화적 역량을 필요로 하는 분야이다. 특히

나 다문화사회의 초입에 들어선 지금, 그리고 남북통일에 대한 대비가 필요한 지금, 다른 인종이나 탈북인의 문화에 대한 편견이나 차별에 대한 성찰의 의미에서 〈반두비〉와 〈크로싱〉에 대하여 논의하기로 한다.

〈반두비〉

감독　신동일
주연　마붑 알엄 펄럽(방글라데시 이주노동자 청년 카림 역),
　　　백진희(여고생 민서 역)
제작 연도　2009년
상영시간　107분

　법무부에 의하면, 한국에 체류하는 외국인이 2010년 3월 31일 기준으로 118만 명을 넘어섰다. 이들 중 취업 자격의 외국인은 56만 6,000여 명인데, 취업자격이 아닌 외국인 다수가 한국에서 일을 하고 있는 현실을 고려할 때, 실제로는 60만 내지 70만 정도의 이주노동자가 한국에 체류한다고 추산된다(황진, 2010에서 재인용). 이러한 수치는 인력 유입국에 진입한 우리나라의 국제 사회에서의 위상을 나타낸다. 그러나 우리는 과연 외국인 노동자를 한 인간으로서 동등하게 존중하는 성숙한 사회에 도달했는가? 〈반두비〉는 한 방글라데시 청년과 한국인 여고생과의 만남을 통하여 이루한 물음을 우리에게 던지고 있다. 이 영화는 한부모가족, 청소년 문제, 청소년의 성장통, 사회정치적 비판 등 여러 관점에서 바라볼 수 있지만, 여기에서는 우리 사회의 인종차별과 관련하여 논의해보고자 한다.

작품배경

우리나라에서 백인 외국인을 주연으로 내세운 영화는 여러 편 있었지만, 현실 속의 외국인 노동자를 주연으로 한 영화는 〈반두비〉가 처음이다. 〈반두비〉는 17세 여고생과 29세 이주노동자 청년의 만남과 관계를 다루고 있다. '관계'의 스토리 텔러 신동일 감독은 양심에 따른 병역 거부자 청년과 대학 강사와의 만남을 다룬 〈방문자〉(2006)를 시작으로, 〈나의 친구, 그의 아내〉(2008)에서는 상류층 외환딜러와 노동자 계급 요리사의 만남을 다루고 있으며, 이어서 〈반두비〉(2009)에서도 관계 맺음을 성찰하고 있다. 감독 스스로 '무정부주의적 로맨틱코미디'라고 명명한 〈반두비〉는 범상치 않은 등장인물들의 만남에서 국적, 나이, 성별을 뛰어넘는 소통과 교감의 과정을 그리고 있다. '반두비'란 친구 중에 여자를 뜻하는 방글라데시 말이다.

이 영화의 남자주인공 카림 역의 마붑 알엄 펄럽은 1998년에 노동자 신분으로 한국에 왔다가 이후 미디어 활동가로 변신한 이력의 소유자이다. 또한 여자주인공 민서 역의 백진희는 이 영화에서의 인상적인 연기로 영화전문지 〈씨네 21〉에서 선정한 2009년 '올해의 신인 여자배우'에 선정됐다. 등급논란을 거쳐 개봉된 〈반두비〉는 흥행에 성공하지는 못했지만(7,853명이란 적은 숫자만 관람했음), 제10회 전주 국제영화제 관객평론가상을, 제31회 낭트 3대륙 영화제 골든 몽골피에상(최우수작품상)을 수상했다. 또한 국내에서 청소년 불가판정을 받은 이 영화가 낭트에서는 아예 청소년 관객을 위한 섹션에서 따로 상영되었다(http://movie.naver.com; 김두식, 2010).

노래방을 경영하는 엄마와 둘이 사는 여고생 민서는 애인이 있는 엄마에게 반항하는 당찬 소녀이다. 여름방학을 맞아 원어민 영어학원 등록을 위해 돈이 필요하던 중, 우연히 버스에서 카림의 지갑을 수중에 넣는다. 카림은 3년의 체류허가기간을 한 달 남겨놓고 있는데, 1년치 임금을 체불한 전 직장 사장 집에 함께 가달라고 민서에게 부탁한다. 그러나 둘은 돈을 받는 데에 실패한다. 민서는 아르바이트해서 번 돈으로 영어학원에 다니면서 영어 원어민 강사와의 만남에 카림을 초청한다. 카림은 민서에게 한국 여성에 대한 백인 남성의 비하적 태도를 지적하고, 이로 인해 둘의 사이는 서먹해진다. 그러나 민서가 다시 카림을 찾아오면서 둘의 교감은 서서히 깊어진다.

그러던 중 카림은 한국 거주기간이 끝나서 한국을 떠나야 하는데, 불법을 무릅쓰고 체류를 연장한다. 어느 날 민서는 카림을 엄마 소유의 차에 태우고 운전하여 바다를 보러 가는데, 오는 길에 카림은 불법체류로 인하여 경찰에 연행된다. 이후 민서는 고등학교를 중퇴하고 사회로 발을 내딛는다.

■ 사회복지 관점에서 영화 보기

내 안의 편견

인권은 인간에게 주어진 기본적 권리이므로, 이주노동자의 인권 역시 당연히 보호되어야 할 기본적 권리라고 우리는 쉽게 말할 수 있다. 그러나 법적인 인권보호 차원보다 더 근본적으로 중요한 것은 사회적 차별, 더 근본적으로는 편견의 문제이다. 편견이란 '흑인이나 유대인에 대한 인종적 편견처럼 흔히 특수 인종이나 집단에 대해 가지는 비호의적 태도나 신념'(브리태니커 백과사

⇢ 이주노동자

　원래 계절에 따라 한 지역에서 다른 지역으로 옮겨 다니며 일시적으로 고용되는 미숙련 임시노동자를 의미하며(브리태니커 백과사전), 근래에는 국가 간 옮겨 다니는 노동자도 포함한다. 우리나라는 1980년대 중반부터 소득수준이 향상됨에 따라 단순 기능인력이 크게 부족하여 외국 인력에 대한 수요가 증가하면서, 기업은 미등록 이주노동자에 의존하게 되었다. 이에 1991년 외국인 산업연수생 제도가 도입되었는데, 이는 겉으로는 연수를 표방하면서 실제로는 장시간 저임금 노동을 시키는 편법성, 이로 인한 이주노동자의 인권침해 등의 문제가 생기게 되었다. 그리하여 2003년 「외국인근로자의 고용 등에 관한 법률」이 제정되고 고용허가제도가 도입됨으로써 이주노동자의 권리를 법적으로 보장하게 되었다(김도경, 2010). 이러한 변화과정은 우리 사회의 단순노동력 부족문제 및 이주노동자의 인권침해 문제를 해결하고자 하는 노력이라고 할 수 있다. 그럼에도 이주노동자의 인권침해 문제는 아직 많은 개선이 필요한 상황이다.

전)을 말한다. 〈반두비〉에서 카림은 '특수 인종에 대한 비호의적 태도'의 대상이다. 이 영화에서는 유색 인종에 대한 우리 사회의 편견을 직설적으로, 때로는 은유적으로 보여준다. 편의점에서 술 취한 실업자는 자기의 처지에 대한 울분을 카림에게 터뜨린다. 실업자와 시비가 붙은 편의점 아르바이트 직원은 그 시비를 말리려 한 카림에 대하여 경찰서에서 옹호해주지 않는다. 조사하던 경찰은 카림의 긴 이름에 짜증을 낸다. 옷가게의 점원은 거스름돈을 카림의 손에 쥐어주지 않고 쇼핑 봉투에다 올려놓는다. 카림과 처음 함께 밥을 먹게 된 민서는 대뜸 카림에게 반말을 쓴다. 한국인 고용주는 사업체에 일부러

부도를 내고 카림의 1년치 임금을 지불하지 않는다. 민서의 엄마는 카림을 불법체류자로 신고한다.

영화 도입부에서 '진입금지'와 '일방통행'이라는 글씨가 커다랗게 쓰인 길, 이 길을 카림은 화살표를 거슬러서 걸어간다(물론 진입금지란 표지는 자동차 대상이며, 보행인과는 아무 상관이 없다). 카림의 표정은 알 수 없고 그의 뒷모습을 카메라는 오래 비춘다. 진입금지 표지는 우리 사회의 자문화 우월주의를 상징하는, 굳게 닫힌 빗장이다. 이 길을 화살표를 거슬러서 걸어가는 카림의 뒷모습은 우리 사회의 인종적 차별과 편견을 거슬러 올라가는 그의 고단함을 말없이 강력하게 보여준다.

카림의 모습은 재일동포, 중국의 조선족, 러시아의 고려인, 광부와 간호사로 독일에 갔던 재독 한국인, 애니깽 농장의 노동자로 이민 간 남미 한국인의 모습이다. 그동안 감정을 누르고 인내하던 카림은 바다를 향하여 감정을 표출한다(카림의 고향에는 바다가 있다). "난 행복해지고 싶었을 뿐인데…….너희들도 우리 같은 노예야"라고. 이는 한국에서의 카림의 불행함을 표현한 것이리라. 우리 사회에 사는 외국인이 불행할 때 우리가 행복할 수 있을까?

백인과 유색인에 대한 이중적 태도

영화에도 등장하는 영어 원어민 학원은 우리 사회의 영어 광풍(가히 광풍이라 할 만하다)의 현장이다. 오늘날과 같은 세계화 시대에 영어능력은 실용적인 측면이 있다. 그럼에도 광풍화된 영어 열풍은 자기도 모르게 은연 중에 습득되는 미국 문화에 대한 친화 내지 흠모, 그리고 백인에 대한 열등감과 깊은 관련을 갖게 된다. 영화에서 영어 원어민 강사는 노골적으로 한국 여자들이 얼마나 스위트(sweet)하며 사귀기 쉬운지를 카림에게 자랑스럽게 이야기한다. 카림은 이에 대하여 민서에게 지적하고, 이를 계기로 민서는 인종에 대한 자신의 이중적 태도를 성찰하게 된다. 민서는 원어민 강사를 강타하고 그렇게 다니고 싶었던 원어민 학원을 그만둠으로써, 이에 대한 깨달음을 표현한다.

이 영화는 우리의 백인에 대한 태도와 유색인종에 대한 태도가 얼마나 이중적인지를 보여준다. 백인에 대한 지나친 친절, 나아가 비굴한 태도는 그들에 대한 열등감에서 비롯되며, 이는 유색인종에 대한 우리의 차별과 맞닿아 있다.

폭력과 차별이 일어나는 심리적 기제는 높고 불안한 자존감이 위험에 처했다는 느낌으로 인해 발생한다고 설명된다. 즉 높은 자존심을 가진 사람이 사회 내에서 나의 가치가 떨어질 수 있다는 두려움이 계속될 때 타인에 대하여 공격적으로 변한다는 것이다. 또한 이를 집단의 차원에서 보면, 개인의 자존감이 아닌, 집단 자존감이 손상될 때 타 집단에 대한 차별이 발생한다고 본다(퍼르스터, 2008). 이렇게 보면, 우리의 불안한 민족적 자존감은 백인 앞에서 손상되며, 이는 유색인종에 대한 차별로 이어진다. 즉 우리보다 잘살고 문화적으로 앞서 있다고 생각되는 백인 앞에서 손상된 자존심은 열등감으로 이어지고, 이에 대한 보상으로 우리보다 못살고 문화적으로 뒤떨어져 있다고 생각되는(그러나 꼭 그런 것은 아니다) 유색인종에 대한 차별이 발생한다. 결국 차별은 우리 사회의 개인적·집단적 자존감의 불안정에 기인한다고 볼 수 있다. 그러므로 그것은 우리 사회의 문제인 것이다.

편견 극복의 방법

편견을 바로잡기 위해서는 실제로 편견의 대상과 접촉하거나 반대의견을 가진 사람과 대화를 나누는 것이 바람직하다. 그러나 어떤 경우에도 편견을 가진 사람의 진리에 대한 개방성이 전제되어야 한다. 편견과 차별의 극복은, 이 영화에서 계속 추구하는 것, 즉 상대방과의 만남 및 관계 맺음과 맞닿아 있다.

영화에서 민서의 질문, "때, 무슨 색깔이야?"에 대한 카림의 대답, "너랑 똑같아", 그리고 다른 상황에서 카림이 민서에게 던지는 말, "마음을 열어봐", 이는 영화 첫 장면의 진입금지 표지에 대하여 던지는 카림의 대답이다. 그렇다! 우리가 마음을 열 때 그들이 우리랑 똑같다는 데에 깜짝 놀라며, 우리가 그들에게 그었던 진입금지의 금을 다시 바라보게 된다.

이 영화에서는 음식 먹는 장면이 유독 많이 나온다. 음식, 그리고 음식을 함께 먹는다는 것은 관계를 맺는, 그리고 관계가 깊어가는 중요한 매개이다. 우리는 이 영화에서 음식을 함께 먹는다는 것이 관계나 소통에서 얼마나 중요한지를 여러 차례 볼 수 있다. 민서는 카림에게 밥 사달라고 하여 순대국밥을 함께 먹고, 카림은 민서의 집에 와서 방글라데시 음식을 만들어준다. 민서의 엄마는 민서에게 한우장조림(그냥 장조림이 아니고 '한우'장조림)을 만들어놓았으니 집에 돌아오라고 간곡히 이야기하며, 엄마는 집에 돌아온 민서의 밥그릇에 애인이 집으려 했던 한우장조림을 놓아주고, 카림이 떠난 후 민서는 방글라데시 식당에서 음식을 먹으며 카림을 떠올린다. 심지어는 성 업소에서 만난 담임교사와 민서도 고기를 구워 먹으면서 처음으로 대화라는 것을 하게 된다. 먹는 행위는 인간의 원초적 본능과 맞닿아 있으며, 관계를 맺고자 하는 욕구 역시 먹는 본능 못지않게 원초적이다. 우리는 관계 맺기 위하여 소통하며, 소통을 통하여 마음이 개방되고 편견이 극복된다.

이 영화는 결국 인종에 대한 편견으로 시작된 민서의 모습이 변화되는 과정에 대한 내용이다. 처음에 카림의 때가 무슨 색깔인지 묻는 민서의 모습은 검은 피부색에 대한 관념

에서 벗어나지 못하는 모습이다. 그러나 민서는 결국 카림과의 소통을 통하여 유색인에 대한 마음을 열게 되며, 소녀는 성장하여 세상을 향한 문을 열고 나간다. 영화의 마지막에서 성숙하게 바뀐 외모는 민서의 마음의 성장을 은유한다고 할 것이다. 우리가 안정을 지향하여 편견과 의무에 안주한다면 안락하고 편안하겠지만, 새로운 것을 향한 도전을 하지는 못할 것이다. 그러나 성장을 지향한다면, 편견을 깨고 새로운 것에 도전하며 이상과 소망을 향해 마음의 문을 열 수 있을 것이다. 편견을 넘어선다는 것은 익숙했던 안정을 넘어서 성장을 향한 도전의 발걸음을 딛는 것이다.

카림은 떠났지만 카림에게 마음의 문을 열었던 민서는 카림을 몰랐던 과거의 민서와는 전혀 다른 인물이리라. 이것이 이 영화가 우리에게 바라는 바가 아닐까? 카림이 이야기했던 "친구를 웃게 만드는 사람은 천국에 갈 자격이 있다"를 빌려서 이야기해보자. 친구의 마음 문을 열어 성장하게 만드는 사람은 천국에 갈 자격이 있다.

〈크로싱〉

감독 김태균
주연 차인표(김용수 역), 신명철(준이 역)
제작 연도 2008년
상영시간 112분

북한을 탈출하여 남한에 입국한 북한이탈주민의 숫자는 2009년 12월 기준으로 2만여 명에 이르고 있다. 북한이탈주민의 입국이 상대적으로 적었던 1993년까지는 주로 개인 단독 입국 사례가 많았으나, 1994년부터 가족 동반 입국 형태가 나타나면서, 1996년 이후부터 현재까지 입국자 대비 평균 50%의 북한이탈주민이 가족 단위로 남한에 입국하고 있다(통일부, 정착지원과 통계자료, 2010: 김현경, 2010에서 재인용). 그리고 단독 입국자라고 하더라도 이미 남한에 먼저 들어와 정착하고 있는 북한이탈주민이 자신들이 받은 정착금 등을 이용하여 북한 또는 중국 등의 제3국에 있는 가족을 남한에 들어오도록 노력하고 있다(김현경, 2010). 이러한 상황은 〈크로싱〉의 배경이 된다.

전 세계에서 유일한 분단국가인 북한의 주민은 우리에게 가장 가까우면서도 가장 먼 사람들이다. 여태까지 북한을 소재로 한 영화로서 〈쉬리〉·〈공동경비구역 JSA〉·〈간첩 리철진〉·〈태극기 휘날리며〉·〈태풍〉·〈국경의 남쪽〉·〈남남북녀〉·〈동해물과 백두산이〉·〈의형제〉 등이 있었지만, 〈크로싱〉은 한국영화 최초로 현실을 살아가는 북한의 보통 사람들, 그리고 그들의 탈북을 생생하게 이야기하고 있다.

이 영화는 기본적으로 가족에 대한 이야기이다. 즉 가족이 헤어지고 만남이 엇갈리는 가슴 아픈 이야기이며, 이를 전형적인 멜로드라마의 문법에 맞추어 그리는 최루성 영화라고 할 수 있다. 가족의 사랑에 대한 멜로드라마는 진부하게 느껴질 정도로 넘치는 가운데 이 영화에 주목하는 이유는, 그동안 사회복지계에서 관심이 부족했던 북한이탈주민에 대한 이해를 넓힐 수 있는 영화이기 때문이다.

이 영화는 남한에서 소수자로 살아가는 모습이 되기 전, 즉 북한에서의 생활, 그리고 탈북 과정에서 가족이 해체되고 재결합을 시도하는 이야기이다. 따라서 한국의 사회복지적 관점에서 새터민에 대한 서비스 방안을 논하는 데

에는 초점이 안 맞을 수도 있다. 그러나 새터민을 돕기 위해서는 그들을 이해
해야 하며, 그들의 과거 경험을 이해하지 않고는 그들의 현재를 이해할 수 없
을 것이다. 그런 점에서 이 영화는 새터민의 경험, 즉 북한 주민의 생활모습,
고통과 공포의 탈북과정을 이해할 수 있는 좋은 영상 교재가 될 것이다.

작품배경

1990년대부터 북한 주민의 목숨을 건 탈북은 지금도 현재진행형이다. 특히
1996년 이후 대홍수와 가뭄으로 극심한 식량난을 겪은 후 죽음의 선을 넘나
들면서까지 살던 땅을 하나둘 떠날 수밖에 없는 상황에 다다른다. 〈크로싱〉
은 2002년 탈북자들의 베이징 주재 스페인 대사관 진입 사건을 배경으로 한
영화이다. 이 영화는 가족의 약과 식량을 구하기 위해 북한을 떠날 수밖에 없
었던 아버지와 그를 찾아 나선 11세 아들의 안타까운 엇갈림을 그렸다. 감독
은 제목인 '크로싱'의 의미에 대하여, '엇갈림의 이야기고 넘는 이야기고 어떤
관계를 넘어서는 이야기이기 때문에 크로싱(Crossing)이 가장 어울리는 제목
이라고 생각했다'고 밝히고 있다.

이 영화는 탈북자 문제를 취급한 영화이므로, 실제 탈북 경로를 담아내기

위해 한국, 중국, 몽골을 오가며 총 8,000km의 대장정을 통해 촬영을 했으며, 한국 영화 최초로 몽골의 고비 사막과 울란바토르 공항을 담았다. 또한 강원도와 몽골에 세운 오픈세트를 통하여 함경도 시골마을, 꽃제비들의 생활상, 중국의 벌목장을 리얼하게 재현했다. 그리고 북한 영화에 주로 등장하는 평안도 사투리가 아닌 함경도 사투리 재현에 심혈을 기울였다. 제28회 한국영화평론가협회상 음악상, 제16회 이천 춘사대상영화제에서 감독상과 최우수작품상을 받았으며, 신명철이 아역상을, 차인표가 심사위원 특별상을 받았다.

◢ 줄거리

북한 함경도 탄광마을에서 가난하지만 행복하던 11세 준이 가족의 삶은 어느 날 엄마의 폐결핵 진단에 흔들리기 시작한다. 평범하고 모범적인 북조선 인민인 아버지(용수)는 임신 중인 아내(용화)의 폐결핵 약을 구하기 위해 중국행을 결심한다. 생사를 넘나드는 고비 끝에 중국에 도착한 용수는 벌목장에서 일하며 돈을 모으지만, 불법 현장이 발각되면서 모은 돈을 잃고 경찰에 쫓기는 신세가 된다. 그러던 어느 날 간단한 인터뷰만 해주면 돈을 받을 수 있다는 얘기에 용수는 인터뷰에 응하기로 하고, 그로 인해 용수는 원치 않는 남한으로의 망명 길에 오르게 된다.

한편 집에 남은 아내는 세상을 떠나고, 홀로 남겨진 준이는 아

버지를 만나기 위해 중국 국경을 넘는 시도를 하지만 체포되어 북한 수용소에
갇히게 되고 심한 고초를 겪는다. 한국에 도착한 용수는 브로커를 통해 아내가
세상을 떠났다는 것, 그리고 준이의 행방을 알게 된다. 그리하여 준이를 한국
에 데려오기 위한 시도가 시작된다. 준이는 브로커의 안내로 중국을 통하여 몽
골 국경선을 넘고, 아버지는 몽골의 울란바토르 공항으로 가서 준이를 데려오
기로 한다. 그러나 몽골 국경선을 걸어서 넘은 준이는 광활한 고비 사막에서
길을 잃고 결국 목숨을 잃게 되며, 아들의 시신을 접한 아버지는 오열한다.

◤ 사회복지 관점에서 영화 보기

전체주의와 개인

이 영화는 가족애, 그리고 개인과 가족의 비극에 초점을 맞추는 멜로 영화
이기에, 개인 위에 군림하는 사회에 대해서는 이야기하지 않고 있다. 그러나
사회복지학도인 우리는 단순히 북한에 비교한 우리 사회의 우월성에 안도하
고 북한 주민의 고통을 안타깝게 여기는 선을 넘어서서, 개인의 의지 위에 군
림하는 전체주의 체제의 비극성에 대해서도 주의를 기울여야 하리라고 본다.

〈크로싱〉에 나타나는 용수 가족의 비극을 초래하는 가난, 극도로 취약한
의료시스템, 중국에서 가져온 남한 축구 비디오와 성경에 대하여 절대 비밀로
하라고 당부하다가 결국 발각되어 사라지는 이웃, 이를 통해 나타나는 북한
사회의 폐쇄성과 상호불신, 주석에 대한 맹목적인 숭앙, 수용소의 끔찍한 상
황, 꽃제비들의 비참함 등이 개인의 인간성을 파괴할 것은 불을 보듯이 뻔한
것이다. 물신주의와 배금주의에 물든 천박한 자본주의 사회가 인간의 행복을
보장해주지 않음은 물론이지만, 전체주의 사회는 인간의 비극을 직접적으로
야기한다.

또한 〈크로싱〉에서는 배경인물로 등장하지만 사실상 눈여겨보아야 할 인물은 정보조직이나 경찰조직에 종사하는 사람들이다. 남한의 비디오와 성경을 소지했다는 이유로 용수의 이웃이 어느 날 사라지는 장면은 정보 조직과 비밀경찰에 대한 공포를 극명하게 보여준다. 또한 공안이라 불리는 경찰들은 국경을 넘는 주민을 거칠게 체포하고, 수용소의 사람들에게 비인간적인 폭력을 행사한다. 과연 이들은 비인간적인 악의 화신인가? 여기에서 우리는 한나 아렌트의 '악의 평범성'이란 개념에 대하여 생각해보게 된다.

나치 독일의 유대인 대학살을 기획하고 주도한 아이히만에 대한 재판을 참관한 뒤 한나 아렌트는 「예루살렘의 아이히만: 악의 평범성에 대한 보고서」를 저술했으며, 여기에서 '아이히만은 살아 있는 악마가 아니라 지극히 평범한 사람'이라고 묘사했다. 한나 아렌트는 '아이히만은 악하지도 유대인을 증오하지도 않았으며, 단지 히틀러에 대한 맹목적인 충성에서 관료적 의무를 기계적으로 충실히 수행했을 뿐이다. 그가 행한 모든 일은 그가 법을 준수하는 시민으로서 인식한 만큼 행동한 것이었다'고 썼다. 그는 가정에서 아이들을 극진하게 돌보는 가장이었으며 평범한 인간이었다. 한나 아렌트에 의하면, 선한 인간성을 파괴하는 것은 반성적 사고의 상실과 획일적인 전체주의이다.

생각하기의 무능력함, 즉 타인의 입장에서 생각하기의 무능력함, 다시 말하여 아무런 생각 없이 사는 삶이 악의 근원이다(김윤태, 2007). 그렇기에 악은 특별한 사람만 저지르는 것이 아니며, 우리 누구라도 쉽게 악을 저지를 수 있는 것이다. 만약 생각 없는 삶을 산다면.

한나 아렌트가 말한 평범한 악은 우리에게 전혀 낯설지 않다. 〈크로싱〉에 나타나는 북한 공안의 모습은 물론이거니와, 일제시절 독립운동에 대한 경찰 조직의 모습, 군사독재 시절 민주화 운동에 대한 정보 조직 종사자들의 모습이 그러하다. 그들의 입장에서는 체재에 대한 충성에서 관료적 의무를 충실히 수행한 것이었겠지만, 그리고 그들은 개인적으로는 가족의 성실한 일원이었겠지만, 타인의 입장에서 생각하는 반성적 사고의 능력이 없다는 것, 그것이 악이었던 것이다.

이런 모습은 오늘을 사는 우리의 모습을 그린 영화 〈반두비〉의 임금체불 사장에게서도 나타난다. 사장은 으리으리한 집에서 가족과 함께 산다. 그러면서 자기가 고용했던 이주노동자의 고통에는 공감하지 못하는, 타인의 입장에서 생각하기의 무능력함을 보여준다. 전체주의 사회에서 체제에 대한 맹목적 충성과 관료적 의무에 대한 충실함이 평범한 악을 야기한다면, 자본주의 사회에서 평범한 악을 야기하는 것은 물신주의와 이기주의일 것이다. 나만 잘 먹고 잘살면 된다는.

영화 〈크로싱〉을 보고 단순히 북한사회에서 태어나지 않은 우리의 행운에 안도할 것이 아니라, 우리는 개인의 선한 의지 위에 군림하는 사회체제의 압력을 생각해볼 필요가 있다. 왜냐하면 사회 체제의 압력하에 놓인 개인의 삶은 사회주의 사회이건 자본주의 사회이건 마찬가지이기 때문이다. 그러한 압력하에서, 아렌트가 말하는 평범한 악에 빠지지 않을 수 있는 힘, 그것은 타인의 입장에서 생각하는 힘, 즉 반성적 사고일 것이다. 이는 사회복지사들에게 반드시 필요한 능력이다. 왜냐하면 사회적 소수자와 함께 일하는 것이 우리 직업의 사명이기에.

북한이탈주민의 한국사회 적응

〈크로싱〉에서는 가족과의 재결합에 대한 용수의 집념과 노력, 그리고 그것이 이루어지지 않은 비극에 초점을 맞추기 때문에 용수가 남한 사회에 제대로 적응하고 있는지에 관해서는 구체적으로 그리고 있지 않다. 또한 용수가 일하는 공장의 사장은 매우 인도주의적인 사람으로 그려진다. 다만 용수의 직장 동료가 용수에게 '가족을 버리고 자기만 살려고 남한으로 왔다'고 험담하는 장면이 나오는데, 사장이 즉각적으로 그를 나무람으로써 상황을 정리하는 것으로 묘사된다.

그러나 실제 현실에서 용수가 새로운 사회에 적응하는 데에 어려움을 겪었을 가능성은 많이 있다. 영화에는 이러한 면이 나타나 있지 않기 때문에, 이에 대해서는 예상되는 어려움에 대하여 추측해보기로 한다. 이들의 적응상 어려움의 근원은 크게 두 가지이다. 첫째는 북한과는 사회적·문화적·정치적·경제적으로 너무나 다른 남한 사회에서 오는 이질감이다. 〈크로싱〉에서도 이런 모습이 간간이 드러난다. 용수가 아내의 약을 사려고 약국에 갔을 때, '보건소에서 무료로 약을 받을 수 있다'는 말에 대한 놀라는 모습, 그리고 울란바토르 공항의 돌발 상황에서 '남한에 온 지 얼마 안 되서 잘 몰라서……'라면서 당혹해하는 모습에서 나타난다. 그러나 현실에서의 문화적응 스트레스는 영화에서보다 훨씬 더 클 것이며, 이는 용수에게 위축감과 소외감을 가져오리라고 충분히 예상할 수 있다.

어려움의 두 번째 근원은 탈북 이후 한국에 도착하기까지의 과정이 고통스러움에서 오는 정신적 외상(trauma)이다. 용수와 준이는 친하게 지내던 이웃이 갑자기 체포되어 사라지는 것을 체험하고, 눈앞에서 총을 맞고 죽는 사람들과 수용소에서 죽어서 질질 끌려나가는 사람들을 목격하며, 자신들도 굶주림, 폭력, 죽음의 공포 속에서 숨을 죽인다. 북한이탈주민이 북한 내에서, 그리고 탈북과정과 제3국을 통한 남한 입국 과정에서 경험하는 고통과 충격으로 인한 외상은 이들에게 쉽게 해결되지 않을 것이다.

만약 준이가 살아서 남한에 와서 부자 가정을 이루었다면 어떠했을까? 더 나아가서 준이의 엄마가 준이와 함께 무사히 남한에 와서 용수와 결합하여 가족을 다시 이루었다면 어떠했을까? 영화에서는 가족이 재결합하기만 하면 모든 문제는 해결되고 그때로부터 행복하게 살 것처럼 그려져 있다. 물론 이들에게 일차적인 목표는 가족의 재결합이다. 그러나 가족의 재결합 이후 이들이 남한 사회의 적응 과정에서 겪는 어려움에 대하여 우리는 관심을 가져야 할 것이다.

물론 가족은 이들에게 아주 중요한 지지체계가 된다. 그러나 동시에 탈북 이전에 가족관계의 질이 미약할 경우 가족갈등을 증폭시킬 수 있다. 〈크로싱〉의 용수 가족 역시 그러한 위험에 노출되어 있다.

또한 준이는 발달단계상 겪는 청소년의 정체성 위기가 남한사회에서 더욱 증폭될 가능성이 크다. 더욱이 꽃제비 생활과 탈북 과정의 목숨을 건 고통은 감수성이 예민한 10대 초반의 준이에게 외상으로 작용할 것으로 보인다. 주로 15세에서 17세의 청소년의 경우 탈북이 시작된 시점이 대략 10세 전후이고 대개는 혼자 탈북, 입국한 사례가 많다(금명자, 2008)는 점에서 〈크로싱〉의 준이는 전형적인 탈북 청소년의 모습이다. 준이는 아버지를 찾으러 떠난 이후 전혀 학교에 다니지 못하는데, 남한 사회에서 학교생활에 다시 적응하는 것이 쉽지 않을 것이 예상된다. 또한 남한의 청소년의 경험과 너무 다른 준이의 경험은 준이에게 이질감과 소외감을 줄 것으로 추측되는 부분이다. 아울

　　북한이탈주민을 비롯한 난민과 이주민들은 다차원의 심리사회적 위기를 경험한다. 우선 심리 내적 차원에서 슬픔, 소외감, 외로움, 정신적 외상, 자존심 손상, 죄책감 등이 나타난다. 다음으로 가족 차원에서 부부갈등의 가장 흔한 문제는, 북한사회에서 아버지가 갖고 있던 절대적 권위가 남한사회에서는 약화되는 데에서 오는 갈등, 그리고 이로 인한 가정폭력이 나타나며, 세대 간에는 적응속도의 차이로 인한 세대갈등이 나타날 수 있다. 또한 문화적 차원에서는 남한에서의 새로운 문화접촉의 과정에서 문화적응스트레스를 경험할 수 있다(엄태완, 2009). 1994년을 기점으로 탈북자가 급증하자, 정부는 1997년 「북한이탈주민의 보호 및 정착지원에 관한 법률」을 제정했고, 정착지원 핵심부서인 하나원을 1999년에 개원했다.

러 준이는 세상을 떠난 어머니에 대한 죄책감 문제를 해결해야 할 것이다. 준이의 죄책감은 탈북에 성공한 직후 아버지와의 통화에서 어머니의 죽음을 알리면서 "아부지, 미안함다……. 아부지랑 약속 못 지켜서 미안함다"라며 우는 것에서 드러난다. 준이는 극한적 상황에서 그 연령의 아동으로서 훌륭하게 행동했으며, 어머니의 죽음은 결코 준이의 잘못이 아니다. 그럼에도 어머니를 돌봐야 한다는 부담이 준이를 과도하게 압박했음을 알 수 있다. 따라서 준이는 죄책감을 극복하고 자기가 잘해냈다는 것을 믿을 수 있어야 할 것이다.

　우리의 북한이탈주민 받아들이기

　　같은 민족이면서도 다른 문화를 가지고 있는 북한이탈주민에 대한 우리의 태도는 과연 어떠할까? 〈크로싱〉에는 두 가지 타입의 사람이 나온다. '자기만 살려고 가족을 버리고 남한으로 왔다'고 용수를 험담하는 용수의 동료, 그리고 그를 나무라며 용수를 감싸는 공장주인. 그 외의 상황은 묘사되지 않고 있다. 남한 사회가 이들을 어떻게 대하는지에 대하여, 새터민 청소년 생활공동체 '우리집'의 마석훈 대표는 인터뷰에서 다음과 같이 말한 바 있다. "지금 탈북청소년 90%가 자기가 북한에서 왔다는 것을 숨긴다"며 "드러내봤자 도움이 안 된다. 학교에서 (북한에서 왔다는 게) 알려지면 쉬는 시간에 전교생이 몰려와서 별로 궁금하지도 않은 질문, 즉 '사람고기 먹어봤냐', '너 왜 뿔 안 났냐', '에버랜드 가봤냐'는 식으로 남한의 아이들이 갖고 있던 각종 편견을 새터민 청소년에게 쏟아 붓는다." 특히 "자신의 어디에서 태어나고 왔다는 것, 기본적인 정체성을 숨기게 되면 말도 숨겨야 하고 그렇게 되면 정상적인 생활을 할 수 없게 된다"는 점이 가장 문제라고 말했다.(《시사포커스》, 조은위기자, 2010.9.6).

〈크로싱〉에서 용수가 북한 출신이라는 것을 숨기는 장면은 나오지는 않지만, 실제로 탈북자들은 자신이 북한 출신이라는 것을 알면 남한사람들에게 차별과 멸시를 당할까 봐 이를 숨기는 경향이 있다(김영경·김현아, 2009). 자기의 출신을 숨기는 것은 자기 정체성의 부정이기에, 이들은 사회적 소수자로서 오히려 외국인 이주자보다 더 열악한 사회적 위치에 있다고 할 수 있다. 북한과 남한은 현재도 대치상태에 있다는 점, 그리고 우리 사회의 반공 이데올로기가 아직도 존재하는 점이 그들의 한국에서의 삶을 외국 이주자보다 더 어렵게 하는 지점이다.

또한 북한이탈주민들은 외부에 도움을 요청하지 않는 경향이 있는데, 이유는 북한 및 제3국에서의 은신생활을 경험하면서 외부를 믿지 않고 자기 문제는 자기가 해결하려는 경향, 그리고 남한 상담자에 대한 괴리감 때문인 것으로 나타났다(김현경, 2010). 일반인은 물론이거니와 북한 이주민에 대한 전문적 개입현장에서도, 상당수의 실무자들이 이들을 심리사회적 '문제아', '이방인이며 2등 국민'이라서 우리보다 열등하고 불쌍한 사람으로 보는 경향이 있다(이민영, 2005). 그렇다면 이들에 대한 우리의 태도는 어떠해야 할 것인가?

여기에서 동화주의 대 다문화주의에 대한 논점을 생각해보게 된다. 우리 사회에서 외국 이주자들에 대한 사회적 담론은 동화주의 대 다문화주의의 논쟁에서 다문화주의를 목표로 삼는다는 데 대한 합의가 있다고 보인다(현실은 별개로 하고 일단 방향은 그렇게 설정되었다는 의미). 그러나 북한이탈주민에 대하여 과연 우리 사회가 그들의 다양한 경험과 문화를 인정하는지, 주류사회의 타자가 아닌, 사회적 주체로서 보는지 검토해볼 일이다. 북한이탈주민의 적응의 목표로 흔히 사용되는 '하나 되기'라는 용어는 얼핏 듣기에는 화합과 통합이란 아름다운 뜻으로 들리지만, 사실상 그것은 주류 문화에 대한 소수자의 통합, 즉 동화주의를 내포한다. 우리 사회는 이들의 출신 문화인 북한, 그리고 사회주의에 대하여 외국문화보다 더 배타적이고 비하적이며, 여기에는 분단 국가로서의 우리의 분단 의식이 깔려 있다고 보인다. 우리 사회가 이들 문화를 인정하지 않는 지점에는 북한사회에 대한 적대감 및 우월감, 그 기저에 깔려 있는 반공 의식과 이념적 편향성이 자리 잡고 있다.

이런 면에서 볼 때, 우리의 문화적 민감성은 외국 문화에 대해서 뿐만이 아니라, 사회주의 사회에서 성장한 인성 및 북한이탈주민의 경험에도 열려 있어야 할 것이다. 또한 그들의 고통과 경험을 존중하고, 이를 극복하고 여기까지 다다른 용기와 힘에 대한 인정과 강화가 필요할 것으로 생각된다.

◤영화를 보는 또 다른 재미

〈크로싱〉에서는 다른 영화에서 볼 수 없는 장면들이 나온다. 우리가 직접 가볼 수 없는 북한의 시골 마을과 학교, 수용소와 대규모 벌목장, 꽃제비들의 모습, 중국 요녕성 부근의 드넓은 옥수수밭, 중국 기차 안 풍경 등을 통하여 마치 그곳을 직접 보는 것 같은 느낌을 갖게 된다. 특히 영화 마지막에서 보여주는 용수가 살았던 함경도의 마을 잔치에서 주민들의 생동감 넘치고 행복한 모습은, 그들이 바로 '우리'라는 친화감을 주기에 충분하다.

또한 광활한 고비 사막, 그리고 사막에서 바라보는 밤하늘의 별은 보는 사람을 압도한다. 광활한 사막과 그 속을 홀로 걷는 준이의 대비, 찬란한 별 잔치와 그 밑에서 신발을 끌어안고 죽는 준이의 대비, 이러한 대비는 이 영화의 비극성을 말없이 보여준다. 지리적으로 몇 시간이면 올 수 있는 거리에 닿기 위하여 머나먼 몽골의 고비 사막을 헤매야 하는 준이. 분단이라는 사회체제의 비극은 자연의 위대함과 맞물리면서 그 울림을 더한다.

❖ 생각할 거리

〈반두비〉

1. 이 영화에서 카림은 때 묻지 않고 순수하고 착한 캐릭터이며, 민서는 도발적이고 폭력적인 주인공이다. 당신이 자신을 대입시키는 인물은 카림인가, 민서인가 생각해보자.

2. 이 영화에는 민서가 폭력을 사용하는 장면이 여러 번 등장한다. 자기를 희롱하는 주유소 사장 아들에게 휘발유를 뿌리고, 원어민 강사를 강타하고, 임금 체불 고용주 집에 찾아가서 집안 기물을 파손한다. 이러한 민서의 도발성과 폭력은 카타르시스를 주기는 하지만 우리 사회에서 용납되는 방법은 아니다. 폭력 사용 대신 민서가 사용할 수 있는 방법에는 어떤 것이 있을지 생각해보자.

3. 만약 민서가 방글라데시 출신 노동자가 아니라 백인, 특히 미국인 청년과 사귀었다면, 민서 엄마는 다른 태도를 보였을 것인지 생각해보자.

4. 다문화사회의 구성원으로서, 특히 사회복지학도, 그리고 사회복지사로서 우리에게 필요한 것은 문화적 역량이다. 사회복지사의 문화적 역량을 기를 수 있는 방법에는 어떤 것이 있을지 생각해보자.

〈크로싱〉

1. 준이가 한국에 오는 데에 성공하여 용수와 부자가족을 이루었다면, 또 용수의 아내도 준이와 함께 탈북하여 남한에서 가족을 이루었다면, 이들이 남한 사회에 적응하는 모습은 어떠했을까? 이들의 적응에 대한 보호 요인과 위험 요인에 대하여 생각해보자.

2. 준이가 남한에서 학교에 다닌다고 가정하고, 탈북 청소년만 다니는 대안학교와 일반학교 중 어느 것이 더 준이에게 좋을지 생각해보자.

3. 북한, 북한주민, 북한이탈주민에 대하여 우리가 평소에 가졌던 인상은 어떤 것인지 생각해보자. 우리의 인상에 편견이나 선입견이 있다면 이를 극복하는 방안에는 무엇이 있는지 생각해보자.

4. 외국인에 대한 문화적 역량에 덧붙여, 북한이탈주민을 대하는 데에서 우리에게 필요한 민감성에는 어떤 것이 있을지 생각해보자.

5. 우리 사회가 전체주의가 되는 것을 막기 위하여, 우리 하나하나가 어떤 노력을 할 필요가 있는지 생각해보자.

참고문헌

금명자. 2008. 「사례를 통해 살펴본 탈북청소년의 심리적 이해」. 한국심리학회 연차학술발
　　표대회 논문집.

김도경. 2010. 「이주노동자의 인권보호에 관한 연구」. 단국대학교 행정법무대학원 석사학
　　위논문.

김두식. 2010. 『불편해도 괜찮아: 영화보다 재미있는 인권 이야기』. 창비.

김영경·김현아. 2009). 「새터민 동료상담경험에 대한 질적 연구」. 《한국심리학회지: 상담
　　및 심리치료》, 21(4): 981~1009쪽.

김윤태. 2007. 『교양인을 위한 세계사』. 책과 함께.

김현경. 2010. 「북한이탈주민가족 해체와 통합에 대한 사회복지실천 관계의 고찰」. 한국가
　　족사회복지학회 춘계학술대회 자료집.

문성호. 2007. 「북한이탈 청소년의 남한사회 적응과 청소년복지의 과제」. 《청소년복지연
　　구》, 7(1): 5~17쪽.

엄태완. 2009. 「북한이탈주민의 심리사회적 위기대처과정의 긍정적 힘에 대한 질적 연구」.
　　《정신보건과 사회사업》, 32: 215~247쪽.

이민영. 2005. 「남북한 이문화 부부의 가족과정 경험에 관한 질적 연구: 내러티브 탐구방법
　　을 활용하여」. 이화여대 대학원 박사학위 논문.

이지영. 2008. 「영화 '크로싱'을 통해 살펴본 탈북자들의 심리적 이해」. 2008 한국심리학회
　　연차학술발표대회 논문집.

최승희·김성희. 2008. 『문화적 민감성 척도 개발』. 평택대학교 다문화가족센터.

푀르스터, 엔스(Forster, Jens). 2008. 『바보들의 심리학』. 장혜경 역. 웅진.

한국사회복지사협회. 2001. 한국사회복지사협회 윤리강령.

황진. 2010, 「이주노동자 대상 한국어교육정책 연구」. 상명대학교 대학원 석사학위논문.

Zeilfelder, Eunsook Lee. 2007. 『한국사회와 다문화가족』. 양서원.

04

다문화가족, 그들은 누구인가

이혜경

한국 남성과 외국인 여성 사이의 국제결혼이 증가하고 외국인이 우리나라에 정착하면서 한국도 점차 다인종, 다문화 사회로 변모해가고 있다. 1990년대 초 농촌총각 장가보내기 운동의 일환으로 국제결혼을 추진하기 시작한 이후, 2008년 말 기준으로 결혼이민여성은 12만 7,683명에 이르렀고, 전체 결혼 건수의 11.1%를 차지할 만큼 결혼이민은 우리 사회의 새로운 사회현상이 되었다(통계청, 2009).

이렇게 결혼이민자로 구성된 다문화가족이 형성되게 된 배경은 세계화와 빈곤이란 측면에서 살펴볼 수 있다. 우선, 우리보다 빈곤한 아시아 국가 여성들은 좀 더 경제적으로 나은 삶을 위한 배출구로 국제결혼을 선택하고, 우리나라 입장에서는 결혼에서 주변적 지위에 있는 농어촌 남성, 재혼 남성 등이 이들 국가의 여성과 결혼을 하는 경우가 증가하는 것이다. 여러 언론에서 보도되었듯이, 이들 결혼은 결혼알선업체의 개입에 의해 아주 단시간에 결정되고 때로는 매매혼적 양상을 나타내는 문제점도 있다(이혜경, 2009: 147~166).

최근 대두되는 다문화가족에 관한 영화를 분석한 연구는 많지 않다. 그런데 황병국 감독의 영화 〈나의 결혼원정기〉는 농촌 노총각인 만택과 희철이 결혼을 위해 우즈베키스탄으로 상업적 결혼알선업체가 주선하는 맞선을 보러 가는 내용으로, 다문화가족의 형성과정과 현실을 이해하기 위해 매우 적절한 텍스트이다. 또한 영화 〈의형제〉는 간첩과 국정원 직원 간의 우정을 그린 영화인데, 결혼이주여성뿐만 아니라 외국인 노동자, 탈북이주민 등 우리 사회의 주변인이자 넓은 의미에서의 다문화가족인 이들에 대해 생각해볼 수 있는 영화이다.

〈나의 결혼원정기〉

2005년 부산국제영화제 폐막작
감독 황병국
주연 정재영, 수애, 유준상
제작 연도 2005년
상영시간 120분

황병국 감독의 데뷔작인 〈나의 결혼원정기〉는 우즈베키스탄을 배경으로 38세의 농촌 노총각과 탈북자 출신의 결혼중매업체 직원 사이의 사랑을 그린 전형적인 멜로드라마이다.

이 영화는 2002년 2월 방영된 KBS 다큐멘터리 〈인간극장〉의 「노총각 우즈벡 가다」를 모티브로 한 영화이다. 황병국 감독은 「노총각 우즈벡 가다」를 본 후 이를 영화화할 것을 결심하고 2002년 4월 3주간 결혼중매단과 함께 가서 우즈베키스탄으로 취재 여행을 간다. 이 취재 과정에서 만난 사람들을 기반으로 하여 주인공의 캐릭터를 구상했다고 한다. 영화의 배경뿐만 아니라 헌팅부터 제작준비, 촬영, 후반작업에 이르기까지 우즈베키스탄 현지 스태프와의 합동작업으로 이우어졌다. 또한 주연 배우인 정재영과 유준상은 경북 예천 사투리를, 수애는 러시아와 평양 사투리를 완벽히 구사하기 위해 연습을 많이 했다고 한다. 따라서 〈나의 결혼원정기〉는 농촌총각의 결혼과정에 초점을 둔 기획영화이기 때문에 다문화가족의 형성과정과 현실을 이해하는 데 유용하다.

▰ 줄거리

만택(정재영 분)은 농사일밖에 모르는 38세의 순진한 시골 노총각이다. 만택의 어머니는 결혼 못 한 아들을 볼 때마다 한숨을 내쉰다. 한편, 읍내에서 택시 운전을 하는 희철(유준상 분)은 비록 노총각이지만 만택과는 다르게 유부녀가 된 옛 여자친구와 데이트도 즐기곤 한다. 그러나 만택과 희철 둘 다 결혼 못 한 외로운 신세는 엇비슷하다.

이러한 상황에서 만택의 할아버지가 같은 동네에 시집와 임신해 있는 우즈베키스탄 여성을 보고 대를 잇기 위해 만택에게 우즈베키스탄에 맞선을 보러 갈 것을 권유한다. 결국, 둘은 결혼소개업체의 주선으로 우즈베키스탄으로 맞선을 보기 위해 떠난다.

우즈베키스탄 결혼원정단에는 만택과 희철 이외에 이전에 맞선을 보고 결혼을 결정하여 결혼식을 하러 온 상진, 48세의 이혼남 두식 등 두 명이 더 포함되어 있다. 이들은 7박 8일의 일정 동안 하루에 두세 명의 여성과 맞선을 보면서 결혼 상대자를 고른다. 잘 되지도 않는 영어까지 구사하며 아주 능숙하게 작업을 펼치는 희철과는 정반대로 너무나 답답할 만큼 순진한 만택은 맞선마다 퇴짜를 맞는다. 만택의 담당 통역관인 라라(수애 분)는 어떻게 해서든지 맞선을 성사시켜 성사금을 받으려고 애를 쓴다.

라라는 우즈베키스탄의 카레이스키(고려인)로 신분을 속였지만 실제로는 탈북자 신분이다. 만택의 맞선이 계속 실패하자 성사금을 챙겨야 하는 결혼소개업체의 악덕 사장은 라라에게 위조 여권(라라는 기한이 지난 북한 여권만 가지고 있으므로 신분을 위장할 위조 여권이 절대적으로 필요한 상황임)을 담보로 무조건 만택의 결혼을 성사시키라고 협박을 한다. 라라는 우즈베키스탄 인사말과 맞선 예절까지 만택에게 특별 교습을 하게 된다. 라라가 적어준 쪽지를 보며 우즈베키스탄 인사말을 연습하는 만택은 "내일 또 만나요"라는 뜻의 "다 자쁘뜨러"를 연습한다.

그 후 다른 여성과의 맞선에서 만택은 마치 한국에서 꽤 잘사는 것같이 속이는 라라의 거짓말과 교습에 힘입어 데이트의 기회가 주어진다. 그러나 만택은 라라에게 애정을 느끼고 만택의 데이트는 엉망진창이 된다. 한편, 라라는 길거리 검문에서 자신의 불법체류 신분이 들통 나나 만택의 도움으로 도망가게 된다.

결혼알선업체에 의한 맞선 행사가 현지에서 분란을 일으키자 한국 영사관은 '참가자는 모두 귀국하라'라는 명령을 내리고, 만택은 결국 결혼에 성공하지 못하고 한국으로 돌아오게 된다. 우즈베키스탄을 떠나는 공항에서 만택은 라라를 찾으며 "다 자쁘뜨러"를 외치고 라라는 몰래 만택을 지켜본다.

그 이듬해 우즈베키스탄 외국 공관에 진입해 남한으로 오게 된 라라는 만택을 다시 만나게 된다는 해피엔딩으로 영화는 끝난다.

구한말, 일제강점기 때 연해주 등으로 이주한 한민족인데, 이들을 스탈린 정부는 중앙아시아(현재의 우즈베키스탄, 카자흐스탄, 키르키스스탄 등)로 강제 이주시켰다. 중국의 조선족이 일반적으로 우리 언어와 문화를 익히고 있는 반면, (구)소련 지역의 고려인은 우리 언어를 대부분 모른다. 이는 중국과 소련의 소수민족정책이 다른 데에서 기인한다고 하겠다. 중국은 소수민족에 대해 자치주의적 유화정책을 써서 소수민족의 언어와 문화를 보존하는 쪽이었고, 소련은 소수민족에 대해 흡수·융화정책을 써서 각 소수민족의 문화적 다양성을 억압하는 쪽이었다.

▐ 사회복지 관점에서 영화 보기

아직 한국사회의 다문화 수용성은 낮은 수준에 있기 때문에, 결혼이민이 자신의 삶을 개척하기 위한 적극적 선택이었다 하더라도 결혼이민여성의 뿌리내리기는 쉽지 않은 것이 현실이다. 출신국과 이주국 간의 정치·경제·사회·문화적 차이, 결혼이주로 이윤을 창출하는 중개업 구조, 한국사회에서 경제력을 상대적으로 남성이 더 많이 가진다는 점과, 가부장적 체제 및 순혈주의가 강조된다는 점 등이 장애물로 놓여 있기 때문이다. 가족 내적으로도 의사소통 장애, 취업의 제약, 아동양육의 어려움, 부부폭력, 생활방식의 차이, 친인척 문제 등 여러모로 어려움을 겪고 있다(설동훈 외, 2005).

농촌총각의 결혼문제

영화에서 만택과 희철은 38세가 되도록 결혼을 못 한 노총각이다. "요즘 세상에 누가 땅 파먹고 살려고 그래!"라는 말에서 현대 여성들이 결혼해서 농촌에 살고 싶어 하지 않는 현실을 잘 묘사하고 있다. 실제로 1990년대 초부터 농촌총각의 결혼문제가 사회문제로 대두된다. 2006년에 혼인한 농림어업종사자 남성 8,596명 중 3,525명(41.0%)이 외국 여성과 결혼했다.

또한 48세의 이혼남 두식이 등장하는데, 실제 다문화가족 중 부부 모두 초혼인 비중은 65.0%로 부부가 한국인인 가족 중 둘 다 초혼인 경우인 76.1%보다 낮다. 특히 결혼이민여성의 한국인 배우자 중 남성이 재혼인 경우가 9.3%, 둘 다 재혼인 경우가 18.0%로, 재혼 남성이 외국인 여성을 선택하는 경우가 많다(김승권 외, 2010).

국제결혼의 동기

한국 남성의 결혼동기는 매우 가부장적이다. 만택의 할아버지는 임신한 우즈베키스탄 출신 여성을 보고는 깊은 고민 끝에 손자인 만택에게 외국인 며느리라도 봐서 대를 이어야 한다는 강력한 의지를 보인다. 이는 결혼 상대자가 부족한 현실에서 대를 잇거나 남성의 결혼욕구를 충족시키기 위해 현실적으로 필요하므로 어쩔 수 없는 선택으로 본 것이다. 그럼에도 "나 남양 홍 씨 장손이다. 니는 노랑머리 아 낳고 싶나?"로 외국 여성과의 결혼에 대해 강한 거부감을 보인다. 한편, 결혼이주여성은 빈곤에서의 탈출이 가장 중요한 국제결혼의 동기이다. 이 영화에서는 사랑하는 남자친구가 있음에도 한국 남성(상진)과 중매로 결혼하는 가난한 고려인(카레이스키) 출신 여성이 나온다.

일부지만 사기 결혼도 있다. 영화에는 한국의 유흥업소에 일하기 위해 위장결혼을 하려는 여성 두 명이 나온다. 이 중 한 명은 이태원 유흥업소에서 일한 전력도 있다. 사장이 "둘 다 한국 가고 싶어서 안달이란다"라며, 이들을 적당히 한국에서 온 남성과 결혼시키려 한다.

결혼이주여성의 출신 국가

영화에서는 우즈베키스탄으로, 그것도 고려인을 주 대상으로 맞선을 보러 가는 것으로 묘사되어 있다. 실제에서는 이러한 여성이민자 중에서 농촌총각 장가보내기로 시작된 한국 남성의 중국 조선족 및 한족 여성 등과의 결혼으로 인한 여성결혼이민자 수는 지속적으로 증가하고 있으며 2000년 이후 이들의 국적은 베트남, 몽골, 러시아 등 매우 다양해지고 있다. 여성결혼이민자의 국적별 건수는 중국이 9만 5,711건으로 가장 많고(이 중 80% 정도가 조선족), 베트남이 2만 7,039건, 일본이 8,805건, 필리핀이 6,953건, 몽골이 3,035건, 태국이 2,261건, 미국이 2,195건, 러시아가 1,611건, 기타 나라가 8,749건이었다(통계청, 2009).

국제결혼 소개업체의 문제점

국제결혼의 경로가 결혼중개업체를 통한 경우가 27.0%, 가족·친척 소개가 24.1%로 나타나 결혼중개업체를 통한 결혼 비중이 높은 것으로 나타났다. 가장 많이 지적되는 것은 상업적 결혼소개업체의 문제점이다. 현실적으로 상업적 중개방식을 통한 국제결혼부부가 상당수라는 점에 비추어볼 때, 결혼생활이 시작되기 이전부터 많은 갈등과 위기의 가능성을 안고 출발하고 있음을 가늠케 한다.

결혼소개업체를 통한 결혼의 근본적인 문제는 급속한 진행이다. 며칠 만에 여러 여성을 만나 이 중 한 명을 선택하여 결혼하는 것은 여성의 인권 문제뿐만 아니라 그 후 결혼생활에도 부정적인 영향을 비칠 수 있다. 만택도 어머니와의 통화에서 오늘도 세 명이나 선을 봤다고 말한다.

또한 결혼을 성사시키기 위해 정보 왜곡도 나타난다. 통역 과정에서 왜곡과 남자들을 거짓말하게 교육시킨다. '승용차가 있다', '농장이 넓다', '부모님이 돈을 대줘서 곧 사업을 시작하려 한다' 등등 한국 남성의 경제상태를 왜곡하는 것이다. 결혼소개업체를 통해 한국에 결혼해 간 여성이 우즈베키스탄에 돌아와 업체 사장에게 항의하면서 '서울에서 식당 한다고 하더니, 포장마차 한다', '집이 아파트라더니 빛도 안 드는 지하방이다', '친정에 매달 100달러씩 보내준다더니, 단 10달러도 보낸 적이 없다' 등등의 말을 하는 것에서 결혼소개업체의 정보왜곡을 살펴볼 수 있다.

부당한 금품수수 문제도 심각하다. 영화 〈나의 결혼원정기〉에서는 맞선 여행의 참가비가 200만 원, 성사금이 800만 원이라고 나온다. 게다가 성사금을 받기 위해 무조건 결혼시키려고 노력하는데, 이는 사장의 "이번 애들 잘 엮어서 보너스 받고……"라는 말에서 잘 드러난다. 또한 더 젊고 예쁜 여자를 소개받고 싶으면 돈을 더 내라는 요구도 있다. 사장이 두식에게 "200만 더 내라. 어떻게 해볼 테니까"라고 한다.

다문화가족의 현실

거의 모든 다문화가족의 공통적인 문제는 빈곤이다. 영화 〈나의 결혼원정기〉는 가난한 농촌을 배경으로 하고 있다. 결혼해 살고 있는 우즈베키스탄 여성은 남루한 차림새로 농사일을 하는 것으로 묘사된다. 실제 다문화의 가구소득은 전반적으로 낮으며, 빈곤층이 다수이다. 월 평균 소득 100만 원 미만이 21.3%, 100만~200만 원이 38.4% 등으로 가구 소득이 매우 낮다. 남편의 직업은 농림어업직이 34.3%, 단순노무직 18.4%, 기능직 8.9%의 순으로 주로 농림어업직, 단순노무직에 종사하고 있다. 여성들은 대부분 생계형 또는 자신의 용돈을 벌기 위해 취업을 선호하지만 실제로 여성결혼이민자의 취업률은 21.1%로 매우 낮은 편임을 알 수 있다. 직업 유형은 단순노무직 32.7%, 서비스직 22.8%, 전문직 13.4%의 순이다. 여성결혼이민자 중 복지대상자는

11.3%이고 이 중 국민기초생활수급자가 42.9%였으며 차상위계층 보호가 15.0% 순으로 빈곤층에 속하는 비율이 높다(김승권 외, 2010).

또한 의사소통의 어려움도 크다. 〈나의 결혼원정기〉에서 우즈베키스탄 출신 여성(춘보의 처)는 한국말을 어느 정도 배웠음에도 의사소통에서 어려움을 겪는다. 영화에는 남편의 말이 무슨 뜻인지 모르겠다며 시어머니에게 호소하는 장면이 나온다. 의사소통의 부재는 남편과 가족들 간의 갈등을 초래할 수 있을 뿐만 아니라 자녀양육의 어려움과 취학 후 자녀로부터 무시당하는 사례로 이어지고 있다. 실제로 2009년 여성결혼이민자가족 실태조사에 따르면 한국생활 적응에 가장 큰 어려움으로는 언어문제가 26.7%, 문화차이 18.6%, 외로움 12.4%, 자녀문제 10.0%, 경제문제 9.4%, 음식 및 기후 4.3%로 나타났고, 여성결혼이민자 본인이 판단하는 한국어 의사소통 수준은 중급 정도가 44.9%, 고급 정도가 32.5%, 초급 수준 이하가 22.6%로 나타난 바 있다.

그리고 결혼이주여성에 대한 차별적 시각과 문화적 갈등도 찾아볼 수 있다. 영화 〈나의 결혼원정기〉는 우리의 외국인에 대한 편견 및 차별적 태도가 여러 장면에서 나타난다. 우선, 만택이 맞선여행을 가기 전에 망설이면서 "갸들 몸에서 노린내 난다 카데요"라며 외국인에 대한 우리의 보편적 편견을 드

카레이스키 여성과 맞선을
보러 나간 희철, 만택, 두식

러낸다. 또한 우즈베키스탄에서 통역관 라라는 만택에서 "결혼하게 되어 한국에 가면 이 여성들에게 말부터 해서 예절, 풍습을 잘 가르치라"고 충고하는데, 이는 결혼이민여성이 한국문화에 당연히 흡수·통합되어야 한다는 시각을 나타내는 것이다. 그리고 이전에 선을 봐 고려인인 레나와 결혼식을 치르기 위해 온 상진에게 레나의 아버지가 "부탁이야. 한국사람하고 똑같이만 대해줘"라고 하는데, 이는 딸이 한국에 시집가서 차별받을까 봐 걱정하는 부모의 심정을 잘 드러낸다.

이는 주류 문화인 한국 문화가 우월하다고 보며, 결혼이민여성의 속한 문화가 열등하다고 본 것이다. 즉, 결혼이민여성 출신국의 언어, 식습관을 포함한 다양한 관습 등을 인정하지 않고 결혼 이민여성이 한국 문화에 동화하는것이 당연하다고 보며 직·간접적으로 동화 압력을 가하는 태도라고 볼 수 있다. 특히 경제우위에 있는 한국사회가 남성 우월적 문화와 결합하여 한국적문화에의 동화에 압력을 가하고 있다고 볼 수 있다(이혜경, 2009).

〈의형제〉

감독 장훈
주연 송강호(이한규 역), 강동원(송지원 역)
제작 연도 2010년
상영시간 116분

〈의형제〉는 세계 유일 분단국인 우리 현실에서 간첩과 국정원 직원 간의 '의형제적 우정'을 그린 버디 무비(남자 간의 우정을 그린 영화의 한 장르)이다. 이 영화에는 간첩이란 우리 사회의 금기적 아웃사이더와 함께 새로운 아웃사이더인 결혼이주여성과 외국인 노동자 출신 폭력배 등이 주변적 인물로 나온다. 따라서 〈의형제〉는 넓은 의미에서 다문화가족에 관해 생각해볼 수 있는 영화이다.

◤줄거리

6년 전 서울 한복판에서 남파 공작원을 검거하기 위한 총격전이 일어난다. 그러나 국정원 입장에서 이 작전은 실패로 끝난다. 남파 공작원 송지원(강동원 분)은 도망가고, 국정원 요원 이한규(송강호 분)는 이 작전이 실패한 책임으로 국정원에서 파면당하게 된다. 6년이 지난 후, 이한규는 생계를 위해 영세한 흥신소를 운영하는데, 주로 가출한 결혼이주여성을 찾아주는 일을 하고 있다.

그러던 중 이한규는 우연히 한 건설 공사장에서 6년 전에 놓친 남파공작원 송지원을 마주치게 된다. 단번에 그를 알아본 이한규는 그를 이용해 간첩단을 잡아 포상금을 얻을 생각으로 모르는 척하고 송지원을 흥신소 직원으로 채용한다. 한편, 아직도 이한규를 국정원 요원인 줄 알고 있는 송지원은 역시 일부러 채용되어 이한규의 근황을 북에 보고하고 그의 실태를 주시한다. 이한규도 역시 송지원을 주시하며 다른 간첩단과의 연락을 주시하며 검거에 적당한 시기를 노리고 있다. 이들 둘이서 승용차로 전국을 떠돌며 가출한 결혼이주여성 – 영화에서는 주로 필리핀 여성 – 을 찾아주는 일을 한다. 어느 날 이한규는 송지원이 북에 의해 버림받았다는 사실을 알게 되고, 자신과 비슷한 처지의 그를 보며 연민의 정을 느끼게 된다. 결국 이한규는 처음부터 송지원을 이용할 목적으로 불러들였다는 것과, 자신의 처지에 대해 모든 것을 털어놓고 둘은 급속도로 가까워지며 의형제적 우정을 나누게 된다.

그러던 어느 날 '그림자'라는 별명을 지닌 송지원의 상관격인 남파 공작원이 다시 내려와 과거 실수를 만회할 수 있는 마지막 기회라며 송지원에게 임무를 지시한다. 그 임무는 남파 공작원 출신이나 북한 입장에서 배신하고 남한에 정착한 어떤 교수를 살해하는 것이다. 같은 시각, 국정원 요원들은 송지원과 그림자를 추적하고 있다. 송지원의 시계에 위치추적 장치가 있다는 사실을 알게 된 이한규가 송지원을 찾아가 그를 구하기 위해 빨리 시계를 버리라고 말한다. 그러나 그 옆에 있던 그림자가 이한규를 총으로 쏘려는 순간 송지원은 어쩔 수 없이 이한규를 칼로 찔러 죽이는 시늉을 한다. 송지원이 교수 살해를 망설이자 그림자는 직접 그 교수를 쏴 죽인다. 송지원마저 죽이려는 그림자와 격투를 벌이다 둘은 함께 3층 옥상에서 떨어지고 치명상을 입는다. 결국 이한규가 그림자를 쏴 죽이고 송지원은 목숨을 구한다.

이한규는 간첩을 잡은 공로로 거액의 보상금을 타게 되고 다시 일상으로 돌아간다. 어느 날 이한규에게 '영국에 있는 딸이나 만나라'는 송지원의 편지와 함께 런던행 비행기 티켓이 온다. 딸을 만나러 가는 이한규가 비행기에서 양주를 시키자 자신을 홍보하는 목소리가 들려온다. 뒤를 돌아본 이한규는 함께 탑승한 송지원과 그의 아내, 딸을 발견하고 웃음을 터뜨린다.

▰ 사회복지 관점에서 영화 보기

누가 다문화가족인가?

일반적으로 서로 다른 문화적 배경을 가진 사람들로 구성된 가족을 차별 없이 수용한다는 측면에서 '다문화가족'이란 용어를 사용하고 있다. 즉, 한 가족 내에서 인종의 차이는 물론 가치, 종교, 젠더, 생활양식 등 문화적 다양성이 있는 가족이 문자적 의미의 '다문화가족'이다.

다문화가족 대상자를 가장 넓게 보는 입장은 한국인을 배우자로 둔 국제결혼 가족, 한국에 온 외국인노동자뿐만 아니라 북한이탈주민(새터민)까지 포함하는 것이다. 북한이탈주민을 다문화가족의 범위에 넣어야 하는가의 문제는 논란이 되고 있다. '다문화'를 외국 문화와의 결합으로 좁게 해석하는 입장에서는 동일 민족인 북한이탈주민은 '다문화'의 대상이 아니라고 하며 '이문화'라는 용어를 사용하기도 한다(박영희, 2010).

다문화가족을 중범위로 보는 입장은 결혼이주 여성 가족에 외국인 노동자까지 포함하는 것이다. 1980~1990년대에는 다문화가족은 일반적으로 외국인노동자 및 결혼이민자를 포괄하는 의미로 사용되어왔다. 「다문화가족지원법」이 제정되기 이전에는 일반적으로 다문화가족에 외국인 노동자 가족(합법적 체류자 및 산업연수생과 미등록 이주 노동자들을 포괄)과 한국인과 결혼한 국제결혼가족 및 외국인 노동자 간의 결혼가족을 모두 포함하여 논의한 경우가 많다(변화순·조은희, 2003; 장혜경, 2003).

다문화가족 대상자에 대한 가장 협의의 정의는 국제결혼으로 구성된 가족, 특히 결혼이주 여성으로 구성된 가족만을 지칭하는 것이다. 이는 「다문화가족지원법」의 정의와 일치한다. 2008년 3월 「다문화가족지원법」 제정 이후에는 다문화가족의 범위가 외국인 노동자 가족이나 탈북자를 제외한 국제결혼으로 이루어진 가족으로 한정된다. 현재 법적인 다문화가족의 규정은 한국인의 배우자, 혹은 한국 국적을 취득한 이주민을 가족의 구성원으로 하는 한국인 가족으로 편협하게 정의하고 있다.

즉, 「다문화가족지원법」이 제정되기 이전에 다문화가족이란 용어가 국제결혼 이주여성의 가족뿐만 아니라 한국에 온 외국 이주자간의 사실혼을 통해 이루어진 가족, 탈북 이주민을 포괄하는 넓은 의미로 사용되었으나, 「다문화가족지원법」이 제정된 후에는 그 범위가 합법적 결혼 이민자로 한정되었다.

탈북이주민 2만 명 시대

〈의형제〉에서는 남파 공작원이 나오지만, 북한 출신이라는 면에서 유사한 문제를 안고 살아가는 탈북이주민에 대해 생각해보고자 한다. 2007년 1만 명이던 탈북이주민이, 3년 후인 2010년 11월을 기해 누적인원 2만 명으로 그 수가 급격히 증가하고 있다.

탈북자 정책은 두 가지로 나누어 살펴볼 수 있는데, 우선은 북한을 이탈한 후 중국 등 제3국에 체류하는 사람들에 대한 지원정책이다. 정부는 해외에 체류 중인 탈북자에 대해 "인도주의와 동포애 차원에서 전원 수용한다"는 원칙을 정해놓았으나, 해당국과의 외교적 마찰 등을 우려하여 소극적으로 대처하고 있다. 두 번째 탈북자 정책은 해외에서 남한으로 입국한 이후의 정착을 지원하는 정책이다. 국내에 입국한 탈북자는 '보호결정' 절차를 통해 하나원에서 교육을 받게 되며, 이후 국내 정착을 위한 일정한 지원금을 받고 이 밖에도 주거지원, 의료급여, 교육지원 등을 받게 된다.

〈의형제〉에서 남파 공작원 출신 이한규가 북한에 있는 가족과 함께 영국으로 가는 설정은 현실감 없는 해피엔딩이다. 정부의 지원이 다양함에도 탈북이주민이 정착하는 데는 많은 어려움이 있다. 그 원인으로 정부정책의 문제, 남북한의 사회·문화적 차이, 탈북자에 대한 남한주민들의 부정적 인식, 탈북자의 개인적인 문제 등이 지적된다(이승현·김갑식, 2011).

급증하는 탈북자 문제를 개선하기 위해서는 형식적인 교육과 경제적 지원만 할 것이 아니라 이들의 자활능력을 배양할 수 있도록 좀 더 구체적으로 접근해야 한다. 그러나 무엇보다도 단순히 북한이탈주민의 무조건적인 적응이란 관점에서 탈피하여 문화적 다양성이란 관점에서 탈북자 문제에 접근하는 것도 모색해봐야 할 것이다.

외국인 노동자의 현실

〈의형제〉에는 가정폭력 등으로 가출한 결혼이주여성들이 조그마한 공장이나 음식점에서 일하는 장면이 나온다. 또한 외국인 노동자들이 건설현장에서 가장 힘든 일을 하는 모습도 나온다.

2009년 말 기준으로 등록 외국인은 87만 9,636명인데, 중국 국적 조선족이 36만여 명으로 가장 많고 다음으로 중국인(12만여 명), 베트남인(8만 6,000명), 필리핀인(3만 8,000명)이 그 뒤를 잇는다(법무부, 2010). 그러나 이는 정식 등록 외국인 숫자이기 때문에 불법체류자까지 합하면 외국인 노동자의 실제 규모는 100만 명을 상회할 것으로 추정된다. 이들 중 88.4%가 중소규모 기업, 그것도 소위 말하는 3D 업종의 영세한 공장에서 일하고 있다.

한 가지 주목할 것은 외국인 노동자 출신의 폭력배가 동족 외국인 노동자를 괴롭히고 착취하는 내용이다. 왜 이들은 폭력배가 되어서 동족을 괴롭힐까?

외국인 노동자 앞의
송지원과 이한규.

이들 외국인 노동자를 위한 사회복지 서비스에는 어떤 것이 있을까? 우리나라의 외국인 근로자 정책 자체가 한국에서의 정주화를 막는 정책적 기조이기 때문에 외국인 근로자 가족을 목표로 한 정부 차원의 정책 및 서비스는 거의 없고 일반적으로 외국인 근로자 정책 및 서비스이다. 중앙 정부의 외국인 근로자 지원정책은 주로 노동부에서 관할하고 있는데, 산업안전·보건교육, 외국인근로자 산업재해 예방대책 수립추진, 영어 및 외국인 노동자가 많은 국가의 언어로 제작된 안전수칙 홍보책자 보급, 산업안전 교육교재 개발·보급 및 교육지원, 한국어교육, 한국문화이해 등의 사업과 각종 상담사업 지원, 외국어로 된 직장 내 성희롱 예방 안내책자 제작·보급 등의 지원정책이 있다(최현미 외, 2010: 96).

외국인 노동자 대상의 정책과제는 무엇보다도 노동 기본권을 보장하기 위한 관련 법률의 정비가 필요하다. 또한 노동자의 기본권을 보장하기 위한 인간적 노동환경을 제공하고, 산업재해의 예방을 위한 적절한 대책이 있어야 하며, 정당한 보상이 가능하도록 하는 행정적 지도도 필요하다. 무엇보다도 차별 없는 진정한 다문화사회로 나아가기 위해서는 우리 모두가 외국인 노동자들에게 지속적으로 관심을 가져야 할 것이다.

❖ 생각할 거리

1. 여성주의적 관점에서 본 다문화가족의 형성 원인은 무엇일까?
2. 우리나라 다문화가족 정책은 동화주의와 다문화주의 중에서 어디에 가까울까?
3. 누가 다문화가족인가?
4. 다문화가족을 위한 사회복지 서비스에는 어떤 것이 있을까?

참고문헌

김승권 외. 2010, 「2009년 전국 다문화가족실태조사 연구」. 서울: 한국보건사회연구원.

박영희. 2010. 「북한이탈주민 관련 교과목 개발에 대한 논의」. 『다문화시대의 사회복지교육과 교과과정』. 한국다문화가족학회 추계학술대회 자료집.

법무부. 2010. 「2009 등록외국인 현황」.

변화순·조은희. 2003. 『다양한 가족출현에 따른 쟁점과 가족 관련법의 방향 정립에 관한 연구』. 서울: 한국여성개발원.

설동훈 외. 2005. 「결혼이민자 가족실태 및 중장기 지원정책 방안 연구」. 서울: 여성가족부.

이승현·김갑식. 2011. 「탈북이주민 2만 명 시대의 현황과 정책과제」. 《이슈와 논점》, 제153호.

이혜경. 2009. 「다문화지원정책의 유형화에 관한 연구」. 《한국가족복지학》, 제25호. 147~166쪽.

장혜경. 2003. 「전국 가족조사 및 한국 가족 보고서」. 여성부.

최현미 외. 2010. 『다문화가족복지론』. 양서원.

통계청. 2009. 「2008 통계연보」. 통계청.

05

가족의 대안적 관점

신은주

'가족이란 무엇인가?' 이런 질문을 받으면 사람들은 대부분 당황해한다. 가족은 지극히 당연하고 친숙하게 여겨지고 또 너무 일상화되어 있기 때문에 우리는 그에 대해 물을 필요조차 없다고 여기는 것이다. 우리는 일상생활을 함께 영위해가는 친밀한 집단인 가족을 잘 알고 있는 듯하지만 막상 그 질문에 답하려면 선뜻 대답이 나오지 않는다.

이처럼 가족이란 무엇이냐는 질문에 쉽게 답하기 어려운 것은 무엇보다도 가족생활과 현실의 복잡한 성격 때문일 것이다. 개별 가족이 경험하는 현실 또는 가족 안에서 개인이 경험하는 현실은 역사적·사회적 맥락에 따라 다양하며, 한 사회 안에서도 계급·인종·성별에 따라 다르다. 점차 다원화해가는 사회에서 가족은 그 형태와 성격 면에서 더욱 다양해지고 있다. 이러한 다양성은 '가족'이 더는 획일적인 방식으로 규정될 수 없음을 의미한다(이재경, 2003).

최근 우리 사회에서도 이혼 및 재혼의 증가, 미혼. 독신가구의 증가, 한부모가족 및 노인 가구의 증가 등 가족 구성과 형태가 다양해지고 있다.

가족의 다양한 특성으로 인해 가족이 무엇인가를 정의하고 인식하는 데 논란의 여지가 있다. 또한 이러한 가족은 성역할에 대해 논의의 여지를 남기며, 가족의 다양성으로 인해 어머니의 의미는 무엇이고 아버지의 의미는 어떠하며 형제자매는 어떤 의미가 있는지를 다시 생각하게 만든다.

이 글에서는 가족이란 무엇인지 또 가족 안에서 개인들은 어떤 경험을 하는지에 대해서 뜨거운 논쟁을 할 수 있는 영화 두 편과 다큐멘터리 한 편을 중심으로 가족의 개념정의, 결혼과 가족의 관계, 여성의 입장에서 본 가족 등을 재음미함으로써 가족의 대안적 관점에 대한 이해의 폭을 넓히고자 한다.

특히 가족 안에서 경험하는 현실을 여성의 관점에서 살펴보고자 한다. 가족 연구에서 여성들의 경험이 중요한 것은 그들의 생애 경험이 가족을 중심으로 이루어지고 있어서 여성의 경험이 가족생활의 많은 부분을 설명하고 해석해줄 수 있기 때문이다. 또 한국사회에서 여성들은 남성 중심의 가부장적 가족을 유지하는 도구적인 존재로 주변화되어왔다. 따라서 여성의 경험에 대한 성찰이 없는 가족의 이야기는 객관적인 듯 보이나 사실은 남성 중심적인 것이다(이재경, 2003). 이러한 여성의 삶을 구조적 피해의 관점에서 구성하는 것은 아니며, 사회 변화와 가족의 변화 과정에서 여성들이 자신의 삶을 어떻게 해석하고, 주어진 조건 속에서 어떻게 대응하는지를 사적 다큐멘터리를 통해 살펴보겠다.

〈가족의 탄생〉

감독 김태용
주연 문소리, 엄태웅, 고두심, 공효진, 김혜옥, 봉태규,
　　　정유미, 주진모, 김꽃비, 이나리 등
제작 연도 2006년
상영시간 113분

▚ 작품배경

2006년 (주)블루스톰에서 제작했다. 각본은 성기영과 김태용이 공동으로 집필했고 감독은 김태용이다. 다양한 인간관계에서 우연히 맺어진 사람들의 이야기를 통해, 혈연 외 가족의 의미를 그린 드라마 영화이다. 〈여고괴담 두 번째 이야기〉의 김태용 감독의 두 번째 연출작 〈가족의 탄생〉은 전혀 연관이 없어 보이는 세 이야기가 후반부에 자연스럽게 연결되는 독특한 구조를 취한다.

제44회 대종상 영화제[2007년, 시나리오상(성기영, 김태용), 최우수작품상(김태용)], 제47회 데살로니카 국제영화제[2006년, 각본상(성기영, 김태용), 여우주연상(김혜옥, 공효진, 고두심, 문소리), 골든 알렉산더상(김태용)], 제26회 한국영화평론가협회상[2006년, 최우수작품상(김태용)], 제27회 청룡영화상[2006년, 여우조연상(정유미), 감독상(김태용)], 제14회 이천 춘사대상영화제[2006년, 신인남우상(엄태웅)], 제7회 부산영화평론가협회상[2006년, 감독상(김태용), 최우수작품상(김태용)]을 수상했다.

◤ 줄거리

사랑은 언제나…… 황당합니다!

미라(문소리 분)와 형철(엄태웅 분)은 남이 보면 연인이라 오해할 정도로 다정하고 각별한 남매이다. 그러나 방랑벽을 가진 형철은 누나를 남겨두고 떠나고, 5년의 세월이 지나 불현듯 미라를 찾는다. 미라는 5년 동안 소식 없던 동생의 갑작스러운 등장에 놀라움과 반가움을 감추지 못한다. 그러나 형철은 혼자가 아닌, 스무 살 연상의 여인 무신(고두심 분)과 함께이다. 미라는 동생보다 스무 살 많은 동생의 부인 무신의 존재에 당황하지만, 동생의 사랑을 이해하려 노력한다. 그렇게 미라는 동생 형철과 그의 부인 무신과의 어색한 동거를 시작한다.

사랑은 언제나…… 화가 납니다!

한편, 현실주의자 선경(공효진 분)은 남자관계가 복잡한 어머니 매자(김혜옥 분)와 끊임없이 대립한다. 앞뒤 보지 않고 사랑만을 중히 여기는 어머니와 대립하던 선경은 고등학교 졸업 후 어머니의 존재를 지운 채 홀로 지낸다. 또한 선경은 냉정하고 차갑게 자란 자신의 뒤틀린 모습을 이해해주지 못하는 남자친구 준호(류승범 분)와도 끊임없이 대립한다. 여러 가지 고민으로 괴로운 선경에게 어느 날, 어머니 매자의 애인이 찾아오고 매자의 시한부 인생을 알린다.

사랑은 언제나…… 엇갈립니다!

한편, 스무 살 동갑내기 연인 경석(봉태규 분)과 채현(정유미 분)은 너무 다른 성격으로 잦은 갈등을 일으킨다. 어머니를 일찍 여읜 경석은 채현에게 사랑 이상의 모성애를 바란다. 그러나 마음 착하고 인정 많은 채현은 주변 사람들에게 사랑을 나눠주느라 정작 자신이 가장 사랑하는 경석을 외롭게 한다. 결국, 경석은 채현에게 마음에도 없는 이별을 선고한다. 그리고 두 사람은 함께 마지막 이별 여행을 떠난다.

▶사회복지 관점에서 영화 보기

"가족은 태어난 것이 아니라 만들어진다"

세상이 어려우면 어려울수록 가족의 의미와 가치는 더욱 더 강조된다. IMF 때 주로 아버지로 대표되는 가족을 강조하고 "아빠 힘내세요"라고 노래 불렀다면 지금은 '엄마를 부탁해', '친정엄마' 등 가족의 중심이 어머니로 이동되었다. 왜 이런 변화가 생겨났을까?

지금 우리 사회에서는 가족이 희망이라고 말하면서도 가족의 위기를 걱정하는 현상이 동시에 나타나고 있다. 우리나라는 전통적으로 유교문화권이었음에도 이혼율이 아시아 최고이며 이혼한 쌍 가운데 3분의 2가 아이가 있는 가정이다. 이 아이들에게도 부모 가운데 어느 한쪽하고만 살든 할머니 또는 할아버지와 같이 살든 아니면 이혼한 부모가 재혼하여 성이 다른 아버지나 어머니와 살든 어느 형태로든 가족은 있다. 이 같은 다양한 형태의 가족이 등장하면서 우리가 가족이란 무엇인가라는 문제를 제기하게 만든다.

영화 〈가족의 탄생〉은 세 개의 에피소드로 이루어져 있다. 이 에피소드들은 별개의 이야기로 펼쳐지면서 1부와 2부가 지나도록 도대체 어떤 결말을 맺을지 알 수가 없다. 세 번째 이야기를 본 후에야 관객은 각각의 이야기가 인과관계로 연결되어 있음을 안다.

이 영화에서 대안가족으로 제시되는 것은 채현의 가족이다. 무신(고두심), 미라(문소리), 그 두 사람과 피 한 방울 섞이지 않았지만 두 사람 모두를 엄마라 부르는 채현, 이렇게 세 모
녀는 가족을 이루어 알콩달콩
사랑을 나눈다. 무신과 미라
두 사람 모두 채현의 친어머
니가 아니지만 두 사람에게서
어머니의 충분한 사랑을 받았
기에 채현은 사랑을 베풀 줄
아는 사람이 된 것이다.

　모든 사람에게 아낌없이 내주는 사랑스런 채현에게 남자친구 경석은 자기
에게만 집중하지 않는다는 이유로 화를 낸다. 실제로 남자에게 쉽게 마음을
주었다가 늘 손해만 보던 어머니의 삶과 죽음을 목격한 경석이기에 채현에게
더 화를 내는 것일 수도 있다.

　채현은 남자친구의 표현에 따르면 '헤픈 여자'이다. 돈이 없는 선배에게 돈
을 꾸어주고 상가에 가 온갖 허드렛일을 도맡아 하며 슬퍼하는 상주에게서 쉽
게 등을 돌리지 못한다. 심지어 어머니 없는 선배의 아이에게 친구 노릇을 하
느라 남자친구 누나와의 약속을 지키지 못한다(김두식, 2010).

　여기서 '헤프다'는 것은 남성들이 정조관념 약한 여자들을 묘사할 때 쓰는
표현이다. 경석은 자기만 바라봐 주지 않는 채현을 '헤프다'고 비난했으나 여
자들만 살게 된 가정에서 충분한 사랑을 받고 자란 채현은 "헤프다는 거 나쁜
거야?"라고 질문을 던진다. 이는 형철의 가출 이후 여자들만 살게 되면서 가
정이 갖게 된 안정과 사랑을 기반으로 하여 남성의 기준인 '헤프지 말 것'을 강
요하는 가부장제도에 대해 하나의 메시지를 던지는 듯하다(김두식, 2010).

　이처럼 영화 〈가족의 탄생〉은 가족이 형성되는 과정에 대한 가족사를 통해
서 가족이란 '태어나면서 갖게 되는 하나의 운명공동체'가 아니라 '살면서 맺

어지는 인연공동체'라는 것을 보여준다. 그러한 인연의 끈을 연결하는 주체는 아버지 또는 남편으로서의 남자가 아니라 어머니 또는 누이로서의 여자다(김기봉, 2009). 이 영화에 나오는 남자는 집과 가정을 책임지는 주체가 아니라 갑자기 나타났다가 말없이 사라지는 손님이다. 남자는 계속해서 대책 없이 사고를 치는 존재라면, 여자는 그 뒷감당을 하면서 사태를 수습하는 존재다. 이 영화는 '즐거운 우리 집'을 탄생시키는 주체는 남자가 아니라 여자라는 것을 보여준다. 집을 지키는 주인은 이제 남성이 아니라 여성이다.

결국 영화 〈가족의 탄생〉은 "가족은 태어난 것이 아니라 만들어진다"는 메시지를 전달한다. 〈가족의 탄생〉에서 진짜 사랑을 나누는 사람들은 누구도 핏줄이나 결혼제도로 연결되어 있지 않다. 우리 시대 가족이 운명으로 주어진 것이 아니라 만들어지는 것이라면, 가족이란 무엇인가를 새롭게 정의해야 할 것이다.

즉 이제 '정상가족'이라고 일컬어지는 하나의 가족이란 더는 존재하지 않으며 개인들의 가족사를 바탕으로 여러 형태의 가족이 탄생하는 것이다.

가족의 정의와 재구성

이처럼 가족의 다양성이 확대되면서 많은 학자들이 '가족'에 대한 적합한 정의를 내리고자 시도했으나 여전히 성공적이지는 않은 것 같다. 그래서 아예 '가족에 대한 정의는 내릴 수 없다'는 주장도 있다. 가족의 의미는 사회적·경제적·문화적·개인적 상황에 따라 다르게 나타난다.

'가족'에 대한 보편적인 정의는 오히려 몇 가지 중대한 문제점을 내포할 수 있다. 우선 '가족'에 대한 보편적인 정의는 특정 가족에 대한 전통적 가치를 부여함으로써 다른 형태의 가족을 간과하고 문제시하는 가치관을 지니게 된다. 두 번째로 '가족'에 대한 보편적인 정의를 내림으로써 여기에서 벗어난 가

⇒ '가족'에 대한 인식이 바뀌고 있다

'가족'에 대한 생각이 급격하게 변하고 있다. 가족의 범위가 좁아져 심지어 부모, 자녀, 배우자까지 가족의 범위에 포함시키지 않는 경우가 10명 중 2명 꼴이었다.

여성가족부가 2,500가구 4,754명을 조사한 뒤 1월 24일 발표한 '제2차 가족 실태'에 따르면 1차 실태조사를 한 2005년에 비해 부모, 자녀, 배우자 등을 '가족'이라고 여기는 사람이 15% 가까이 줄어들었다.

부모를 가족으로 생각한다는 응답이 5년 전 92.8%에서 77.6%로 줄었고, 배우자가 가족의 범위에 든다는 응답도 98.4%에서 81.1%로 감소했다. 또 자녀를 가족으로 여기는 사람은 84.5%로 5년 전에 비해 14.2% 줄었다. 또 형제자매(63.3%), 배우자의 부모(50.5%)까지를 가족이라고 생각하고 있었고, 배우자의 형제자매를 가족의 범주에 넣는 비율은 29.6%뿐이었다. 특히 친조부모와 외조부모를 가족의 범위에 포함시킨 경우도 각각 23.4%와 20.6%였고, 아버지의 형제 및 그 배우자, 고모, 이모, 외삼촌, 조카는 10%대에 지나지 않았다. 며느리, 사위, 친손자녀, 외손자녀를 가족의 범주에 포함시킨 응답자도 20%대에 머물러 가족에 대한 생각이 급격하게 변화하는 것으로 나타났다.

족은 국가나 지역사회의 정책이나 혜택에서 제외시키는 과오를 범하게 된다. 세 번째로 '가족'에 대한 보편적인 정의는 가족이 동일하다는 잘못된 믿음을 유지시킨다(정혜정 외, 2009: 20).

가족의 의미는 이렇게 사람에 따라 다를 뿐만 아니라 시간에 따라서도 달라진다. 어떤 사람에게 가족은 혈연관계로 묶인 인간관계이지만 다른 사람에게 가족은 친하게 지내는 친구까지 포함하기도 한다.

우리가 '혈연관계를 떼어내고 가족을 사고하는 것'이 너무 어렵다면 일단 가족이라는 단어를 덜 쓰는 방법을 제안하기도 한다. '가족은 무엇인가'보다 '식구란 무엇인가?' 또는 '누구와 함께 살 것인가'가 더 생산적인 질문이 될 수 있다는 말이다. 전통적인 의미의 가족이 사랑공동체로서의 가족이 되지 못하게 하는 것이 혈연주의이고 소유욕이라면 일단 우리는 그 많은 부정적인 것과 함께 가는 '가족'이라는 단어 대신에 '주거공동체'라는 용어를 생각해볼 것을 제안하기도 한다(조형 외, 2003: 26~27; 정혜정, 2009: 21 재인용).

이제 가족은 혈연관계에 의해서만 규정되는 것이 아니고 '사랑'과 '협력', 그리고 '후속세대에 대한 돌봄'이라는 면에서 새로이 규정되어야 한다, 이러한 면에서 〈가족의 탄생〉은 다소 낯설지만 진정한 의미의 가족을 새로이 탄생시키고 있다고 보아야 할 것이다(유동철, 2008: 131).

〈아내가 결혼했다〉

감독 정윤수
주연 손예진, 김주혁
제작 연도 2008년
상영시간 119분

작품배경

영화의 원작은 제2회 세계문학상을 수상한 박현욱 작가의 『아내가 결혼했다』이다. 이 소설은 이중 결혼을 선언한 아내와 그것을 수용할 수밖에 없는 남편의 심리를 축구와 절묘하게 결합시켜 결혼제도의 통념에 문제를 제기하는 신선한 내용으로 발간 당시부터 숱한 논란과 이슈를 불러일으킨 화제의 소설이다.

영화의 원작인 소설은 다음과 같은 문장으로 이야기를 시작한다. "아내가 결혼했다. 이게 모두다. 나는 그녀의 친구가 아니다. 친정 식구도 아니다. 전남편도 아니다. 그녀의 엄연한 현재 남편이다. 정말 견딜 수 없는 것은 그녀 역시 그 사실을 누구보다 잘 알고 있다는 것이다. 내 인생은 엉망이 되었다."

영화 〈아내가 결혼했다〉는 가족이 모계사회로의 전환을 향해 일어나고 있다는 것을 센세이션하게 보여주고 있다.

제45회 백상예술대상에서 손예진이 영화 부문 여자최우수연기상과 제29회 청룡영화상에서 여우주연상을 수상했다(네이버 백과사전).

줄거리

귀여운 외모와 넘치는 애교, 헌책을 사랑하는 지적인 면모와 축구에 대한 지식과 열정을 가지고 있는 인아. 말까지 척척 잘 통하는 그녀를 만날수록 덕훈은 보통 여자와 다른 그녀의 특별한 매력에 점점 빠져든다. 그러나 평생 그녀만을 사랑하고 싶은 덕훈과는 달리, 덕훈을 사랑하지만 그'만'을 사랑하는 것은 아니며, 사랑하는 사람'들'과 사랑하며 살고 싶다는 너무나 자유로운 그녀 때문에 덕훈은 힘들어한다. 절교를 선언도 해보지만 그녀 없이는 안 된다는 것을 알게 된다.

그녀의 핸드폰이 꺼져 있던 어느 날, 불안함에 폭발하여 따져 묻는 덕훈에게 인아는 다른 남자와 잤다는 충격적인 고백을 한다. 홧김에 이별을 선언하지만, 잊으려 해도 잊을 수 없고, 커져만 가는 그녀에 대한 마음에 괴로운 덕훈. 오랜 고민 끝에 내린 결론. 평생 한 사람만 사랑할 자신이 없다는 그녀를 독점할 수 있는 유일한 방법은 결혼뿐이다.

결국 그녀의 자유로운 연애를 받아들이는 조건으로 덕훈은 결혼에 성공한다. 매일 밤 축구를 관람하며 즐기는 섹스와 완벽한 요리 솜씨는 덕훈을 최고로 행복하게 만든다. 하지만 또 한 번의 충격 고백. 사랑하는 남자가 생겼다는 인아는 그와도 결혼을 하겠다는 상상도 못 할 제안을 한다.

◤ 사회복지 관점에서 영화 보기

결혼제도의 변화

사회의 다변화 과정 속에서 여성과 남성의 성역할과 성지위가 변화했고, 이러한 가치관의 변화 속에서 사랑의 완성이라 일컬어 졌던 '결혼제도'도 급격한 변화를 겪기 시작했다. 가장 문명화된 제도라는 '일부일처제'의 고정관념이 흔들리기 시작한 것이다. 인류의 역사만큼이나 오랜 시간 그 궤를 함께 해온 '결혼'이란 제도는 가장 도덕적이고 문명화된 제도라는 현재의 '일부일처제'로 진화하여 제도화되었으나, 동시에 혼외정사, 불륜, 증가하는 이혼율과 같이 사라지지 않는 어두운 뒷면과도 역사를 같이해왔다. 그 결과 사랑의 완결이자 종착점으로 여겨져 왔던 결혼은 이젠 '필수'가 아닌 '선택'이 되었고, 이제는 '미혼(未婚)'이 아닌 '비혼(非婚)'이 이슈의 쟁점이 된다.

진정 일부일처제는 결혼제도의 완성일까? 사랑의 유효기간은 3년이라는

데, 한 남자와 한 여자가 평생
을 거쳐 살아간다는 것이 가능
할까? 사랑이 바뀌어도 결혼생
활을 유지하는 것이 과연 옳은
것일까? 과연 우리의 통념은
100% 옳은 것일까?

영화 〈아내가 결혼했다〉는
'비독점적 다자연애'를 뜻하는 '폴리아모리(polyamory)'를 소재로 결혼이란 통
념에 대해 도전하고 있다. "어떻게 평생 한 사람만 사랑할 수 있어"라고 반문
하는 여자와 '결혼은 연애의 무덤'이라고 믿었던 남자의 예상치 못한 반전을
통해 사랑을 지키기 위해 인류가 만들어낸 결혼이라는 제도가 '사랑을 얽매는
것은 아닌지', '오히려 사랑을 힘들게 하는 제도로 변질된 것은 아닌지'에 대한
고민과 이의를 제기한다. '이중결혼'이란 상상력을 통해 사랑과 결혼이 주는
진정한 행복의 본질이 무엇인지 유쾌하게 반문하는 영화 〈아내가 결혼했다〉
는 우리가 '당연히 그러하다'고 생각하며 살아왔던 결혼이란 통념에 도전장을
던지고 있다.

사랑과 결혼에 대한 도전장

"어떻게 평생 한 사람만 사랑할 수 있어"라고 반문하는 여자와 '결혼은 연애
의 무덤'이라고 믿는 남자가 만나 사랑을 하여 결혼에 골인하지만 두 사람의
사랑, 결혼 그리고 가족의 개념은 전혀 다르다.

"'사랑하고 싶은 사람'들을 사랑하면서 살고 싶다"는 꿈을 가진 인아에 비해
"결혼은 연애의 무덤"이라고 믿는 덕훈에게 결혼은 사랑하는 여인을 독점적으
로 소유하기 위한 제도이고, 가족은 아내라는 소유물을 지키기 위한 울타리다.

〈아내가 결혼했다〉의 주인공 인아는 또 다른 사랑의 완성을 위해 유부녀가 다시 결혼을 한다. 인아에게 결혼은 사랑의 완성이다. 그래서 다른 남자와의 사랑도 결실을 맺기 위해 남편에게 또 다른 결혼을 승인해줄 것을 요청한다. 원래 결혼을 싫어했던 인아는 남편에게 "당신 땜에 사랑하는 사랑이랑 결혼하는 게 행복인 걸 알게 됐다"고 말하면서 그 좋은 걸 다른 남자하고도 또 하고 싶다고 했다. 그녀는 결혼생활을 통해서 연애적 사랑이 질적인 전환을 하는 사랑의 변증법을 경험했다는 것이다. "연애는 아무리 사랑해도 서로의 도드라진 데만 보는 것인 데 반해, 결혼은 해보니까 삶 전체가 포개지는 느낌이 든다"는 것이다.

이처럼 〈아내가 결혼했다〉에서는 아내가 두 번 결혼함으로써 가족이란 무엇인지에 대한 우리의 생각을 헷갈리게 만든다. 〈아내가 결혼했다〉는 실체로서의 가족을 해체하지만 이중의 부부생활을 하고 두 명의 남편에 의한 협업으로 아이를 양육함으로써 가족의 기능을 오히려 강화시킨다. 아이가 아팠을 때 덕훈은 인아의 또 다른 남편의 도움을 받게 된다.

결국 〈아내가 결혼했다〉의 화두는 사랑과 가족이다. 하지만 영화는 인아와 덕훈 가운데 누구의 사랑이 더 진지한지를 우리에게 묻는다. 인아도 덕훈 만큼 그를 사랑한다는 것을 부정할 수 없다. 문제는 사랑하느냐 않느냐가 아니라, 사랑하는 방식이 다르다는 것이다.

영화는 축구라는 장치를 활용하여 결혼제도를 비유적으로 설명하고 있다. 즉 모계사회에서 아내는 감독이고 남편은 선수들이라고 비유한다. 그렇다면 영화 〈아내가 결혼했다〉에서 인아가 꿈꾸는 비독점적 다자연애, 곧 '폴리아모리(polyamory)'는 가능한가? 현실에서 이 같은 '폴리아모리'를 허용할 수 있는가?

아이의 돌잔치를 두 번 하는 과정에서 덕훈은 이러한 상태를 더는 참을 수 없어 이중결혼을 폭로하고, 인아는 아이를 데리고 한국을 떠난다. 문제는 가족이다. 일부다처든 일처다부든 아니면 동성애가족 등과 같은 다양한 형태의 가족이 허용될 때 패러다임 전환이 일어날 수도 있는 것은 아닐까 하는 상상을 하게 한다.

영화적 상상력은 우리를 현실에서 벗어나게 해준다. 우리는 영화라는 거울을 통해서 현실의 가족을 반성하고 그 대안적 관점을 전망해볼 수 있다.

〈쇼킹 패밀리〉

감독　경순
주연　경순, 경은, 세연, 수림, 빈센트
제작 연도　2006년
상영시간　111분
장르　다큐멘터리

▟ 작품배경

경순 감독은 서른에 카메라를 들기 시작한 뒤로 1998년 독립영화 창작집단인 '빨간 눈사람'을 설립, 〈민들레〉(1999), 〈애국자게임〉(2000), 〈사람은 무엇으로 사는가〉(2003)를 제작하여 작품성을 인정받았다. 〈쇼킹 패밀리〉는 신랄하고 통찰력 깊은 독립 다큐멘터리를 만들며 화제를 모았던 경순 감독의 2006

년 신작이다.

영화 〈쇼킹 패밀리〉는 한부모가족으로 살아가는 감독 자신의 이야기에서부터 촬영감독 등 그녀의 지인들, 그리고 해외입양아 빈센트의 이야기에 이르기까지 허울 좋은 가족주의의 속내를 다양한 층위에서 파헤치고 있다. 감독의 말을 빌리자면 이 영화는 "가족 안에서 훼손되어가는 나를 고민하며 자신의 존재 의미를 찾아가는 20대, 30대, 40대 세 여성의 시선을 기록한 성장영화"이다.

〈쇼킹 패밀리〉는 제7회 서울여성영화제 4기 옥랑상(2006), 제7회 전주국제영화제 관객비평가상(2006), 제3회 오사카국제여성영화제(2006, 일본) 등 국내외 영화제에서 수상 및 초청된 바 있다.

▰ 줄거리

'가족'이란 무엇인가. 이런 질문을 던지며 〈쇼킹 패밀리〉는 출발한다. 출생과 동시에 가족구성원 신분이 주어지고 책임과 의무를 강요당하는 것이 가족이라는 제도다. 혈연과 가족을 중시하는 대한민국의 오래된 정서가 진정 올바른 것인지 물음표를 붙인다.

영화는 가족 안에서 서서히 존재 가치를 잃어가는 20대 세영, 30대 경은, 40대 경순, 이들 여성 셋의 성장 과정을 다뤘다. 개인으로서 존재 의미를 되찾기 위해 '가족'이라는 집단의식의 허구와 폭력성을 파헤친다.

20대 세영: 촬영감독, 아름다운 독립을 꿈꾸다

대학 졸업 후 4년, 가족의 간섭에서 벗어나고자 보란 듯이 독립했지만 어머니는 수시로 날 불러들인다. 가족은 가족, 나는 나. 나는 홀로 충분히 행복한데. 이런 게 진짜 독립일까?

30대 경은: 포토그래퍼, 소중한 나의 꿈을 찾다

연애할 때 죽고 못 살았지만 스물세 살의 결혼생활은 힘겨웠다. 꿈이 오로지 이혼이었던 나는 2년 전 아들과 남편을 두고 집을 나왔다. 아이를 생각하면 여느 어머니처럼 마음이 아프지만 비로소 모든 것을 버리고 나서야 진짜 소중한 내 꿈, 즉 자신만의 공간인 암실에서 작업하는 꿈을 찾았다. 아이는 친할머니가 키우는데 이혼하면 아이를 보러 오지 말라는 남편의 이야기 등 때문에 이혼서류에 도장을 찍지 못하고 있다.

40대 경순: 감독, 누가 뭐래도 자유는 나의 힘

10년 전 이혼을 하고 딸과 독립하여 친정과 어린이집을 전전하여 아이를 키웠다. 여기까지 오는 데에 그녀 스스로의 어려운 결단이 있었고, 여전히 그녀를 질타하는 시선을 감당해야 함은 물론이다. 그녀는 이혼하고 한부모가족으로 살아오는 동안 멜로드라마를 보지 않는다고 한다. "인생 자체가 멜로"이기 때문이라는 것이다.

경순은 친구들이 가족문제로 고민하면 가끔 단호하게 "이혼해"라며 종종 가르치려 든다. 게다가 싱글로 사는 것이 즐겁단 거짓말까지 한다. 그러나 잠에서 깨면 옆에는 고양이 두 마리와 딸이 있다.

감독의 딸인 수림은 10대이다. 수십 명의 이모와 삼촌들이 나의 가족이자 친구이다. 엄마의 행복을 위해 내가 희생하지도, 나의 행복을 위해 엄마가 희생하지도 않는다. 이것이 엄마와 수림의 행복한 동거의 비밀이다.

해외입양인 빈센트: 영어강사, 한국을 사랑하냐고?

다섯 살에 미국으로 입양된 빈센트는 친부모를 만나러 한국으로 왔다.

유난히 혈연주의, 가족주의에 목매는 한국사회에 해외 입양아 빈센트는 일침을 놓는다. "가장 큰 아이러니가 뭔 줄 알아? 한국사람들이 가장 중요하게 생각하는 것, 다들 죽고 못 사는 것이 뭐야? 가족. 그런데 왜 해외 입양 1위인 거야?"

◢ 사회복지 관점에서 영화 보기

'안티가족!'을 부르짖는 세 명의 여자가 있다. 어떤 이에겐 가족이라는 울타리가 허울 좋은 족쇄일 뿐이고, 어떤 이의 꿈은 '이혼'이다. 영화는 감독이자 40대 가장인 경순의 "왜?"라는 의문에서 시작된다. 한국의 가족주의, 그것의 핵심인 가부장제, 이러한 '정상'가족에 대하여 의문을 던진다.

우리는 얼핏 황당하게 들리는 이 이야기를 어떻게 받아들여야 할 것인가?

정상가족과 다른 가족 편 가르기

〈쇼킹 패밀리〉는 가족이라는 혈연 공동체의 틀 안에서 자유롭지 못한 '개인'들의 진정한 독립을 지지하는 영화다. 물론 가족 안에서 행복한 사람들에게까지 가족이 족쇄라는 생각을 강요하는 것은 아니다. 다만 가족이라는 틀이 때로는 개인에게 희생을 강요하는 폭력적인 도구가 될 수도 있다는 것이다.

소위 '정상적인 가족'이라는 틀을 깨고 한부모가족으로 살아가는 경순에게 사회는 '틀렸다'는 잣대를 들이댄다. 한부모가족으로 살아가는 현재의 삶이 경순 개인에게는 더 행복한 삶인데도, 사회는 그녀와 딸 수림에게 '결손 가정'이라는 딱지를 붙인다. 학교에서는 아무 생각도 없이 수림에게 '아버지에 대한 설문조사' 질문지를 들이민다. 이에 딸 수림은 교사의 요구에 따라 설문을 작성하고 이를 안 경순은 "왜 같이 살지 않는데 설문을 작성했느냐?"라며 불편해한다.

영화에서 가족의 다양성을 인정하지 못하고 문제가족으로 보려는 시각에 대해 경순의 친구는 이렇게 항변한다. "새마을 운동 시대의 가족패러다임으로 어떻게 다양한 가족유형을 이해할 수 있겠느냐?"라고.

가화만사성?: '가족은 늘 개인의 존재를 망각한다'

혈연 중심 가족주의를 최우선으로 여기는 한국사회에서 개인은 가족의 일원으로 존재할 뿐, 독립적으로 구분되지 않는다.

감독은 타인의 생활을 비추어 왈가왈부하기보다 직접 자신과 주위 사람들을 카메라에 담아 일상생활에 깊숙이 박혀 있는 가족주의를 해체하고자 한다.

대한민국에서 가족이란 어떤 존재인가? 과연 가족이란 우리의 삶에 꼭 필요한 걸까? 가족의 의무와 개인의 자유 사이에서 우리는 어떤 선택을 강요받고 있는가?

반(反)가족 다큐멘터리 영화 〈쇼킹 패밀리〉의 경순 감독은 가족은 늘 개인의 존재를 망각한다고 말한다. 그리고 국가는 자주 그 '가족'이라는 것을 이용하며, 개인은 종종 국가와 가족의 이름으로 자신의 존재를 상실한다고 주장한다.

국가가, 사회가 개인의 행복을 보장해줄 수 없듯이 가족이 구성원 개개인의 행복을 보장해주진 못한다. 그런데도 많은 이들이 아직도 '가화만사성'을 외치며 가족의 행복이 곧 개인의 모든 행복을 책임질 것이라는 착각을 한다. 영화는 서울시청 앞에서 벌어지는 '우리 가족 가훈 만들기' 행사를 통해 이런 가족의식이 얼마나 깊숙하게 뿌리박혀 있는지를 보여준다.

•• 쇼킹 패밀리(Shocking Family)

가족이란 이름으로 개인의 존재를 망각하고 침해하며, 전통과 역사를 운운하며, 국가와 사회가 해야 할 일을 가족이라는 이름으로 떠맡게 한다는 걸 모른 채, 자본주의의 착한 포로가 되어 결혼, 교육 등의 이유를 붙여 소비에 열을 올리는, 이른바 '정상가족'의 이상에 동의하며 살아가는 모든 가족과 그 무리들을 일컫는 말.

또한 사회는 남성 중심의 가부장제가 당연하다며, 호주제를 통한 가족주의를 강요한다. 이를 자연스럽게 배우고 컸기 때문에 중년의 여성이 호주제 폐지 반대를 주장하며 "예부터 곳간 열쇠는 안방 차지였으며 지금도 남편들 월급 통장은 여자들 수중"에 있으니 "그만하면 여자들이 대접받는 거 아니냐?"고 외칠 수 있는 것이리라. 또 30대 워킹맘 경은이 퇴근 후 동료들과 회식이 있어 밤 10시에 귀가했을 때 "당장 짐 싸가지고 나가라"는 시어머니의 말을 듣게 된다.

개인을 늘 뒷전으로 미루는 일은 '가족'으로부터 일어난다. 이를 감독은 남동생의 결혼식에 참석하지 못한 생모의 이야기를 통해 보여주고 있다. 감독의 부모님은 이혼하여 20년 전에 현재의 계모가 어머니가 되었다. 남동생과 감독은 계모와 사이가 좋은 편이고 별 불편함 없이 지내왔다. 또한 감독은 아버지의 성실함을 존경한다. 그러나 성실함도 체면을 이기지는 못한다. 결혼을 앞두고 성실한 아버지는 남들에 대한 체면 때문에 생모가 결혼식에 참여하는 것을 반대한다. 생모는 경순의 도움으로 한복을 곱게 차려입고 미장원에도 들려 결혼식에 참석할 것을 준비했으나 끝내 가족사진을 같이 찍거나 공식적으로 참석하지 못하고 뒷자리에 숨어 있다가 서둘러 식장을 빠져나가고 만다.

'생모와 계모가 같이 있는 자리.' 이는 체면을 생각하는 아버지의 관점에서는 용납할 수 없는 상황인 것이다.

또한 영화 〈쇼킹 패밀리〉는 '가족'이라는 집단이 가진 허구와 폭력성을 다큐멘터리로 그려내고 있다. 〈쇼킹 패밀리〉의 가장 큰 미덕은 관객이 등장인물들의 가족문제와 사적인 고백 속에서 자신의 모습을 발견해낸다는 것이다. 즉 세영이 유년기 엄마의 폭력에 대해 이야기하는 대목과 경은이 견딜 수 없는 정신적 고통에 자살시도를 했다는 과거 고백의 장면, 그리고 해외 입양인들의 모임에서 터져 나오는 소리, 즉 "자신들은 인간으로서의 존엄성을 잃어버렸다"는 항변들은 〈쇼킹 패밀리〉가 이끌어낸 가장 내밀한 공감의 지점이다. 즉 〈쇼킹 패밀리〉는 가족 안에서 상처받은 다양한 인물들의 고백을 통해 나를 들여다보는 공감의 다큐멘터리이다. 〈쇼킹 패밀리〉는 인물들의 물리적 성장과 의식의 성장 그 변화의 과정을 내밀하게 담아낸 성장의 다큐멘터리로 탄생했다.

모성신화와 불공평한 역할분담

영화는 한 가정의 '어머니'가 되는 것을 자신의 가장 큰 가치로 여기는 삶을 세영의 어머니를 통해 보여준다. 다만, 그렇지 않은 사람들도 분명 있다는 것이다. 경은은 이를 "아이가 엄마를 갉아먹는 것 같다"고 표현한다. 아이를 정말 사랑하고 이 때문에 이혼도장에 쉽게 도장을 찍지 못하고 있지만 강요된 모성에 대해서는 힘겨워하고 있다.

그리고 가족이라는 틀이 그들 '개인'의 존재를 가려서는 안 된다는 것이다. 또 어머니로서의 삶을 추구하는 것이 관습화된 가치인지, 정말로 자신이 추구하는 가치인지는 돌아봐야 할 것이다. "다들 그렇게 산다. 남들 다 가족을 위해서 조금씩 희생하면서 사는데 그걸 못 하겠다는 건 이기적인 것"이라고 말하는 사람도 있을 것이다.

영화에서 세영의 어머니는 전업주부로 세 딸을 키워냈지만 남편이 명예퇴직하자 낮에는 남의 집 아이들을 돌보는 일을 하고 밤에는 손 하나 까딱 않는 남편과 딸을 돌본다. 그러면서도 아무도 그걸 이상하게 생각하지 않는다. 당연히 여긴다. 이 땅의 수많은 어머니들이 그래왔으니까. 이런 생각이 더 이기적으로 느껴지는 것이 과연 이상한 걸까.

이처럼 어머니의 희생을 당연시하고 감동받는 우리의 가족주의 의식은 '예술가의 장한 어머니" 시상식 장면을 통해 리얼하게 그려진다.

가족주의(家族主義)란 집단으로서의 가족을 개개의 가족성원보다 중시하고, 가족적 인간관계를 가족 이외의 사회관계에까지 확대 적용하려는 주의(네이버 백과사전)이다. 안티가족 다큐멘터리를 표방한 〈쇼킹 패밀리〉의 문제제기는 바로 '가족이란 무엇인가?'에서 출발한다.

출생과 동시에 가족구성원으로서의 신분과 특혜가 주어지고, 책임과 의무를 강요하는 '가족'이라는 집단 혹은 제도에 대해 얼마나 다른 생각과 태도와 이상이 존재하는지에 대한 의문이자 가족이 국가의 근간이며, 혈연과 가족을 중시하는 것이 '국민의 정서'라는 오래된 믿음이 진정 올바른 것인가에 대한 질문이다. 이것이 안티가족 다큐멘터리 〈쇼킹 패밀리〉가 지금 우리 사회에 던지는 화두이다.

❖ 생각할 거리

1. 가족에 대해 다음의 주제를 가지고 소집단에서 토론해보자.

   ① 가족이란 유전자와 혈연의 관계에 의해서 정의되어야 하는가?

   ② 가족이란 사회적이고 정서적이며 물리적 지원, 돌봄, 사랑을 제공하는 사람들의 집단인가?

   ③ 가족이란 한 명의 아이가 두 명이나 그 이상의 어머니나 아버지에 속해 있어야 하는가?

   ④ 가족에서 부모는 생물학적이거나 합법적 지위에 의해서 실제 존재해야 하는가?

2. 결혼제도에 관한 다음의 주제로 소집단에서 토론해보자

   ① 인아와 덕훈의 성별을 바꿔본다면 대한민국에서 빈번하게 일어났고 지금도 일어나고 있는 일이 아닌가?

   ② 인아의 이중결혼처럼 일처다부제와 비슷한 결혼문화를 가진 곳은 없나?

   ③ 미래의 결혼제도는 어떠한 모습일 것이라 생각하는가?

3. 사회에서 한부모가족에 대해 갖고 있는 이미지와 인식을 신문을 통해 분석해보거나 일반인을 대상으로 인터뷰하여 그 결과를 교실에서 토론해보자.

참고문헌

김규원. 1995. 「가족개념의 인식과 가치관」. 《가족학논집》, 7: 234.

김기봉. 2009. 「우리시대 가족이란 무엇인가」. 시민 인문학 강좌. 3월 8일 .수원시 건강가정 지원센터. 미간행.

김두식. 2010. 『불편해도 괜찮아』. 국가인권위원회 기획. 창비. 서울

유동철 · 장명희. 2008. 『영화로 보는 사회복지』. 양서원.

이재경. 2003. 『가족의 이름으로』. 도서출판 또 하나의 문화. 서울.

정혜정 · 공미혜 · 전영주 · 정현숙. 2009. 『가족과 젠더』. 신정.

조형 · 박혜란 · 조한혜정. 2003. 『누구와 함께 살 것인가』. 또하나의문화.

06

부모의 양육과 자녀의 행복

이혜원

청소년은 얼마나 행복한가? 여성가족부가 한국청소년정책연구원과 함께 2010년 한국·중국·일본의 청소년 4,579명을 설문조사한 결과, 한국 청소년의 행복지수와 부모와의 생활만족도가 가장 낮게 나타났다. '나는 행복하다', '나는 즐겁다', '나는 살고 싶다', '나의 미래는 희망적이다' 4개 문항(5점 척도)에 대한 한국 청소년의 응답을 합산한 평균 점수가 71점이었다. 낙제점수는 아니지만, 결코 높은 점수도 아니다. 10명 중 3명이 행복하지 않은 사회를 행복한 사회라고 할 수는 없다. 더구나 부모와의 생활만족도가 가장 낮은 것은 최근 한국 청소년의 자살률이 OECD 국가 가운데 1위라는 사실과 결코 무관하지 않다. 이는 곧 부모가 자녀의 정신건강에 미치는 영향력이 적지 않음을 의미한다.

그런데 행복한 사람은 누구인가? 자기 자신을 믿고 사랑하는 사람이다. 이러한 사람은 다른 사람도 믿고 사랑할 수 있다. 자신에 대한 믿음과 사랑은 무엇보다도 자신을 키워준 부모의 양육태도에서 비롯된다. 부모가 자녀를 믿고 자신의 문제를 스스로 풀어갈 수 있는 기회와 시간을 주면, 자녀는 자신에 대한 믿음이 단단해져 자신감을 갖고 타인과 건강한 관계를 형성할 수 있는 성인으로 성장할 가능성이 높다. 자녀가 어린 시절 경험한 부모와의 신뢰관계와 시의적절한 지지는 자녀의 자율성, 자기주도성, 성취감, 자아정체성을 단계적으로 확립할 수 있는 기반이 되며, 자녀의 정신건강을 결정한다. 이것이 바로 에릭슨(Erikson)이 주장하는 심리사회발달단계이론(1963)의 핵심이다(이혜원, 2006에서 재인용).

에릭슨의 이론은 프로이드(Freud)의 심리성적발달(psycho-sexual development) 이론을 생태체계적 관점에서 발전시킨 것으로, 정신분석학의 기본 입장을 지지하면서도 영아기부터의 발달이 성욕을 중심으로 이루어진 것이 아니라 부모와의 관계, 형제·자매 관계, 또래관계, 교사와의 관계, 직장 동료관계 등 사회적 발달단계와 그에 따른 대인관계의 확장을 중심으로 이루어진 것으로 전제하고, 인간의 자율성과 능동성을 강조한다. 특히 인간의 본성과 양육의 상호작용을 강조한다. 따라서 인간은 출생과 동시에 사회적 존재이며, 그 후 만나는 사람들과 겪는 경험과 관계를 통해 성격을 형성한다. 이때 무엇보다도 부모와의 관계가 중요하다. 이러한 인간의 자아 발달은 요람에서부터 무덤까지 전 생애에 걸쳐 여덟 가지 단계로 구분되고, 각 단계별 심리사회적 발달과업이 제시되어 있다. 각 단계별 발달과업을 극복하면 행복한 성인이 되고, 실패하면 행복하지 못한 성인이 된다.

그렇다면 영아는 어떻게 부모와 신뢰관계를 형성할 수 있는가? 인간은 생후 1년 동안 거의 전적으로 부모에게 의존하여 생활한다. 이 시기에 영아가 따뜻하게 보호받고 일관된 보살핌을 받으면 부모, 특히 모유를 제공하는 어머니를 신뢰하게 되고, 이후 자기 자신은 물론 다른 사람들도 신뢰하게 된다. 그러나 만일 어머니가 기분에 따라 일관성이 없는 수유를 하면 자녀는 어머니를 믿지 못하게 되고, 이러한 푸대접을 받는 자신은 물론 다른 가족, 친구, 사회를 불신하게 된다. 이는 인생의 출발점에서 겪는 커다란 비극이 아닐 수 없다. 이러한 발달과업의 문제는 해당 시기에서 그치는 것이 아니라 후일 접촉하는 모든 사람에게 파급되기 쉬우므로 문제는 더욱 심각하다. 심하면 우울증이나 편집증 환자가 되기도 한다.

이러한 자녀가 성장하면서도 부모에게 지속적으로 학대를 받으면, 의식적으로 때로는 무의식적으로 학대의 원인이 바로 자신에게 있다고 믿고, 스스로 무가치하고 사랑받을 자격이 없는 인간이라고 느낀다. 어린 자녀는 의식주를 해결함에서 보호자에게 종속되어 있기 때문에 어머니 또는 아버지가 신뢰할 수 없는 사람이라는 끔찍한 사실을 받아들이기보다는 오히려 자기가 무엇인가 잘못을 저질러서 부모가 화를 내는 것으로 인식하고 쉽게 죄책감에 빠지게 된다. 부모가 이혼한 자녀들이 '내 탓'으로 돌리는 죄책감에 빠지게 되는 이유도 마찬가지이다. 더구나 이들은 어른이 되어도 죄책감을 버리지 못하기 때문에 건강한 자아존중감을 형성하기 어렵다. 이러한 자아존중감의 상실은 일생에 걸쳐 일상생활 구석구석을 그늘지게 만든다. 선행연구들은 자녀의 정신장애나 행동장애를 초래하는 원인이 바로 부모의 양육태도라고 주장한다(유안진, 1999; 남명자, 2004; 이정숙, 2007).

자녀는 부모의 영향을 받으면서 성장한다. 부모는 자녀를 통해 거듭나기도 한다. 부모와 자녀 간 신뢰를 바탕으로 한 상호작용은 자녀와 부모의 행복을 강화한다. 따라서 부모의 건강한 양육태도는 자녀 행복의 기초이며 청소년복지의 전제조건이다. 왜냐하면 청소년은 아동에서 성인으로 성장하는 과정에서 자신의 몸과 마음의 급격한 변화는 물론 부모의 영향력을 스스로 조절하거나 통제하지 못하기 때문이다. 특히 청소년의 연령이 낮을수록 부모의 양육태도에 영향을 더 많이 받는 것으로 나타났다. 예컨대 이 시기에 부모가 자녀를 지나치게 통제하면, 자녀는 위축되어 자아존중감을 잃고 대인관계가 불안하고 공격적인 성격으로 성장할 가능성이 높다. 과연 부모의 양육태도가 자녀의 행복에 어떻게 영향을 미치는지를 다음 두 편의 영상 속 주인공 문유정과 이은석의 성장과정을 통해 찾아보자.

〈우리들의 행복한 시간〉

내 안에 부모 있다

감독   송해성
주연   이나영(문유정 역), 강동원(정윤수 역)
제작 연도   2006년
상영시간   120분
원작자   공지영

이 영화는 세 사람을 살해한 사형수 윤수와 세 번의 자살을 시도한 대학교수 유정의 특별한 만남을 보여주는 2006년 작품이다. 세상에 대한 원망과 증오로 가득 찬 두 남녀가 수녀의 도움으로 매주 교도소에서 만나면서, 서서히 마음을 열고 서로의 상처를 보듬어 치유하면서 삶을 긍정적으로 새롭게 받아들이는 과정을 그린다. 이나영은 어린 시절의 외상으로 인해 어머니에게 반항하는 여교수의 캐릭터를 자연스럽게 연기했고, 강동원은 어린 시절 부모에게 버려진 사형수 역을 맡아 죽음 앞에 내몰린 자의 묵직한 감정을 표출했다. 〈파이란〉, 〈역도산〉의 송해성 감독이 공지영 작가의 동명 베스트셀러 원작을 영화로 연출하여 '삶과 죽음', '행복과 불행', '죄와 용서', '부모와 자녀', '개인과 사회'를 이야기하며 진한 감동을 살렸다.

◤ 줄거리

어린 윤수는 눈이 먼 동생과 고아원에 맡겨져 살다가, 차가운 눈을 맞으며 어렵게 엄마를 찾아간다. 재혼한 어머니는 자신도 살아야 한다며 두 형제를 냉정하게 외면한다. 윤수와 동생은 생계를 위해 앵벌이를 하며 거리를 헤매다가 불량배를 만나, 결국 동생은 차가운 길바닥에서 싸늘한 주검이 된다. 동생의 죽음은 윤수에게 마음의 빚으로 남는다. 죽은 동생이 좋아했던 노래는 '애국가'였다. 가수 시절 유정이 불렀던 애국가를 길거리 전광판에서 동생과 함께 들었다. 동생은 춥고 고통스러울 때 애국가를 부르면 편안해진다고 했다. 부모는 그들을 버렸고, 국가도 그들에게 아무것도 해준 것이 없는데도 동생은 애국가를 좋아했다. 홀로 남아 힘겹게 살던 윤수는 성인이 되어 사랑하는 여자를 만나 겨우 가정을 꾸리지만, 자궁외임신으로 위험한 상태가 된 그녀의 수술비를 마련하려다 살인사건에 휘말려 사형수가 되었다.

유정은 부유한 가정에서 남부러울 것 없이 자랐지만, 열다섯 살 되던 해 아내와 아이까지 있는 사촌오빠한테 강간을 당했다. 울면서 너무너무 아프다며 제대로 걷지도 못하고 기다시피 겨우 엄마를 찾아온 유정, 어머니는 몸 처신을 어떻게 하는 거냐며 오히려 그녀를 비난하고 때린다. 가해자는 아무런 법적 처분도 받지 않고, 지금도 떳떳하게 가정을 꾸리며 당당하게 살고 있다. 그날 이후 유정은 엄마를 증오하게 되었고, 그 분노는 가슴 속에 차곡차곡 쌓이게 되었다. 차가운 어머니의 태도에 깊은 상처를 안은 유정은 세 번씩이나 자살을 기도했다.

어느 날 모니카 수녀와
유정은 윤수가 살해한 파
출부의 어머니를 찾아간
다. 윤수를 만나자마자 대
성통곡하며 원망하던 피
해자 어머니 앞에서 "죄송
합니다……. 잘못했습니

다"를 외치며 흐느끼는 윤수. 결국 피해자 어머니는 윤수를 용서한다. 그 광
경을 지켜본 유정도 그에게 조금씩 다가가게 되고, 마음을 열어 소통하기 시
작한다. 부유한 여자와 가난한 남자. 너무도 다르지만, 똑같이 부모에게 버려
진 채 살아 있음을 견딜 수 없어하던 그들. 유정의 고백을 들은 윤수의 진한
눈물은 유정의 상처를 아물게 하고, 윤수의 불행했던 과거와 꼬여버린 운명은
유정의 마음을 울린다.

둘은 죽음을 향한 불행의 여정을 끝내고, 이제 행복하게 살고 싶다. 하지만
그들에게 허락된 시간은 길지 않다. 그들이 소통과 치유를 통해 자신의 존재
에 대한 의미와 삶에 대한 의욕을 느끼는 순간, 윤수의 죽음은 다가온다. 유정
은 그를 구하려고 안간힘을 써보지만 아무것도 할 수 없다. 유정의 바람은 윤
수가 그저 살아만 있어주는 것이고, 윤수의 바람은 간절히 살고 싶다는 것이
다. 만남의 방에서 마주한 둘은 마지막 만남임을 알지 못한다. 유정은 윤수에
게 받고 싶은 생일선물이 무엇인지 묻고, 윤수는 쑥스러운 듯 나이키 운동화
라고 답한다. 갑자기 찾아온 윤수의 사형집행. 유정은 여고 시절 성학대를 당
한 자신에게 모질게 굴었던 엄마를 찾아가 용서한다. 같은 시각, 사형장에 선
윤수는 깊은 사죄와 함께 유정에 대한 사랑을 고백하고 최후를 맞는다. 동생
이 그토록 좋아하던 애국가가 들려온다.

◤ 사회복지 관점에서 영화 보기

이 영화는 전혀 다른 듯 닮아 있는 두 남녀의 만남을 통해 삶과 죽음이라는 인간 본연의 문제를 깊이 있게 묘사하면서도 누구에게도 말하지 못한 '진짜 이야기'를 나누며, 애써 외면해왔던 내면의 상처를 들추고 치유해가는 둘의 모습을 슬프고 아름답게 그린다. 겉으로는 화려하고 가진 것이 많은 듯 보이지만, 어린 시절 겪었던 씻을 수 없는 상처와 부모에 대한 배신감으로 냉소적 삶을 살아가며 여러 번 자살기도를 했던 서른 살 대학교수 문유정, 세상의 밑바닥으로만 떠돌다가 세 명의 여자를 살해한 죄를 뒤집어쓰고 사형선고를 받은 스물일곱의 정윤수. 그 둘은 처음의 만남에서부터 마치 자신을 보는 듯 닮아 있는 서로의 모습을 알아본다.

이 영화가 특별한 이유는 가족이라는 테두리에서 보호받지 못하고 오히려 상처받은 두 영혼의 이야기이기 때문이다. 유정과 윤수는 사랑받고 함께해야 할 부모에게 버려지고 내쳐진 채 자신은 물론 다른 사람으로부터도 단절된다. 이들의 불행은 부모에게서 버려지면서 시작된다. 되돌아보면 자신에게 상처를 준 사람이 '타인'이 아니라 '부모'였다. 우리는 이들을 통해 너무나 소중했기에 더 큰 상처를 받았고, 믿었기에 더욱 고통스러울 수밖에 없는 인간의 본성을 들여다볼 수 있고, 이러한 고통을 위로하고 위로받는 소통의 방법을 배운다.

사춘기 성학대 피해의 외상(trauma): 서른 살 유정의 세 번 자살

유정이 세 번째 자살도 실패한 그해 겨울, 모니카 고모의 손에 이끌려 교도소에 갔다. 그렇다면 유정은 왜 세 번이나 자살을 시도했을까? 유정은 큰 사업을 하던 아버지와 어머니 사이의 3남 1녀 중 막내로 태어났다. 상고를 나온

아버지는 일류 여고 출신으로 피아니스트인 부인에게 지극 정성이었다. 아내가 집안일을 하다 손가락이라도 다치면 피아노를 치지 못할까 봐 컵 하나도 씻지 못하게 했다. 유정의 출산은 계획되지 않았다. 어머니는 시어머니 수발과 남편의 사업이 부도날까 노심초사하며 아들 셋을 키우다 예상치 못하게 유정을 갖게 되었다. 임신으로 인해 더는 무대에 설 수 없었던 어머니에게 막내딸은 썩 반갑지 않았다.

어린 시절 유정은 얌전한 아이였고, 성당 주일학교에서도 착실하고 예쁜 학생이었다. 그녀는 열다섯 살 때 혼자서 큰집으로 심부름을 갔다가 사촌오빠에게 강간을 당했다. 놀란 유정은 엄마에게 그 사실을 알리면 모든 일이 다 잘될 것이라고 믿었다. '나는 위로받을 것이고 그는 보복받을 것'이라고 믿었다. 그러나 자신의 충격을 감싸 안아줄 것이라는 엄마에 대한 유정의 믿음은 무참히 짓밟혔다. 어머니는 어린 딸이 겪은 공포와 아픔의 울부짖음을 마른 표정으로 틀어막아 버렸다. '네 잘못이 아니'라며 껴안아 주어야 할 엄마는 발버둥치는 유정의 따귀를 갈겼다. '그날' 유정은 태어나 처음으로 엄마의 매를 맞았다. 그리고 어머니는 '얘가 나쁜 꿈을 꾸었나 봐요'라며 가족들에게 거짓말을 했고, 유정은 일순간 거짓말쟁이가 되어버렸다. 그런 어머니를 용서할 수 없었다. 자신에게 해를 가한 '그 추악한 인간'보다 어머니를 더 용서할 수 없었다. 막내 유정을 가장 사랑하고 예뻐한 아버지마저 '그 일'을 없었던 일로 덮어버렸다. 아버지는 보호받아야 할 딸보다 사업이 더 중요했다.

유정은 '그날' 자신을 잃었고, 가족으로부터 버림받고 배신당했다. 사춘기 소녀가 친척에게 강간을 당했다는 사실은 실로 엄청난 충격이며, 평생 치유할 수 없는 신체적·심리적·사회적 외상을 남긴다. 외상은 한 조각의 정신이 떨어져 나간 상흔을 의미한다. 그러나 가족으로부터 받은 배신의 충격이 15년이 지나서도 더 잔인한 상처로 남아 있다. 15년 전 부모에게 버림받은 소녀의 고통은 어둠 속에서 혼자된 그녀의 남은 날들을 옭아매었다. 어머니는 유정을 불량품으로 규정했고, 가족은 그녀를 어머니의 유방에서 자라는 암 덩어리보다 더 골치 아픈 존재로 여겼다.

'그날' 이후 유정은 우아한 모습으로 피아노를 치는 어머니를 견디지 못했다. 어머니의 로맨틱한 피아노 소리가 들리면 자신의 방문을 잠그고 시끄러운 록음악의 볼륨을 사정없이 높였다. 그 시끄러운 소리에 달려온 어머니는 "미쳐, 내가 널 왜 낳아서 이 고생을 하니? 내가 널 왜 낳았는지……. 그때 지워버렸어야 했는데"라며 소리를 질렀다. 모녀의 처절한 대화는 이어졌다. "내가 언제 낳아달라고 했어? …… 그때 엄마가 뱃속에 있던 나를 죽이지 못했으니까 내가 이제 죽겠다는데 왜 말려?", "안 보이는 데서 죽어. 내가 널 말리지 못할 곳에서 죽으란 말이야." 그리고 방안의 물건들이 부서져 나갔다(남소현, 2007).

일류대학 출신으로 검사인 큰오빠, 의사인 둘째오빠, 경제학과 교수인 셋째오빠에 비해 '후진 대학'에 들어간 유정은 대학가요제에 나가 수상을 했다. 「희망의 나라로」라는 노래로 유명해지면서 가수 활동을 했다. 가수생활도 시들해지고 어머니와의 싸움도 지쳐가던 무렵, 유학이라도 가버리라는 어머니

의 말 한마디에 짐을 싸서 프랑스로 떠났다. 돈만 내면 입학시켜주는 학교에 적을 두고, 몇 남자들과 동거도 했다. 그러나 '그날'의 외상으로 사랑하는 남자와는 정상적인 관계를 맺을 수 없다. 귀국 후 집안이 운영하는 대학의 전임강사가 되었다. 그럼

에도 서른 살을 넘긴 유정은 여전히 '그날'의 열다섯 살 소녀로 머물러 있다. 그녀의 자아는 모두 부정적이고, 존재에 대한 거절감과 외상으로 인한 콤플렉스가 깊게 파여 있다.

유정을 버린 어머니: 어머니의 거부와 유정의 불행

유정은 어린 시절, 특히 '그날' 이후 두 가지 커다란 관계의 축을 형성하고 있다. 유정과 어머니, 유정과 고모와의 관계이다. 유정은 어머니와의 관계에서 매 순간 불행에 빠졌다면, 고모와의 관계에서는 이제 불행이 아닌 행복을 맛보았다.

아버지는 돌아가셨고, 어머니는 유방암 수술을 받은 지 얼마 지나지 않았다. 그런데 유정은 세 번째 자살을 시도하다 실패했다. 병실로 찾아온 어머니는 죽다 살아난 딸에게 '그래도 살아줘서 고맙다'는 위로는커녕 '널 왜 낳았는지 모르겠다'는 싸늘한 거부로 외면한다. 그 말과 그 태도는 유정의 평생을 따라다녔고, 유정의 열등감을 키웠다. 유정은 링거 병을 던져 깨뜨렸고, 처절한 대화는 이어진다.

"나 죽으려고 했던 것 아니야, 자살하려고 한 게 아니라고. 술을 아무리 마셔도 잠이 안 와서 그래서 수면제를 먹었던 것뿐인데, 술이 많이 취해서 수면제를 다 셀 수 없었거든. 그래서 그냥…… 손에 잡히는 대로 입에 털어 넣었는데 이 난리가 났지 뭐야. 지난번 엄마가 와서 죽으려면 그냥 죽지 왜 이 속을 썩이느냐고 하니까, 갑자기 내가 자살미수에 그친 불량소녀가 되어버린 것 같았어……. 고모도 알잖아, 우리 집에서 엄마가 규정해버리면 그렇게 되는 거. 지겨워! 엄마한테 난 처음부터 늘 불량품이야. 서른이 넘었는데……."

어머니의 생일날 아침, 유정은 정말 오랜만에 서로 마주한 자리에서 남들이 하는 모녀간의 대화를 원했다. 어머니의 피아노 소리가 아름답게 들리기까지 했다.

"엄마……. 엄마는 살면서 행복했던 때가 언제야?" 엄마가 피식 웃었다.

"행복이 어디 있니? 젊어서는 무식한 네 할머니 노망 다 받아주면서 모셨지. 네 아버지 사업이 부도날까 조마조마했지. 사내 녀석들 셋이나 키우다가 다시 피아노 시작하려는데 네가 덜컥 들어서서 결국 피아노도 포기했지, 네가 속 썩이지……. 그리고 오늘이 명색이 엄마 생일인데 엄마가 수술받은 지 언젠데, 다시 재발해서 언제 죽을지도 모르는데 셋이나 되는 며느리 년들 코빼기도 안 비추는 거 안 보이니?"

유정은 죽음을 앞둔, 언제 암세포가 다시 온 몸에 퍼져 병원에서 임종을 맞을지 모르는 엄마와 진짜 이야기를 하고 싶었다. '엄마! 나는 그날 이후 별로 행복했던 기억이 없어……. 남들 못 가진 거 다 가졌고, 좋은 옷 입고, 맛있는 것 먹고 살았는데도……. 엄마, 난 근데 행복하다고 생각했던 기억이 없어'라고 말하고 싶었다. 그러나 유정은 끝내 마음 속 이야기를 하지 못했다. 늘 그러했던 것처럼 모녀의 대화는 서로의 마음에 다시금 쓰라린 생채기를 얹는 것으로 끝난다. 서로를 부정하고 비난하는 대화는 다시 둘 사이의 관계를 왜곡시켜 결국 둘의 불행감은 더 커진다.

유정에 대한 어머니의 태도는 거부적 양육태도이다. 부모가 자녀의 고통과 성장에는 무관심하고 자녀가 자신의 인생을 방해한다는 이유로 자녀에게 적대감을 표시하며 의식적·무의식적으로 자녀를 거부하는 태도이다. 이렇게 양육된 청소년은 자신과 타인을 있는 그대로 받아들이거나 믿지 못해 불안하고, 자신감이 결여되어 우울하고 무기력하여 성인이 되어서도 직장생활이나 사회생활에 적응하기 어렵다. 특히 건강한 대인관계를 형성하는 것이 쉽지 않고, 협동과 경쟁을 조화시키지 못해 저항적이거나 때로는 자살을 시도하기도 한다(이혜원 외, 2008). 안타깝게도 이 영화 속 유정의 모습이 바로 그러하다.

유정을 품은 고모: 고모의 수용과 유정의 행복

유정이 처음 자살을 시도했던 때는 고등학교 시절이다. 그때 가장 먼저 달려와 유정을 끌어안고 "이 가엾은 것, 이 가엾은 것" 되뇌며 한참 울어주었던 사람은 다름 아닌 고모, 모니카 수녀였다. 고모는 과거 어머니와 친구 사이였지만, 올케에 비해 처지는 오빠에 대한 연민 때문이었는지 그 사이가 서먹해졌다. 고모는 간호대를 졸업하고 대학병원에서 간호사로 근무하던 어느 날 갑자기 수녀원으로 들어갔다.

긴 세월 동안 유정과 어머니의 관계는 서로에게 상처만 남겼다. 이와는 대조적으로 유정은 고모와의 관계 안에서 일관되게 보호받고 위로받으며 자신에게도 '따뜻한 안전기지와 믿는 구석'이 있음을 느끼게 된다. 유정에게 고모는 자신의 마음을 드러내 보여주고 싶은 사람이다. 그런 고모에게만은 자신의 진짜 이야기도 하고, 어리광도 부리고, 이제라도 희망을 찾고 싶은 자신의 여린 속내를 조금씩 드러낸다.

유정은 세 번째 자살시도를 하다 누워 있는 병실에 누군가 들어오는 인기척을 느끼고는 이내 눈을 감아버렸다. 가족들의 방문이 달갑지 않기 때문이다. 그러나 문을 열고 들어온 이에게서 풍겨나는 어릴 적부터 맡아오던 성당 냄새에 슬머시 눈을 떴다. 역시 고모였다. 우아한 어머니가 천시 여기던 대중가수가 되어 '부끄러운 줄도 모르고 엉덩이를 흔들거리며 노래할 때'도 고모는 유정의 공연장을 어김없이 찾아와 축하해준 유일한 가족이다. 온 세상이 유정에게 손가락질을 하고 비난과 강요를 퍼부을 때도, 고모만이 유일하게 아무 말도 하지 않았다. 고모는 어머니에게서 받지 못했던 희망과 행복을 만날 수 있는 탈출구와 같다. 유정은 어머니와 가족에게 말하지 못했던 세 번째 자살시도의 이유를 고모 앞에서 아주 자연스럽게 풀어냈다. "고모가 너무 바빴어. 그래서 미안해. 난 네가 이제 그만 서른이 넘었으니 다 큰 줄 알았지……"

하며 고모는 유정의 메마른 손을 잡아준다. 유정은 오랜만에 사람의 체온을 느끼며, '서른이 넘도록 아직 다 크지 못해서, 미안해……'라고 얘기한다.

고모는 유일하게 유정이 이 세상에 살아 있어주기를 바라는 사람이다. 유정은 이제껏 약을 먹고 손목을 그으면서 자살 시도를 했지만, 가장 확실하게 죽을 수 있는 방법은 아파트 15층에서 몸을 날리는 것임을 알고 있다. 그러나 이 방법을 쓰지 않았던 이유는 바로 고모 때문이다. 우정은 그나마 고모로 인해 세상이라는 땅에 발을 겨우 붙이고 살 수 있었다(남소현, 2007). 유정은 고모와의 관계 속에서 자신을 받아들이고 사랑할 수 있게 된 것이다.

유정의 차가운 돌 같은 마음을 녹이는 그 어떤 것이 고모의 말 속에는 들어 있다. 이것이 바로 긍정의 힘이요, 수용이다. 유정은 자신을 향한 고모의 마음을 느끼고, 고모 앞에서만은 자신의 존재감을 느낀다. 인간이 가진 약한 모습은 이를 충분히 감싸 안아주고 늘 있는 그대로 받아들일 수 있는 상대를 만날 때 비로소 편안하게 드러난다. 수용적 양육태도의 부모는 자녀와 정서적으로 밀착되어 안정된 관계를 형성하고 시의적절한 지지와 함께 자녀와 똑같은 눈높이에서 소통할 수 있다. 이러한 부모는 늘 자녀에게 깊은 관심을 갖고 인격을 존중하고 수용하며, 부모 자신의 갈등이 있어도 자녀에게 일관되게 행동한다. 유정에 대한 고모의 태도가 바로 이러하다. 이렇게 양육되는 청소년은 자신과 타인을 긍정적으로 받아들이고 존중하며, 주어진 역할에 성실하고 정서적으로 안정감과 행복을 느낀다(이혜원 외, 2008).

「명문대생 이은석,
그는 왜 부모를 살해했나?」

부모의 행복이 곧 자녀의 행복

프로그램명 〈추적 60분〉
제작 연도 2000년
방영 일시 2000년 7월 23일
상영시간 60분   제작자 KBS
사례분석 저서 이훈구, 2001. 「미안하다고 말하기가
                        그렇게 어려웠나요?」.

　　2000년 5월 21일, 우리나라 최초의 부모 토막살해 사건이 발생했다. 피의자 이은석은 서울의 사립대 2학년에 재학 중이었고 그의 집은 비교적 중류층에 속하는, 겉으로 보기에는 아무런 문제가 없는 단란한 가정이었다. 그러나 은석의 삶을 분석한 결과, 그는 부모에게 충분한 사랑을 받지 못했으며 학교와 군대에서 집단따돌림을 당했었다. 그는 마음속에 증오, 불신, 분노, 무기력이 소용돌이치고 황폐해져 있었던 것이다. 이 사건은 우리 사회가 현재 떠안고 있는 여러 가지 치부를 한꺼번에 터뜨림으로써 많은 것을 돌아보게 했다. 생태체계적 관점에서 과도한 입시경쟁, 왜곡된 부모자녀관계, 부부갈등, 아동학대, 가족폭력, 학교폭력, 각종 미디어 폭력, 인터넷 중독 등이 이 사건에 영향력을 끼쳤다고 분석할 수 있다(이혜원, 2006). 필자는 사회복지학의 전공과목인 「아동복지」 수업에서 학생들과 함께 이 사례를 논의한다.

▶ 줄거리

　　소위 '명문대생' 아들이 친부모를 수십 토막으로 살해해 유기한 엽기적인

사건이 발생했다. 경기 과천경찰서는 24일 과천시 별양동 중앙공원에서 비닐
봉투에 담긴 채로 발견된 부부 토막 살해사건의 용의자로 별양동 주공 4단지
아파트에 함께 사는 이들 부부의 둘째아들 이모(K대 산업공 3년 휴학) 씨를 검
거, 범행 일체를 자백받았다고 밝혔다. 경찰은 이 씨의 아파트와 경비실 재활
용품 수거장에서 범행에 사용된 망치와 길이 30cm짜리 쇠줄 톱을 찾아냈다.
이 씨는 경찰에서 "평소 부모에게 인간취급을 받지 못해 살해했다"고 자백했
다. 경찰에 따르면 이 씨는 지난 22일 새벽 3시께 집안에 있던 양주 한 병을 3
분의 2나 들이켜 만취한 상태에서 안방과 건넌방에서 각각 자고 있던 아버지
(60)와 어머니(50)를 망치로 잇따라 살해했다. 이 씨는 시신을 화장실로 옮겨
줄톱을 이용해 모두 20토막 이상으로 자른 뒤 20리터짜리 쓰레기 규격봉투와
유통업체 비닐봉투 등에 나눠 담아 22일 밤과 23일 밤 두 차례에 걸쳐 집 근처
중앙공원 쓰레기통과 인근 갈현동 쓰레기 소각장 등 10여 곳에 버렸다. 이 씨
는 범행 후 방안과 화장실 등을 물로 깨끗이 씻어내고 동네 가게에서 세제를
구입하여 피 묻은 옷가지 등을 세탁까지 하는 치밀함을 보였다.

■ 부(이강○ · 60): 해군사관학교를 나온 예비역 해군중령으로 예편한 뒤 직장
  생활. 엄격하고 무뚝뚝하며 자식에게 무관심하고 고집이 셈.
■ 모(50): 부유한 집안의 무남독녀, 소위 명문여대 정치외교학과 졸업.
  완벽주의자로 강압적 태도, 냉정함.
■ 형(이○석 · 26): 대학 중퇴한 회사원, 자기주장이 강함.
■ 이은석(24): K대 휴학, 163cm의 작은 키에 왜소한 체격, 지능 130.
  취미는 영화와 컴퓨터, 학창시절 따돌림 당함. 시나리오 작가 희망.
  내성적 · 온순한 성격, 낮은 자존감('음지인간'), 공포, 사회부적응.
■ 성장과정: 부모의 부부관계 갈등이 심하여 집안 분위기는 냉랭하고 가족

간 대화가 단절됨. 권위주의적이고 엄격한 부모 밑에서 늘 꾸지람만 받고 부족한 아이로 학대받으며 부모에 대한 원망과 불만이 누적되었음. 그러나 부모가 무서워서 내색을 하지 않아 문제가 없는 아이로 비춰짐. 왜소한 신체에 대한 자신감 상실로 학창 시절에는 공부에만 전념했으며 친구관계가 원만하지 못했고 집단따돌림을 당하기도 했음. 서울대 진학을 하지 못하여 부모에게 계속적인 질타를 받음. 제대 후 자신감을 더욱 더 상실하고 좌절하여 자살 생각. 이 사건의 직전에 처음으로 부모에게 저항을 보였으나 냉담한 부모 반응에 분노함. 부모에게 "미안하다"라는 말을 듣고 싶었음. 부모를 살해함.

- 이은석에 대한 정신과 의사의 진단: 정신분열증이나 심각한 정서장애를 겪은 증후를 발견할 수 없음. 따라서 이은석의 행동은 정신이상 행동이 아니라 비장애인의 충동적 행동으로 판단됨. 회피성 또는 수동공격성 성향을 가짐.

사회복지 관점에서 프로그램 보기

어머니, 공포의 이름

이은석의 어머니는 외동딸로, 중학교 때 아버지를 여의었으나 유복한 환경에서 어머니의 극진한 뒷바라지를 받으며 자랐다. 그녀는 청상과부였던 그녀 모친의 지나친 기대 속에 엄격한 엘리트 교육을 받아서인지 사촌들로부터도 너무 있는 척, 아는 척을 한다는 이유로 따돌림을 당했다. 어려서부터 똑똑하고 공부를 잘했던 그녀는 한국 최초의 여자 대통령이 되려는 야무진 꿈을 가지고 명문사립대의 정치외교학과에 들어갔다. 대학에 다니다 보니 그것이 현실적으로 불가능함을 인식하게 되었지만 그녀는 꿈을 포기하지 않았는데, 대통령의 영부인이 됨으로써 이 꿈을 실현할 수 있다고 생각한 것이다. 그녀는 몇 차례의 맞선을 통해 남편을 만났고 드디어 이상적인 남편감을 찾았다고 생각했다.

남편이 된 이강○는 해군사관학교 출신의 엘리트 장교로서 월남전에서 무공을 두 번 세운 용장이었다. 나이가 열 살 더 많았지만, 이에 개의치 않고 결혼했다. 남편은 군에서 인정을 받아 중령까지는 초고속 승진을 했으나 그 후부터는 승진이 지연되기 시작했고 결국 대령으로 진급하지 못했다. 결국 1986년 남편이 계급정년으로 퇴역함에 따라 영부인이 되겠다는 그녀의 꿈도 함께 무산되었다. 남편은 퇴역 후 대기업의 부장으로 재취업했지만, 남편에 대한 그녀의 기대는 이미 산산조각이 난 뒤였다. 평소에도 원만하지가 않았던 부부 사이는 더욱 악화일로를 걸었다.

어머니는 남편에 대한 실망을 두 아들로부터 보상받으려 했고, 두 아들이 자신의 못 다 이룬 꿈을 대신 이루어주길 바라며 철저하게 스파르타식으로 교육하기 시작했다. 큰아들인 ○석은 성격이 괄괄해서 어머니 명령에 잘 따르려 하지 않았으나, 은석은 너무 성격이 소극적이고 예민해서 똑같이 부모에게 지나친 억압을 당하고 따뜻한 사랑을 받지 못했지만 형에 비해 더 큰 상처를 받았다.

권위적이고 가족에게 무관심했던 아버지

아버지 이강○는 4남 2녀의 둘째로 태어났다. 그의 아버지는 사업체를 운영하며 돈을 잘 벌었다. 그러나 형이 대학 졸업 후 사업을 한답시고 아버지의 재산을 축내기 시작하자 집안 형편은 점점 어려워지기 시작했다. 맏아들에게는 끔찍했던 부모는 둘째아들인 이강○에게는 무관심했다. 그는 같은 자식인데 자신이야 어떻게 되건 말건 오직 형만을 바라보는 아버지를 미워했고, 그렇게 아버지를 원망하는 마음 때문에 성격도 점차 내성적으로 바뀌어갔다.

대학 입시에 실패한 이강○는 집안이 그렇게 어렵지는 않았지만 형과 아버지에 대한 반발심과 자신의 독립심을 보여주기 위해 보란 듯이 취업했다. 사회생활을 하면서 출세와 명예에 대한 욕구가 생긴 그는 해군사관학교에 들어감으로써 그 발판을 마련했다.

이때부터 이강○는 자기가 부모의 도움을 전혀 받지 않고 자수성가한 인물이라고 호언했고 자식들에게 이를 자랑스럽게 이야기했다. 그는 내성적이고 고집이 세어서 훗날 자식들과 계속 갈등을 겪었다. 이강○가 큰아들을 극진히 사랑한 것은 아니었지만 유독 둘째아들인 은석을 미워했다. 물론 은석의 성격이 내성적이고 행동이 느려 마음에 들지 않았던 점도 있었겠지만 큰아들 ○석에 대해서는 별 트집을 잡지 않았다. 부모에게 차별대우를 받아 아픈 상처를 갖고 있으면 이를 거울삼아 자기 자식들은 정반대로 따뜻하고 평등하게 키웠어야 하는데, 그는 자신도 모르는 사이에 자기 부모와 똑같은 양육태도로 행동한 것이다.

은석이는 고등학교 때까지 부모가 형만 사랑하고 자기를 미운 오리새끼 취급을 했다고 불만을 털어놓았다. 그러나 사실 이강○는 두 아들은 물론 아내에게도 사랑을 베풀지 않았다. 그 자신이 부모에게 차별대우를 받으며 자랐기 때문에 누구에게나 쉽게 사랑을 베풀 그런 따뜻한 사람으로 자라지 못했다. 또 일반 대학이 아닌 군대를 택한 것도 그의 성격 형성에 큰 영향을 주었을 것이다. 그는 자식에게 강한 정신력과 절제하는 생활을 늘 강조했다. 특히 두 아들을 강하게 키운답시고 자식을 군인 다루듯 했다. 결벽증이 있어서 집에 먼지가 있으면 화부터 냈고 집안에서도 반드시 슬리퍼를 신게 했다. 결국 두 아들은 어머니와 아버지 모두로부터 사랑은커녕 시달림만 받으면서 자란 셈이다.

애정 없는 부부관계 때문에 상처받는 자녀

은석의 부모는 일찍부터 사이가 좋지 않았다. 먼저 부부가 자라온 환경이 너무나 달랐고, 부부간의 나이 차이 또한 이들 부부가 사사건건 의견 차이를 보이는 데 어느 정도 이유가 되었을 것이다. 1986년 이강○는 군에서 퇴역하지만 다행히 기업체의 부장으로 근무를 할 수 있게 되었다. 그러나 부산에서 근무를 하게 되는데, 그 이유는 그가 서울에서 일하는 걸 부인이 은근히 바라지 않았기 때문이다. 부부간의 불화의 골이 깊었기 때문에 은석의 어머니는 은석의 아버지와 한집에 사는 것을 아주 싫어한 것이다. 즉 그들은 법적으로만 부부였지 신체적·심리적으로는 이미 이혼한 상태나 다름없었다. 실제로 은석의 어머니는 자식들에게 나는 남편과 마음이 맞지 않아 이혼하고 싶지만 너희들 때문에 이혼을 못 한다고, 너희들 때문에 내가 족쇄를 차고 있다고 늘 한탄했다고 한다.

부부간의 불화는 비단 그들만의 문제로만 끝나는 것이 아니고 자식에게 부정적 영향을 준다. 이들 부부는 서로의 갈등을 자식에게 화풀이함으로써 자식에게 씻지 못할 상처를 주었고 특히 그의 어머니는 아들들에게 너희들 때문에 이혼하지 못한다고 푸념을 해서 결국 은석이 이유 없는 죄의식을 품게 만들었다.

훈육이라는 이름의 학대

은석의 어머니도 자신의 어머니로부터 스파르타식 교육을 받아왔다. 이 때문에 심리적 스트레스를 받고 위궤양으로 늘 고생을 할 정도였는데, 어머니는 외할머니가 자신에게 행한 스파르타식 교육을 자식에게 그대로 답습했다. 설상가상으로 외할머니가 말년에 치매에 걸려 고생하는 등 이런저런 이유로 어머니의 스트레스는 더욱 커졌고, 이에 발맞춰 자녀훈육(학대)도 날이 갈수록 더욱 엄해졌다. 그녀는 자식의 공부, 가정 내 예절, 교우, 일상생활을 자신의 잣대에 맞추어 훈육했다. 자식이 뜻을 거스르면 굵은 회초리로 온몸을 때렸다. 은석이 초등학교 1·2학년 때 어머니는 술, 담배를

어머니
얘는 2월 초 아르바이트를 하고도
돈을 안받고 뛰쳐나오는 놈이다

하고 신경안정제, 수면제를 자주 먹었는데 신앙생활을 한 뒤부터는 이를 끊었다. 하지만 자식을 혼낼 때는 이웃에 다 들릴 정도로 소리를 지르고 히스테릭한 증상을 보였다. 내성적이고 다혈질이며 극단적인 엘리트주의자였으며 우월의식과 자존심이 강했던 어머니. 이런 가정 풍토에서 마음이 여린 은석이 가장 많이 상처를 받았고 그는 무기력, 열등감, 대인기피증을 갖게 되었다.

어머니의 학대를 짐작해볼 수 있는 하나의 예로, 은석이가 초등학교 3학년 때 학교 숙제를 잘 해 가지 않자 어느 날 담임선생이 부모와 상담하려고 은석의 집에 전화를 건 적이 있었다. 다행히 어머니는 외출 중이었고 그의 형이 전화를 받았다. 담임선생님에게서 전화가 왔다는 사실을 들은 은석은 이내 심한 공포심에 사로잡혀, 그날 이후 갑자기 행동이 180도로 바뀌었다. 학교숙제는 물론 준비물도 철저히 챙겼고 공부도 착실히 하는 모범생이 된 것이다. 은석의 행동이 갑자기 바뀜에 따라 담임선생은 어머니를 학교에 소환할 필요가 없었고 따라서 이 일은 무사히 넘어갔다. 얼마나 어머니를 무서워해서 그의 행동이 하루아침에 이렇게 완전히 달라질 수 있었을까? 일반적인 사회통념을 뛰어넘는 어린 은석의 행동은 역설적으로 어머니라는 존재를 얼마나 큰 공포의 대상으로 생각했는지 알게 해준다.

다른 예로 은석이 중학교 3학년 무렵, 시험공부를 하고 있을 때 어머니도

자지 않고 은석이 공부를 열심히 하는지 감시하고 있었다. 은석은 자기 방에서 늦게까지 공부를 하다 깜박 잊고 어머니에게 자겠다는 말을 하지 않고 잠이 들어버렸다. 이를 모른 어머니는 새벽까지 마루에서 깨어 있었고 뒤늦게 이 사실을 알게 되자 단단히 화가 나서 그를 때리고 심하게 야단을 쳤다고 한다. 이때의 충격으로 은석은 자살을 하려고 한강변으로 나갔으나 용기가 없어 그러지 못하고 거리를 여섯 시간이나 쏘다닌 후에 집으로 돌아왔다.

아동학대는 은석에게서 나타나는 바와 같이 심각한 심리적 문제를 야기한다. 학대를 받고 자란 아동은 열등감이 많고 무기력하며 피해망상을 갖게 되어 정신적으로나 신체적으로 정상적인 발육을 하지 못한다.

아동학대의 외상: 열등감과 대인불안

은석은 중고등학교 시절 성적이 우수했고 가정환경도 중류층이어서 학교에서 기가 꺾이거나 열등감을 가질 소지가 전혀 없었다. 그러나 그는 굉장히 자신을 부정적으로 보았고 열등감이 많았다. 은석이가 자신의 외모에 대해 열등감을 갖게 된 것은 부모가 가끔 농담 삼아 또래보다 작은 그의 키를 놀린 것에서 시작되었다. 그의 부모는 은석을 보고 '너는 성격도 나쁘고 키도 작으니까 일반 회사원이 되기보다는 공부를 열심히 해서 판검사가 되는 길밖에 없다'고 겁 아닌 겁을 주었다. 부모의 농담 섞인 이 말 한마디가 그에게 키에 대한 병적 집착과 열등감을 갖게 했다. 단적인 예로 은석은 중학교 때 단짝이던 친구가 부모를 따라 독일에 1년 가 있는 사이에 부쩍 커서 온 반면 자신은 키가 자라지 않은 점이 창피해서 그 친구가 다시 편입해 왔을 때 그 친구를 의식적으로 피하기도 했다.

고등학교 3학년 때, 은석은 어머니의 기대를 저버리지 않고 K대에 특차로 입학하는 영광을 얻게 된다. 이는 어머니의 스파르타식 교육이 효과를 보았다고 말할 수 있다. 그러나 어머니는 은석을 키우면서 따뜻하게 감싸기보다는 야단과 채찍으로 일관했기 때문에 그의 지적 능력과 반대로 정서적 능력은 위축되고 왜곡되어갔다. 은석은 대학 입학이 결정된 1995년 1월부터 7월까지 동네 교회에 열심히 나가서 여자들과 어울렸으나 그의 인간관계는 기술부족으로 결실을 맺지 못한다. 사실 많은 여자들이 호의를 갖고 은석에게 접근했지만 그는 그때마다 한 발짝씩 물러났다. 자라면서 부모에게 사랑을 받지 못했고 지속적으로 형에 대한 질투심을 경험했으며 자연스럽게 인간관계를 맺는 법을 폐쇄적인 부모에게서 배우지 못했기 때문이다. 이때 은석은 피해망상증과 자기 자신을 학대하는 마조히즘적인 성향과 대인기피증을 보이고 있었다. 이렇게 열등감에 시달리고 정상적인 친구관계나 이성관계를 잘 맺지 못하는 은석은 아무도 자기를 아껴주지 않아 외로웠고, 자기는 실패한 인생이기 때문에 성매매 여성에게나 어울리는 사람이라고 생각했다고 한다. 그래서 단순히 성적 욕망을 채워주기보다 한 인간으로 자기를 대해주기를 바라는 마음으로 그들에게 몰두하기도 한다.

또래따돌림의 외상

은석의 중고교시절은 또래따돌림(이하 왕따)로 인해 악몽의 연속이었다. 은석은 성격이 까다로운 편이었고, 열등감이 있지만 아울러 자부심 또한 대단했다. 즉 친구에게 잘난 척하고 친구의 의견에 쉽게 동조하지 않는 경우에 속했다. 또 은석이는 어머니로부터 받은 학대로 인해 자신감이 부족하여 친구가 그를 건드려도 쉽게 되받아치지 못했다. 운동신경이 둔해서 운동을 잘 못하고 체격이 허약하지만 공부를 잘하는 등 왕따를 당하기 쉬운 요소를 많이 가지고 있었다. 대개 왕따를 당하는 학생들은 그 사실을 수치스럽고 창피하게 여겨 부모나 선생님에게 숨긴다. 은석도 마찬가지여서 선생님이나 부모, 그 누구도 은석이가 왕따로 심한 괴롭힘을 당한다는 사실을 몰랐다.

은석은 군대에서도 동료와 마찰을 겪었다. 그는 군대를 마치 어머니처럼, 잘못하면 그에게 호된 기합을 줄 것이라고 지레 겁먹었기 때문에 열심히 복무했다. 따라서 상사들은 그를 아주 모범 군인으로 칭찬했다. 그러나 그는 동료와의 사이가 좋지 않고, 특히 신병들에게 마치 그의 어머니가 그에게 했던 것처럼 가혹하게 대하고 잔소리를 많이 하여 그들에게 외면을 당했다. 어느 날 졸병 하나가 잘못했을 때 은석이 따끔하게 야단을 치지 못해서 역으로 공격을 받았다. 은석은 당연히 화를 냈어야 하는데 그렇지 못하고 씩씩거리기만 해서 상사로부터 꾸중까지 받았다. 그 후부터 졸병은 은석을 자기 손안에 넣고 주무르게 된다. 은석은 부하를 잘 다루지 못하는 자기의 성격을 자책했지만 사실 그 원인은 부모가 그의 기를 꺾고 자기주장을 하지 못하는 사람으로 만들어버린 탓이다. 그는 동료, 부하들과 같이 생활할 수 없게 되었고 군대에서 있으나마나 한 존재로 전락했다. 군대에서까지 왕따를 당한 경험은 은석의 성격을 더욱 황폐화시켰다. 가정과 학교에서 초래된 위축된 자존심, 우울증, 대인기피증, 분노 등이 더욱 악화된 것이다.

미디어폭력의 영향: 공격성

은석은 영화와 비디오에 몰두했다. 그가 광적으로 영화에 몰두한 것은 영화평론가가 되기 위한 목적 때문이기도 했지만 한편으로는 현재 겪고 있는 현실 세계가 너무 고통스러워 영화라는 가상의 세계로 도피했다고도 볼 수 있다. 친구 하나 없는 외톨이인 그로서 유일한 소일거리는 영화감상밖에 없었을 것이다. 폭력적인 매체가 주는 영향에 대한 연구결과에 따르면, 그가 영화, 비디오, 컴퓨터 게임에 몰두한 것이 그의 범행에 간접적으로 영향을 주었을 것이라고 판단할 수 있을 것이다. 물론 보통 사람들은 영화나 게임의 허구성을 알고 있고 또 그러한 영향으로부터 오는 공격성의 충동을 억제할 수 있다. 그러나 그는 영화와 컴퓨터 게임에 광적으로 몰입해 있는 소위 마니아다. 따라서 그의 행동은 일반 성인의 경우와 다를 소지가 더 많은 것이다. 그가 부모의 사체를 처리할 때 냉정하게 할 수 있었던 것은 그가 수많은 살인영화, 폭력영화를 보았기 때문이다. 이미 수많은 시청각 자료를 통해 둔감해진 그는 부모의 시신을 무덤덤하게 토막을 낼 수 있었던 것이다.

범행의 직접적 동기

은석의 형은 대학에 입학한 이후 용기 있게 부모에게 반항해서 독립했고 거기다가 부모는 은석의 이름으로 3,000만 원을 융자한 돈을 보태 아파트까지 장만해주었다. 2000년 5월 11일 은석은 형의 이사를 도와주고 돌아와 어머니와 다투게 되는데, 난생 처음으로 어머니가 지금껏 자기를 학대한 사례들을 거침없이 토로했다.

만일 어머니가 은석의 마음을 이해하고 다독여주었다면 분명히 이 사건은 벌어지지 않았을 것이다. 그러나 어머니는 이미 형이 반항을 하고 집을 나간 터에 평소 얌전하고 말 잘 듣던 은석까지 반항하는 것에 무척 당황했고 은석을 이해하려는 마음의 여유조차 가질 수 없었다. 어쩌면 잘못하다가는 은석까지도 독립하겠다고 선언할까봐 이것이 두려워 더 강력하게 대응했을 가능성이 높다. 또 이 사실을 남편에게 알려서, 아버지는 은석을

불려 앉혀놓고 단단히 야단쳤다.

4일 후 부모와 두 번째 언쟁을 했고, 은석은 일주일 동안 부모와 얼굴을 마주치지 않은 채 방안에만 머물러 있었다. 깡통을 가져다 소변을 방에서 보고 부모가 없는 틈을 타서 화장실에 가고 몰래 음식을 먹어야 했다. 그러다 보니 그의 답답증이 도를 더해갔고 잠도 설쳐 그는 심리적·육체적으로 최악의 상태에 도달했다. 그가 살아남는 길은 그에게 불편을 주는 해로운 자극, 즉 그의 부모를 제거하는 수밖에 없다는 생각에 이르렀다. 그가 화장실에서 돌아오는 길에 들고 들어온 양주 열 모금이 그가 스트레스로부터 도피해야겠다는 갈망을 자극했고 반면 이를 억제하려는 양심의 목소리를 잠재웠다.

사회복지실천적 함의

이 사례는 충격적이었던 만큼 우리에게 다양한 사회복지실천적 함의도 제공하고 있다. 물론 이 사례의 분석은 심리학자인 이훈구(2002)의 저서인 2차 자료에 기초하고 있기 때문에 많은 한계를 가지고 있다. 그럼에도 불구하고 이 사례가 우리에게 주는 첫 번째 함의는 부모자녀관계이다. 과거 부모는 대부분 자녀를 소유물로 인식하고 행동하는 경향이 있었다. 예컨대 IMF 사태 이후 생활고 등의 이유로 자녀와 함께 감행하는 동반자살이 자주 발생했다. 아울러 예로부터 우리 사회는 자녀를 하나의 도구로 간주해왔다. 가계를 계승하고, 가문을 빛내고, 노후에 자신을 의탁하기 위해 남아를 선호하는 경향이 강했다. 은석의 부모는 높은 교육열을 보였는데 이는 부모가 충족하지 못했던 더 높은 단계의 욕구에 대해 대리만족을 하기 위한 것이었을 가능성이 높다. 더구나 자녀가 무조건 성공하기만 바라고 더 좋은 성적만을 기대하는 과잉기대형 통제적 양육행동을 감행했다. 그러다 보니 은석이 부모는 그가 대학에 들어간 뒤 왜 그가 방황을 하고 비디오 감상에만 열중했는지를 주의 깊게 살펴보지 못했다. 자녀를 자율적 인격을 가진 한 독립체로 보고 그가 성숙한 인간이 되기까지 자녀의 정서적 어려움을 공감하고 지지하는 다정하고도 때로는 단호한 멘토가 되어야 하는 것이 부모의 역할이다. 그러나 우리의 부모는 대부분 물질적 도움을 주는 것만이 부모가 할 일이라고 속단하기 쉽다.

두 번째 함의는 부모·자녀 간 대화 부족 또는 의사소통기술의 미숙이다. 대화란 일방적으로 자기주장을 하는 것만이 아니고 상대방과 감정을 공유하고 교환하는 것이다. 부모가 자녀와 대화를 하자고 해놓고 일방적으로 잔소리만 늘어놓으면 이것은 차라리 안 하는 것만 못하다. 은석의 어머니가 설사 자신은 잘못한 일이 없다고 확신하더라도 아들이 자신에 대해 어떤 감정을 가지고 있는지 한번 마음 편하게 토로하게 하고 귀 기울여 들었다면 얼마나 좋았을까 하는 아쉬움이 남는다. 착한 아이 콤플렉스 특성을 보였던 아들은 그것만으로도 평생 담고 살았던 어머니에 대한 미움을 눈 녹듯 녹여버렸을 가능성이 높기 때문이다. 또한 은석의 아버지도 자녀의 심정을 이해하기보다는 자기의 주장을 관철하려는 방식으로 일관했다. 결론적으로 은석의 부모는 자녀와의 대화가 너무 적었고, 더구나 제한된 대화의 방식마저 일방적이고 폐쇄적이었다.

세 번째 함의는 아동학대 문제이다. 은석의 심리적·사회적 문제는 결국 부모, 특히 어머니의 학대 때문이었다. 그녀는 남편과의 불화로 히스테리 증세를 보였고 은석을 훈육한답시고 자기의 스트레스를 자식에게 퍼부어 해소했다. 은석의 경우와 같이 아동학대는 자녀에게 큰 상처를 안겨주고 자폐증, 불안, 우울, 대인기피증에 시달리게 한다. 한마디로 말해 정상적인 발달을 할 수 없게 만드는 것이다. 세상에 태어난 아이가 올곧게 사람구실을 할 수 없게 만드는 것처럼 큰 죄가 어디 있겠는가.

네 번째 함의는 또래 간 폭력, 즉 왕따 문제이다. 우리가 왕따 행위를 죄악

시하고 주의 깊게 관찰해야 하는 이유는 그것이 피해자에게 지울 수 없는 평생의 상처를 안긴다는 점 때문이다. 은석의 경우, 부모의 학대만 있었고 학교나 군대에서 왕따를 당하지 않았다면 그는 절대로 부모를 살해하지 않았을 것이다. 그가 집 밖에서조차 왕따를 당한 경험은 부모의 아동학대와 맞물려 그의 분노를 더욱 고조시켰고 결국 이러한 분노의 감정이 축적되어 부모를 살해한 데 일조를 한 것이다.

다섯 번째 함의는 폭력 만화, 텔레비전, 비디오테이프 그리고 인터넷 게임의 폭력적 악영향이다. 은석이 인터넷과 컴퓨터게임에 몰두하게 된 원인은 이런 것들이 부모의 학대, 또래 폭력과 같은 가해행위로부터 오는 그의 심리적 충격을 해소하는 유일한 도구들이었기 때문이다. 그러나 이러한 도구는 아이러니하게도 그의 행동과 사고를 더욱 자폐적으로 그리고 공격적으로 만들어 그의 인생을 파멸로 이끌었다고 할 수 있다.

결론적으로 이 사례는 현재 우리 사회의 치부를 극단적으로 보여주는 사건이었다. 이 사건을 한 대학생의 비뚤어진 성격으로 인한 용서할 수 없는 패륜 또는 반사회적 행동으로 규정한다면, 우리는 큰 실수를 저지르게 된다. 우리 사회에서 부모살해사건이 계속 증가하고 있기 때문이다. 이 사건의 근본적 원인 분석과 이에 기초하여 아동학대를 예방하기 위한 부모교육, 교사연수, 아동·청소년 인권교육 등 구체적인 방안의 확대와 함께 가정·학교·지역사회의 인권친화적 안전망이 마련되지 않는다면 제2, 제3의 사건이 앞으로 계속 발생할 수밖에 없을 것이다.

❖ 생각할 거리

〈우리들의 행복한 시간〉

1. 사형수 윤수의 동생은 애국가를 좋아하고 애국가를 부른 가수 유정을 좋아했다. 그리고 윤수는 애국가가 들려오는 가운데 사형을 집행당한다. 애국가는 무엇을 의미하는가?

2. 배고프고 갈 곳 없는 윤수 형제에게 도움을 주는 사회복지사의 모습은 찾을 수 없다. 우리 사회에서 가족이 해체되고 부모에게 버려진 아동을 위한 사회복지적 접근은 없는가? 아동학대, 그중에서도 특히 아동방임을 예방할 수 있는 방안은 무엇인가?

3. 사촌 오빠에게 성학대를 당한 15세 소녀 유정에게 어머니는 있었는가? 가까운 친척으로부터 성폭력을 당한 사춘기 소녀 유정에게 가장 필요한 부모, 특히 어머니의 태도와 사회의 제도적 지원은 무엇인가?

「명문대생 이은석, 그는 왜 부모를 살해했나?」

1. 이은석은 왜 부모를 살해했는가? 만일 부모가 그에게 미안하다고 말했다면, 부모는 살해당하지 않았을까?

2. 이은석은 고등학교에서도 2등을 놓치지 않았다. 그럼에도 어머니는 왜 은석이를 학대했는가? 형은 왜 은석이를 도와줄 수 없었을까?

3. 부모살해사건이 미국에서는 평균 매일 1건 발생한다고 한다. 우리 사회에서도 최근 부모살해사건이 급증하고 있다. 이러한 사회문제를 예방하고 치료할 수 있는 사회복지실천적 접근방법과 정책은 무엇인가?

참고문헌

공지영. 2004. 『우리들의 행복한 시간』. 푸른숲.
남명자. 2004. 『부모의 양육태도와 아동의 성격장애』. 학지사.
남소현. 2007. 「C. G. Jung의 분석심리학 관점으로 본 공지영의 『우리들의 행복한 시간』작품 분석」. 서울여자대학교 석사학위논문.
유안진. 1999. 『아동발달의 이해』. 문음사.
이정숙. 2007. 『부모가 아이를 화나게 만든다』. 한국경제신문.
이혜원. 2006. 『아동권리와 아동복지』. 집문당.
이혜원·이봉주·김혜래 외. 2008. 『청소년권리와 청소년복지』. 한울.
이훈구. 2002. 『미안하다고 말하기가 그렇게 어려웠나요?』. 이야기.

청소년의 자기 찾기 여정

김혜래

'새는 알에서 빠져나오려고 몸부림친다. 알은 세계이다.
태어나려는 자는 누구든 세계를 부숴야 한다.'
— 헤르만 헤세, 『데미안』 중에서

거북은 성장하면서 등껍질이 하나씩 벗겨져 식물의 나이테처럼 형성되어 등껍질의 층으로 나이를 추정한다고 한다. 갑각류 등의 동물이 체표의 가장 바깥층을 벗는 탈피(脫皮)는 성장행동 중 하나다. 인간은 어떤 모습으로 어떻게 탈피하며 성장할까? 인간이 한 발달단계에서 다른 발달단계로 이동할 때 우리는 무엇을 남기고 우리에게 그 흔적은 어떻게 남을까? 인생 중 언제가 탈피 시기라고 누가 일률적으로 있을까마는 누구에게나 오는 가장 대대적인 탈피 시기는 청소년기가 아닐까 싶다.

청소년이 전환기적 위기를 잘 극복하여 당당히 삶을 당당하게 살아갈 준비를 다룬 영화를 통해 청소년기 자기 찾기 여정에 동참해보자. 먼저 소개할 〈사랑해, 말순씨〉는 생애주기상 누구나 겪고 넘어가야 할 보통 청소년기 삶을 일상적 과거세계와의 이별과 상실이라는 측면에서 소소한 에피소드를 중심으로 그려내고 있다. 하지만 갖은 파괴적 시련을 겪어야 할 청소년도 있다. 이들은 자기를 둘러싸고 있는 환경의 역경을 잘 견뎌내며 스스로 상처를 회복하고 치료하는 탄력성을 발휘하며 성장해야 한다. 〈프레셔스〉와 〈블라인드 사이드〉는 이런 과정을 잘 보여주는 영화이다. 또 이 두 영화는 역경에 처해 있는 청소년이 자신의 내면적 잠재력을 끄집어 내주는 중요한 인물을 만남으로써 환경의 어려움을 극복하는 성장 과정을 그려내고 있다. 〈프레셔스〉가 부모에게 성학대, 신체적·정서적 학대를 당한 흑인 소녀에 초점을 맞춘 반면 〈블라인드 사이드〉는 위탁가정을 전전하던 흑인 소년을 가족의 한 구성원으로 따뜻하게 맞아들인 양부모에 초점을 맞추고 있다.

　많은 청소년들은 자신의 답답한 환경에서 어떻게 하면 벗어나야 할지, 어떻게 해서 긴 어둠의 터널을 빠져나가야 하는지 모른다. 이때 한 줄기 빛의 도움으로 긴 어둠을 빠져나가고 자신을 옴짝달싹 못하게 하는 굴레를 벗어버릴 수 있다. 청소년은 성장하기 위해 알을 쪼아대듯 몸부림한다. 이때 가족, 학교, 지역사회 등 외부에서는 이들이 잘 성장하도록 도와주어야 한다. 청소년은 자신의 내부에서 밖으로 나가려는 힘과 그 힘을 알아차리고 외부에서 마주쳐 주는 힘으로 성장한다. 선종(禪宗)의 화두에 줄탁동기(啐啄同機)[1]라는 말이 있다. 알 속의 병아리와 어미닭은 동시에 알을 쪼아 부화하지만, 어미닭이 병아리를 세상 밖으로 나오게 하는 것은 아니다. 어미닭은 다만 알을 깨고 나오는 데 작은 도움만 줄 뿐, 결국 알을 깨고 나오는 것은 병아리 자신이다. 이는 스승은 깨우침의 계기만 제시할 뿐이고, 나머지는 제자가 스스로 노력하여 깨달음에 이르러야 함을 의미한다. 줄탁동기가 이루어지기 위해서 청소년이 스스로 성장하고 변화하겠다는 동기가 갖도록 지지하고, 그들이 필요로 하는 때가 언제인지를 알기 위해 끊임없이 그들이 보내는 신호를 관찰하고 경청하며 기다려주는 일이 우선되어야 한다.

〈사랑해, 말순씨〉

영어제목　Brove, My Life
감독　박흥식
주연　문소리(김말순 역), 이재응(광호 역), 윤진서(은숙 누나 역)
제작 연도　2005년
상영시간　93분

　　〈사랑해, 말순씨〉는 1979년과 1980년 사이 광풍 같은 1년간의 역사적 시간 안에서 초기 청소년기를 보낸 우리 주변의 지극히 평범한 보통 열네 살 소년의 성장 이야기이다. 이 영화에서 주인공 소년은 역사적 회오리의 주도자도, 직접적 희생자도 아니다. 어느 시대에 살고 있어도 그 나이에 겪었을 소년 주변의 에피소드가 역사성과 무관한 듯 지극히 잔잔하게 그려지고 있지만 에피소드의 배경과 소품에 나타나 있는 역사적 배경은 어느 성장영화보다 더 분명하게 드러난다. 〈인어공주〉(2004)를 통해 부모의 젊었을 적 풋풋한 사랑을 만나면서 딸이 어머니와의 유대를 회복하는 과정을 그렸던 박흥식 감독은 이 영화를 통해서 청소년기 소년이 어머니의 죽음을 통해 어머니의 사랑을 이해하고 화해하는 성장을 그리고 있다. 〈사랑해, 말순씨〉에서 중학교 1학년생 광호를 자연스럽게 연기한 이재응은 제51회 아시아태평양영화제(2006)에서 남우주연상을 수상했으며, 실제로 다운증후군[2] 장애인인 강민휘는 이 영화를 통해 정식으로 배우로 데뷔했다.

〈사랑해, 말순씨〉는 1979년 열네 살 중학교 1학년 광호가 1980년 중학교 2학년까지 청소년기 초기 성장을 겪는 과정을 그리고 있다. 영화는 1979년 10월 26일 박정희 대통령 유고일부터 시작한다. 아버지는 중동에 돈 벌러 가고 (갔다고 하기만 실제적으로 부재 상태) 광호는 화장품 방문판매원 엄마와 다섯 살 여동생과 함께 산다. 립스틱을 새빨갛게 바르고 괴물같이 눈썹도 밀어버린 엄마, 신문에 난 '박정희 유고'라는 말도 무슨 뜻인지 모르는, 후루룩 소리를 내면서 커피를 마시는 엄마 김말순 씨가 광호는 부끄럽다. 우아하게 커피를 마시는 친구엄마가 우리 엄마였으면 좋겠다고 생각하고, 버스에서 자리 났다고 크게 이름을 부르는 엄마를 모르는 체한다. 문간방 은숙 누나의 티셔츠 사이로 보이는 가슴골과 목덜미에 눈을 떼지 못하고 누나와 팔이 닿는 순간 이 누나를 위해서라면 뭐든지 할 수 있다고 광호는 생각한다. 은숙 누나 꿈을 꾸다 살짝 지린 속옷을 신문지에 싸서 남의 집 담장에 찔러놓는데 동네 바보 형 때문에 탄로가 난다. 혼자 있고 싶다. 느닷없이 행운의 편지를 받은 광호는 은숙 누나, 동네 바보 형, 엄마, 소꿉친구에게 행운의 편지를 쓴다. 답장을 안 쓰면 유고다.

그런데 은숙 누나는 갑작스런 오빠의 사망 소식에 광주로 내려가고 동네 바보 형은 지나가던 여자 앞에서 바지를 내려 어디론가 잡혀간다. 어릴 적 소꿉친구는 학교에서 선생님에게 반항하여 학교에서 퇴학당하고 매일 부엌에서 한 움큼씩 약을 먹던 엄마는 세상을 떠난다. 언제나 같은 모습으로 자신의 주변에 있을 것만 같던 그들이 차례로 사라져간다. '내 잘못인가', '나 때문인가' 하며 혼란스럽다. 이제 광호 옆에는 엄마 헌 치마에 코를 박고 엄마 냄새를 맡고 있는 여섯 살짜리 동생과 광호가 엄마 생전 술에 취해 발그레해진 볼을 한 채 서로 껴안고 내뱉은 한마디 '엄마, 사랑해'뿐이다.

사회복지 관점에서 영화 보기

이 영화는 갑자기 닥치는 이상스러운 신체적·감정적 변화 속에서 새로운 세상에 대한 호기심과 동경 등을 경험하면서 따스한 어지럼증을 겪는 광호의 사춘기를 그려내고 있다. 이 사춘기는 어머니의 죽음을 통해서 너무나도 익숙한 세계와 이별하고 그 이별을 어머니의 옷 냄새에서 느껴지는 따뜻함으로 마무리한다.

청소년은 자신의 내적인 변화와 외부 환경적 변화 등 끊임없이 새롭고 낯선 세계와 만나고 부딪히면서 나의 과거의 존재와 세계가 무너지는 것을 경험한다. 익숙한 세계와 이별하고 담담한 모습으로 새롭게 세상을 마주하는 것, 그것이 성장이다. 상실이 없으면 성장도 없다. 상실과 만남 사이에서 끊임없이 생각하고 고민하며 새로운 삶을 살아갈 용기를 내는 것, 그것이 성장 아닌가?(엄기호, 2010)

우리는 울타리 안에서 있을 때 안전하다고 생각한다. 그러나 그 울타리 밖 새로운 세계가 궁금하다. 영화감독 방은진은 한 케이블 TV 다큐멘터리 프로그램에서 "자신을 묶고 있던 끈을 끊고 담을 넘어가는 순간 눈앞에 새로운 세계를 확인한다. 그 울타리 너머에 행복이 있다. 하지만 아니면 어떠리……"라고 했다. 자기만의 세계에서 너머의 세계로 나아가는 것, 그것이 성장이 아닐까? 험하더라도, 그리고 힘들더라도.

아이 껍데기를 벗어나서
청소년기는 제2의 성장급등기(age of second growth spurt)라는 급격한 신체적 성장을 보인다. 신체 각 부분의 성장이 조화롭게 균형 잡히지 않아 일시적으로 불균형한 모습을 보이기도 한다. 신체적 성장급등과 더불어 이 시기에 나타나는 성적 성숙을 흔히 사춘기라고 한다. 이 시기에 테스토스테론(testosterone)이나 에스트로겐(estrogen)이라는 호르몬이 뇌하수체에서 분비되어 급격히 생식선의 성숙이 시작된다. 소녀들의 초경과 소년들의 첫 사정 경험은 이들에게 불안감, 당혹감, 수치심, 죄책감 등의 부정적인 정서를 동반하기도 한다.

이 영화에는 열네 살 중학교 1학년 소년 광호와 친구들이 이 시기에 2차 성징을 경험한 에피소드들이 유쾌하게 그려져 있다. 2차 성징이 나타나면서 광호의 일상에 봄바람과 같은 살랑임이 나타난다. 자신들만의 공간인 동네 뒷산 공터에서 자신들의 신체에 나타난 성적 변화에 대해 얘기하고 성인잡지를 보면서 여인의 신체에 대해 호기심을 가진다. 광호는 옆방 보조간호사 은숙 누나의 머리 냄새가 좋다. 세수하느라 몸을 굽힌 사이로 보이는 은숙 누나의 가슴골에 눈길이 떨어지지 않는다. 은숙 누나와 팔이 닿았을 때 느낀 보드라운 살과의 접촉. 뭔가 절실한 감정이 끓어올랐다. 누나를 지켜야 한다는……. 은숙 누나는 광호의 첫사랑이다. 옆방 누나의 뽀얀 가슴에 얼굴을 파묻고 있는 꿈을 꾼 광호는 첫 몽정을 경험한다. 몽정으로 팬티를 적신 후 당황한 광호는 속옷을 신문지에 싸서 동네 담벼락 틈새에 버리다 동네 바보 형에게 들키고 엄마에게 들통이 난다. 엄마는 대견한 듯 '괜찮아, 건강하다는 거야'라고 웃으며 말하지만 광호는 쥐구멍에라도 들어가고 싶다. 창피하다. 뭐가 뭔지 모르겠다. 다 귀찮고 심드렁하다. 엄마는 "왜 그렇게 만날 자빠져 있어?" 나무란다. 광호는 집에서 뭔가 불만스럽고 다 싫어 식구들에게 툴툴거린다. 그러다가도 자장밥 한 그릇에 그만 어린아이가 된다.

혹시 마지못해 끌려나온 듯 엄마와 함께 패스트푸드점에 어색하게 앉아 있는 남자 중학생들의 표정을 본 적이 있는가? 그들은 대개 입술은 불만으로 나와 있고 마주한 엄마를 보고 눈을 맞추는 것이 아니라 딴 곳을 보고 고개를 숙이고 눈살을 찌푸리고 있다. 광호 역의 아역배우 이재응은 우리가 주변에서 볼 수 있는 사춘기 남학생의 모습을 생생하게 연기한다. 청소년기의 일반적 정서적 특성은 감정의 기복이 심하고, 사소한 일에 예민하게 반응하며 심리적으로 불안정하다. 남을 의식해 수줍기도 한 반면 이를 감추기 위해 과장된 행동을 보이기도 한다(이혜원 외, 2008). 뭔가 어딘가 불균형이다. 익숙하던 아이 껍데기를 벗고 어른 껍데기를 얻어 입기는 했는데 몸에 익숙하고 맞지 않아 어색하고 불편하고 불만인 표정. 아이와 어른의 얼굴이 공존하고, 의존성과 독립이 공존하는 전환기적 모습이 이 영화 속 광호의 표정이다. 우리는 광호의 얼굴과 몸짓을 통해 보통 사춘기 소년의 모습을 그대로 들여다볼 수 있다.

상실을 통한 성장

광호는 어느 날 행운의 편지를 받는다. 이 편지를 받은 후 4일 안에 일곱 명에게 행운의 편지를 보내지 않으면 '유고'다. 광호는 자신이 행운의 편지를 보낼 일곱 명을 선정하느라 고민한다. 엄마, 아랫방 은숙 누나, 동네 바보 형, 어릴 적 동네 친구 태호……. 이들에게 행운의 편지를 보낸다. 행운의 편지의 대상은 광호의 과거 세계이다. 광호가 행운의 편지를 보내는 대상은 자기가 제일 좋아하기도 하고 귀찮아하거나 안타까워하거나 싫어하는 사람들이다. 어쨌거나 지금까지 광호 곁에 늘 있었던 울타리이며 과거이자 현재이다. 광호가 행운의 편지를 보낸 이들이 어느 날부터 하나하나씩 광호 곁을 떠난다.

광호는 엄마가 창피하다. 눈썹을 밀어 괴물 같다. 버스 안에서 자리 났다며 큰소리로 자기 이름을 불러대는 엄마는 차라리 모르는 사람이었으면 좋겠다. 우리 엄마 대신 우아한 친구엄마가 내 엄마였으면 한다. 지겹다. 만날 '밥 먹었니' 그 말밖에는 할 말이 없는 엄마……. 그 엄마가 지겹다. 엄마가 지겹게 느껴진다는 것은 이제 엄마로부터 정서적으로 독립할 시기가 되었다는 첫 신호이다. 여섯 살 광호동생은 엄마 치마폭에서 행복을 느끼는 '따라쟁이'이다. 사춘기 소년은 이제 '엄마 따라쟁이'도 아니고 엄마가 자랑스럽지도 좋지도 않다. 엄마로부터 벗어나고 싶은 나이이다. 이 시기의 성장은 청소년 측에서 엄마로부터 정서적 이유(psychological weaning)를 하려고 한다. 이 영화에서 엄마는 병으로 세상을 떠나지만 이 상실은 주인공 광호의 성장을 돕는다. 성장에는 책임이 동반된다. 성장한다는 것은 이제까지 자신이 누군가에게 의지해온 상태에서 벗어나는 것만 의미하는 것이 아니라 이제는 다른 사람에 대해 책임을 가져야 한다는 것을 의미한다. 쌀 씻는 바가지에 자신의 반만 한 동생의 작은 손이 올라가는 장면은 소년 광호가 이제 다른 사람을 등에 업고 가야 하는 책임감을 가진 성인으로 차츰 성장해가는 과정의 시작임을 보여준다.

아랫방에 사는 은숙 누나는 광호 마음의 첫사랑이다. 은숙 누나는 광호의 답답한 일상에 활력을 준다. 은숙 누나라면 언제든지 자신이 지켜주리라 마음먹었다. 그런데 그런 은숙 누나에게는 멋진 남자친구가 있다. 남자친구를 만날 때 누나의 표정은 더없이 행복하다. 그 순간 실연의 아픔을 겪는다. 불행해져라, 저주도 해본다. 잊자. 잊자. 실연의 상실을 견뎌내는 것, 상처를 이겨내는 것. 이렇게 소년 광호는 성장한다.

동네 바보 형 재명과 엄마는 닮았다. 어쩌면 그 둘이 친부모와 자식 사이일지 모른다고 생각할 정도로. 이 둘은 무식하고 광호에겐 지긋지긋하고 지겹다. 없어졌으면 좋겠다. 재명이 동네 골목에서 여자 앞에서 바지를 내리는 일이 일어난 후 어느 날 보건소에서 나온 사람들이 억지로 재명을 하얀 차에 실어간다. 하지만 정작 그가 떠나갈 때 광호는 그냥 쳐다보는 것 외에는 아무 도움도 못 되어 미안하고, 재명이 없는 동네는 허전하다. 어릴 적 친구 태호도 마찬가지이다. 태호는 학급 분실사고의 의심을 받고 퇴학당한다. 광호는 어쩌면 선생님에게 자신이 고자질하여 학교를 그만두게 했을지도 모른다는 생각에 미안하다. 모든 게 나 때문일까? 이들이 곁을 떠나가 버리는 것을 손 놓고 보기만 하는 광호는 자신이 무력하게 느껴진다. 광호는 그들이 없어지기를 바랐지만, 어쩌면 그들은 항상 옆에서 광호의 어리광을 받아주는 존재였을 것이다. 그들과 원하건 때로는 원하지 않았더라도 이들과 이별을 한다. 그렇게 소년은 자신의 과거세계와 이별하고 울타리 너머의 세계로 당당하게 한 발 내딛으며 성장해나가는 것이다. 그런 의미에서 이 영화의 영어 제목 'Bravo, My Life'가 마음에 와 닿는다.

영화 속 역사적 배경을 통해 영화 다시 보기

청소년이 자신의 정체성을 갖게 되는 데는 가정에서부터 학교, 지역사회 등 환경의 영향이 크다. 여기에 자신이 성장할 당시의 시대적·정치적 상황 또한 환경으로서 청소년의 정체성 형성에 영향을 미친다. 브론펜브레너(Bronfenbrenner)는 개인에게 영향을 미치는 환경적 체계를 미시체계, 중시체계, 거시체계, 외체계, 시간체계로 보았다. 이 영화는 어느 다른 청소년 성장 영화보다 시간체계(chrono-system)에 해당하는 시대적 상황에 대한 묘사가 많다. 박정희 대통령 유고, 김재규 사형 구형, 전두환 대통령 취임, 프로야구 시작 등.

이 영화에서 이러한 시대적 상황은 어린 소년의 삶에 당장 직접적 영향을 미치지는 않는다. 하지만 소년이 지내온 그 시대의 가치관, 신념 등은 소년의 가치관의 기반을 형성한다. 박정희 대통령 유고 시 우리나라 전체가 장례분위기였다. 거의 모든 학교에서는 수업을 중단하고 추모음악을 틀어주었다. 태어날 때부터 계속 대통령이었던 유일한 사람이 죽었다는 것은 가히 왕조시대 임금의 서거만큼이나 온 나라가 침울할 일이었다. 군부독재 종식과 민주화를 열망하던 국민을 제외하고는. 독재 시대는 갔지만 그 독재정권이 남긴 억압적 분위기는 학교와 지역사회 분위기에 곳곳에 여전히 남아 지속적으로 영향을 미친다. 학교에서 대청소를 하던 광호가 떨어진 박정희 대통령 사진틀 뒤에 여전히 선명히 나타나 있는 박정희 대통령 환영에 깜짝 놀라는 장면은 여전히 박정희 정권이 이 사회 벽 속에 남아 유령처럼 존재한다는 의미를 상징적으로 처리한 것으로 해석할 수 있다. 대통령 유고라는 비상계엄 상황은 학교의 분위기를 경직시키고 학생들을 강하게 통제한다. 이런 분위기 속에서 친구 태호는 퇴학당하고 동네 바보 형은 부모로부터 격리되어 정신병원으로 끌려간다.

이 시대적 상황은 당장 소년에게 영향을 미치지는 않지만, 정상이 아닌 사람을 분리시키고 사회의 낙오자는 가차 없이 쳐내는 경직된 사회분위기 속에서 우리를 현실에 수동적이고 순응적으로 길들이던 1979년에서 1980년 사이의 현실을 보여주고 있다. 이 영화에서는 당시의 역사적 사회적 상황이 주인공 광호에게 당장 직접적인 영향을 준 것으로 나타나 있지는 않지만 그 안에서 겪은 역사적 경험이 광호의 정체성을 형성에 영향을 주었으리라는 것은 당연하다.

〈프레셔스(Precious: Based on the novel 'Push' by Sapphire)〉

감독   리 다니엘스
주연   모니크, 폴라 패턴, 가보리 시디베, 머라이어 캐리
제작 연도   2009년
상영시간   109분

　흑인 여성 작가 사파이어의 성장소설 『푸시(Push)』(1996)를 영화화한 〈프레
셔스〉는 세상으로부터 무참히 학대당하고 조롱당하며 인간 이하의 대접을 받
는 한 비만 미혼모 흑인소녀 프레셔스의 이야기이다. 이 영화의 제목인 프레
셔스는 여러 가지 의미를 함축하고 있다. 소중하고 고귀한(precious) 생명으로
태어났으나 소중하기는커녕 인간 이하의 취급을 받으며 자란 소녀가 자신을
소중하게 믿고 지켜봐 주는 사람을 만나 진정으로 소중한(precious) 자신을 발
견해간다. 이 영화는 2010년 미국 독립영화계의 오스카상이라 불리는 '인디펜
던트 스피릿 어워즈(independent spirit awards)'에서 최우수작품상, 감독상, 여
우주연상, 여우조연상등 5개 부분을 석권했다. 이 영화에서 소녀 프레셔스를
학대하는 어머니 메리 역할을 맡은 모니크는 2010년 아카데미, 골든 글로브,
미국 전 지역(전미, 뉴욕, LA, 시카고 등) 비평가협회에서 주는 여우조연상을 휩
쓸었으며 주인공 프레셔스 역을 맡은 뚱뚱한 외모의 가보리 시디베는 스타로
부상했다. 소설 원작자 사파이어, 제작자인 오프라 윈프리, 감독인 리 다니엘
스, 주조연 배우들이 거의 흑인으로 블랙파워를 느낄 수 있는 영화이다. 특히
흑인 혼혈인 머라이어 캐리도 극중 사회복지사로 출연한다. 우리나라에서는

개봉되지 않았으나 2010년 서울 G20 정상회의 성공기원 영화대축제 시 미국의 대표영화로 상영되었다.

◤ 줄거리

1987년. 엄청난 비만의 16세 미혼모 소녀 '프레셔스(Precious)' 존스는 뉴욕의 빈민가에서 아무런 희망 없이 살아간다. 그녀는 친아버지로부터 성폭행을 당하여 다운증후군 딸을 낳았고 현재는 두 번째 임신 중에 있다. 약물중독인 어머니 메리는 프레셔스와 그의 장애아 딸 덕에 정부로부터 생활보조(AFDC)를 받아 살아간다. 어머니는 프레셔스가 자신의 남편을 빼앗아 갔다고 증오하면서 끊임없이 정서적·육체적 학대를 가함으로써 분노를 폭발하고 있다. 집에서 학교에서 프레셔스는 무참히 학대당하고 조롱당한다. 프레셔스는 수학을 곧잘 하지만 글을 읽고 쓰지도 못하는 문맹이다. 그녀의 두 번째 임신 사실을 알게 된 학교에서는 프레셔스에게 정학을 통보하고 대안학교를 안내한다. 스스로 대안학교를 찾은 프레셔스는 그곳에서 레인 선생님을 만나 글을 익히게 된다. 여기서 자신의 이야기를 글로 쓰면서 진정으로 자신을 소중하게 여기는 방법을 알게 되고 삶의 희망을 가지게 된다. 친아버지가 AIDS로 사망했다는 통보를 받고 자신도 AIDS 환자라는 사실을 통보받지만 두 번째 아이를 낳고 두 아이의 어머니로서 새로운 삶을 향해 꿋꿋이 나아간다.

◤ 사회복지 관점에서 영화 보기

'이 세상에서 소중한 모든 딸들에게(For precious girls everywhere)' 바치는 이 영화는 '모든 것은 우주로부터의 선물이다 ─ Ken Keyes, Jr.[3]'라는 글귀로 시

작한다. 우주의 선물인 모든 생명과 여성들에 대한 따뜻한 시선으로 그려진 영화이다. 이 영화에 등장하는 주요 인물들은 모두 여성이다. 주인공인 흑인 미혼모 소녀 프레셔스, 남편의 친딸에 대한 성폭행을 지켜보면서 그 분노로 딸을 학대하는 프레셔스의 어머니, 부모와의 갈등을 겪어내고 대안학교에서 학생들의 잠재력을 이끌어내는 동성애자 레인 선생님 등……. 이 영화는 저마다의 아픔을 고통 속에서 이겨내고 일어서는 여성들의 모습을 우주의 선물로 소중하게 받아들이게 한다.

역경 속에서 발휘되는 탄력성

줄거리를 통해서 보았듯이 이 영화는 문맹이며 비만인 미혼모 흑인소녀 프레셔스가 친아버지로부터는 성학대를, 친어머니로부터는 정서적·신체적 학대를 당하고 있음에도 대안학교에서 교육을 통해 자신을 발견하고 삶의 희망을 찾아가는 이야기를 담고 있다. 이 영화에서 우리는 프레셔스의 성장과정을 통해 탄력성(resilience)이 무엇인지 본다.

프레셔스의 상황은 지독히도 폭력적이어서 프레셔스가 그 상황에서 그저 살아내는 것이 대견할 정도이다. 프레셔스는 뉴욕 빈민가에서 어머니 밑에서 자란다. 프레셔스는 세 살부터 친아버지에게 성폭행을 당하여 아버지의 아이를 10대 초반에 낳았고 지금 16세에 친아버지의 두 번째 아이를 낳는다. 첫째 아이는 다운증후군 장애를 가지고 태어났다. 친어머니는 프레셔스가 자신의 사랑을 빼앗아갔다는 증오심을 가지고 있다. "너같이 미련한 년은 아무짝에도 쓸모가 없어", "넌 내 인생을 죄다 망쳐놨어" 등 갖은 험담을 퍼붓고 프라이

➡ 탄력성(resilience)

탄력성은 개인이 파괴적이고 스트레스가 되며 시련이 되는 생애사건에 대해 이를 회복하고 곤경을 견디며 자신을 치료하는 자기보정과 성장과정이다. 탄력성 촉진 요인은 내적 보호요인과 환경적 보호요인으로 나눌 수 있다. 내적 보호요인은 생활기술 활용능력, 창의성, 자율성, 독립심, 개인적 미래에 대한 긍정적인 견해, 자기동기부여, 도덕성 등이며, 환경적 보호요인은 친밀한 유대, 교육 장려, 온정적이고 보살핌을 주는 사람과의 지지적 관계, 목표설정과 성취장려 등이다. 탄력성의 여러 요인 중 어느 한 가지 만으로도 시련 극복을 위해 충분하며 부가적인 탄력성들은 초기의 한 가지 장점으로부터 발전한다(Henderson · Milstein, 2008).

➡ AFDC(Aid to Families to Dependent Children)

1935년부터 1996년까지 미국에서 시행되었던 AFDC는 저소득가정의 아동에게 재정적 지원을 하는 공공부조 프로그램이다. 초기에 미국 사회보장체계의 한 부분으로 시작되었으나 이후 주요한 복지제도로 확대되었다. 하지만 미혼모의 확산, 여성의 근로의욕을 저하시킨다는 비판 속에 이 프로그램은 폐지되고 1996년에 더욱 제한적인 TANF(Temporary Assistance for Needy Families)로 대체된다.

팬, 심지어 TV까지 던지는 등 친어머니라고는 생각을 하지 못할 정도의 갖은 언어적 · 정서적 · 신체적 학대를 가한다. 프레셔스 가정은 미혼모인 딸과 장애인 손녀를 자신이 부양한다는 구실로 정부보조금 AFDC 지원을 받아 생활을 겨우 유지한다. AIDS로 사망한 친아버지의 성적 학대로 프레셔스 자신도 AIDS 양성반응 환자이다.

개인을 파괴시킬 수 있는 시련이 있을 때 탄력성은 발휘된다. 프레셔스는 동네 아이들이 자신을 넘어뜨리고 놀릴 때 자신의 긍정적인 미래에 대한 확신을 가지고 있다. 프레셔스는 상상하기조차 어려운 폭력적 상황에서도 다음과 같은 낙관적인 생각을 가지고 견뎌낸다.

> 가끔은 그냥 죽어버리고 싶을 때가 있다.
> 하지만 난 분명 행복해질 거다. 나는 위를 올려다보며 사니까.
> 저기 하늘에 계시는 분이 어제보단 괜찮은 오늘을 만들겠지.
> ─내레이션 중에서

프레셔스가 마냥 이런 확신을 가지기에는 현실은 녹록지 않다. 영화 초기에 등장하는 프레셔스의 표정은 너무나 무덤덤해서 무슨 생각을 하는지 무슨 감정을 가지고 있는지 아무것도 나타나지 않는다. 그녀가 이 환경을 힘겹게 생각하기는 하는 걸까? 하는 생각이 들 정도이다. 프레셔스의 무덤덤한 표정은 자신의 참혹한 현실을 그대로 인정하고 싶어 하지 않는 것을 보여준다. 현실을 인정하는 순간 무너질 것 같기에 현실을 받아들일 수 없는 것이다. 현실을 외면하고 감정을 억압하면서 현실로부터 자신을 분리시킨다. 프레셔스는 친아버지가 자신을 성폭행하고 친어머니가 학대를 하는 등 자신이 현실을 받아들이기엔 극도로 견디기 힘들 때 상상(fantasy)이라는 대처기제를 동원한다. 상상은 프레셔스가 지옥 같은 현실에서부터 자신을 보호할 수 있는 자기방어기제이자 자주 쓰는 대처기제로 등장한다. 베일런트(Vaillant)에 의하면 내적·외적 갈등을 해결하기 위해 환상으로 후퇴하는 경향이 있으며 이것은 미성숙한 방어기제이지만 청소년에게는 정상적이라고 했다(http://en.wikipedia.org/wiki/Defence_mechanism). 프레셔스에게 상상은 레인 선생님을 만나기 전에 그녀가 살아갈 수 있는 유일한 출구였다. 대안학교에서 레인 선생님은 프레셔스에게 동화 쓰기를 통해 글을 가르친다. 동화 쓰기는 암담한 현실 속에 있는 대안학교 학생들에게 상상, 환상이라는 기제를 활용하여 자신의 상처를 회복하고 자신에 대한 긍정적인 생각을 갖도록 하는 교육적 방법으로 사용된다.

프레셔스가 두 번째 임신 사실을 안 학교에서는 정학을 통보하고, 대신 대안학교(Each One Teach One)를 소개한다. 어머니는 학교 따위는 아무 짝에도 쓸모가 없는 곳이라고 학교를 못 가게 하지만 프레셔스는 스스로 대안학교를 찾아간다. 긍정적으로 자기 미래를 찾아 나서는 프레셔스의 주도성과 독립성은 역경을 이겨낼 수 있는 탄력성 중 내적 보호요인이다. 프레셔스는 자신이 에이즈 양성 반응으로 죽을지 모른다는 사실을 알고도 모성애를 가지고 희망을 갖는다. 글을 읽을 줄도 모르던 프레셔스는 특별학업 성취상을 받고 ABC 여왕이 되며 대학 진학의 꿈을 갖는다. 무엇보다 프레셔스가 좋은 어머니가 되기 위해 두 아이를 데리고 용감하게 자신의 미래로 한 걸음 한 걸음 내딛는 마지막 장면은 이제 프레셔스가 희생자(victim)가 아닌 생존자(survisor)이자 인생의 승자임을 확인시켜준다.

탄력성을 촉진시킬 수 있는 환경적 요인 중에 사회적 지지가 있다. 프레셔스의 사회적 지지로 여러 명의 교사가 등장한다. 프레셔스가 대안학교로 전학하기 전 수학을 담당했던 위처 선생님은 그녀의 잠재력을 인정해주었고 교장선생님은 대안학교를 소개해준다. 드디어 대안학교에서 프레셔스는 레인 선생님을 만나 인생의 획기적 전환기를 맞는다. 레인 선생님은 프레셔스에게 "네가 가장 먼저 돌봐야 할 사람은 바로 네 자신이라고 생각한다"며 아무것도 할 수 없다는 프레셔스에게 자신의 장점을 생각해보도록 좌절하지 말고 힘을 내라(push yourself)고 끊임없이 격려한다. 갓난아기와 거처할 곳이 없는 프레셔스에게 사회복귀시설(halfway house)에 머물 수 있도록 주선해준 사람도 레인 선생님이다. 그녀는 프레셔스가 가장 중요한 것은 자기 자신임을 깨닫게 해주고, 있는 그대로의 자신을 사랑하도록 해준다. 프레셔스는 레인 선생님으로부터 암담한 현실에서 빠져 나올 수 있는 빛을 발견하게 된다.

어떤 사람들에게서는 주변사람을 밝게 해주는 밝은 빛이 난다. 하지만 그들도 원래는 어두운 터널 안에 갇혀 있었을 것이다. 그 터널 안에서 자기가 의지할 수 있는 유일한 빛은 오직 자기 내면의 빛이었을 것이다. 그런 경험 때문에 그 터널에서 빠져나온 뒤 한참이 되었어도 그들은 여전히 누군가를 위해 자신의 빛을 나눠주고 있다. 나에게 그분은 바로 레인 선생님이다.

영화 속 사회복지사

영화 〈프레셔스〉에는 사회복지사가 등장한다. 그동안 〈아이 엠 샘〉 등 몇몇 영화 속에 등장하는 사회복지사는 법률에 의거해서 부모로부터 아동을 격리시키는 등 매우 고지식하고 규격에 엄격한 모습으로 등장했다. 주인공과 대화를 오랫동안 주고받는 사회복지사는 영화 속에서 보기 드물었다. 이 영화에서 사회복지사 미시즈 와이즈는 프레셔스 가정의 복지 자격을 심사하고 복지금을 결정하는 역할을 한다. 심사 상담 과정 중 미시즈 와이즈는 프레셔스에게 공감적 태도와 객관적인 태도를 유지함으로써 프레셔스가 누구에게도 말하기 어려운 성학대 피해 사실을 말로 표현하도록 한다. 그리고 상담 과정 중 문제의 초점을 벗어나지 않도록 초점화함으로써 프레셔스의 어머니가 프레셔스에게 가해지는 성학대를 묵인하고 막아주지 못했다는 것을 시인하도록 했다. 이 영화에서 사회복지사 미시즈 와이즈는 가수 머라이어 캐리가 연기했다. 가수로서 늘 화려한 모습을 보여주었던 머라이어 캐리가 절제된 공감과 객관적인 태도의 평범한 사회복지사로서 새로운 모습을 보여준다.

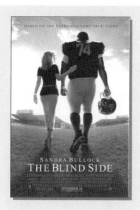

〈블라인드 사이드(Blind Side)〉

감독   존 리 행콕
주연   산드라 블록, 퀸턴 애론
제작 연도   2010년
상영시간   128분

　영화 〈블라인드 사이드〉는 2009년 프로미식축구(NFL) 1차 드래프트에서 지명되어 볼티모어 레이븐스에서 뛰고 있는 마이클 오어(Michael Oher)의 성공 실화를 다루고 있다. 마이클 루이스의 『블라인드 사이드: 경기의 진화』가 원작이다. 빈민가 길거리를 전전하며 노숙하던 한 흑인 소년을 입양해 친가족처럼 보살펴 스포츠 스타로 키워낸 리 앤의 이야기를 담은 영화이다. 이 영화는 마이클이 스스로 역경을 극복한 이야기라기보다는 마이클에게 따뜻하게 가정의 일원으로 받아들여 온정을 베푸는 리 앤에게 초점을 맞춘다. 이 영화는 성공신화, 화목한 가정의 소중함, 스포츠(미식축구) 등 할리우드 영화가 선호하는 흥행 요소를 두루 갖추고 있어 2009년 아카데미 작품상 후보에까지 올랐다. 보수적인 부유층 가정의 어머니 리 앤 역할을 맡은 산드라 블록은 이 영화로 2009년 아카데미와 골든 글로브에서 여우주연상을 받았다.

▶ 줄거리

　마이클은 아버지가 누구인지도 모르고 자랐으며 알코올과 마약중독인 어머니와도 일곱 살의 어린 나이에 격리되었다. 이후 마이클은 위탁가정을 전전했고 학교는 열한 차례나 옮겨야 했다. 지능이 IQ 80으로 하위 6%에 속했으나 다행히 마이클의 신체조건과 운동능력을 눈여겨본 체육교사 덕에 사립학교에 전학하게 된다. 거구의 마이클이 마음 편히 몸을 누일 곳은 없었으며 주위에 온통 백인들로 둘러싸여 외톨이 신세이다. 추운 날씨에 낡은 여름 티셔츠 바람으로 학교체육관에 추위를 피하려는 마이클을 발견한 그 지역의 부호 리 앤은 마이클을 집에 데려온다. 공화당을 지지하는 보수적인 가풍의 리앤 가정에서 마이클은 처음 가정의 따뜻함을 느끼고 차츰 한 가족이 되어간다. 마이클을 정식으로 입양한 리 앤은 마이클의 소질을 발견하고 미식축구 최고의 스타로 성장시킨다. 영화는 오어가 볼티모어 레이븐스 팀의 지명을 받는 실제 장면으로 막을 내린다.

◢ 사회복지 관점에서 영화 보기

블라인드 사이드의 이중적 의미: 사각지대에서 사각지대 보호로

이 영화의 제목이 내포하는 이중적 의미를 풀어내는 것은 이 영화를 보는 하나의 재미이다. 블라인드 사이드는 미식축구의 포지션을 의미하면서, 동시에 우리 사회의 취약계층을 암시하기도 한다.

미식축구에서 가장 중요한 포지션은 공격의 야전사령관격인 쿼터백이다. 미식축구에서 플레이의 결정은 쿼터백의 시야이다. 이런 쿼터백이 스스로를 방어하기 어려운 시야, 활동의 사각지대가 블라인드 사이드인데 이것이 시합의 결정적 역할을 한다. 마이클 오어의 포지션은 위험지대를 보호해주며 공을 들고 상대 진영으로 돌진하는 러닝백의 공격루트를 열어주는 오펜시브 라인맨(레프트 태클)으로 쿼터백 시야의 사각지대를 보호하는 것이다. 한편 사회

복지에서 사각지대란 우리 사회가 마땅히 보호해야 할 대상임에도 미처 돌봄이 제공되지 못하는 취약계층을 의미한다. 마이클은 아동과 청소년기에 취약계층의 위치에서 사회의 사각지대에 놓여 있는 상황이었지만, 이제 자신이 미식축구 경기에서 사각지대를 보호하는 역할을 완벽하게 수행하고 있다. 복지 사각지대 안에 있던 청소년이 이제 사각지대를 완벽하게 보호하는 역할을 하는 아이러니가 현실화되는 과정에서 여러 가지 힘이 어떻게 작용하는지에 대해 생각해보는 것이 이 영화를 감상하는 재미이다.

마이클의 정체성 위기와 성장

이 영화는 마이클의 자기 성장 부분을 가장 주요하게 다루고 있지는 않지만 마이클이 자기 정체성에 대해 의문을 가지기 시작하고, 혼란을 거쳐 정체성을 확립해나가는 과정을 영화 속에서 찾을 수 있다.

마이클이 위탁가정과 교사들의 도움으로 사립학교에 다닐 수 있게 되었지만 그가 처한 새로운 환경은 온통 사방이 새하얀 벽(White Wall)일 뿐이다. 자신과 환경은 서로 섞이지 못하고 서로 전혀 상관없이 겉돈다. 마이클은 자신의 참담함을 이렇게 적고 있다.

> 바라보니 사방이 하얀 거다.
> 하얀 벽, 하얀 바닥, 많은 하얀 사람들. (중략)
> 화장실에 가서 거울을 보며 말한다.
> "이건 마이클 오어가 아냐."

청소년기에 "어떤 모습이 진짜 나일까?" 등의 질문을 제기하며 답을 찾으려는 탐색과정을 통해 자신의 정체성을 재구성하게 되는데 에릭슨은 이것을 정체감 위기(identity crisis)라고 했다. 정체감 위기는 다른 방식으로 자기 자신을 바라보는 집중적 분석과 탐색이며 이것이 청소년기의 핵심과제이다. 백인들만 다니는 사립학교로 전학하여 자신이 누구인지 의문을 가지기 시작하는 시점이 마이클의 정체감 위기라고 볼 수 있다. 차츰 양부모의 온정 속에서 백인사회에 적응해나가던 중 마이클은 대학을 가기 위해 성적을 올려야 했고 에세이 시험 성적을 받아야 했다. 그가 쓴 에세이에서 자신은 남이 이끄는 대로 살 수 없음을 분명히 하고 있으며, 용기와 명예의 차이를 분명히 깨달아감을 볼 수 있다.

> 용기를 낼 수 있다. 잘못된 생각이나 실수로
>
> 그러나 물어선 안 된다. 어른이나 감독이나 교사에게
>
> 그들이 룰을 만드니까, 그들이 잘 알 수도 있고 모를 수도 있다.
>
> (중략)
>
> 늘 타인의 말대로 해야 하지 않나, 가끔 모르면서 하기도 한다.
>
> 그러니까 바보라도 용기를 낼 수는 있다.
>
> 그러나 명예는 진짜로 자신이 원하는 것을 하는 것이다.
>
> 그게 진짜 자신이고, 어쩜 되고 싶은 바일 것이다.

마이클이 자신의 정체성을 분명하게 갖게 되는 계기는 자기 선택을 통해서이다. 자기 선택은 체육협회 조사관이 미시시피 대학에 대한 조사를 하면서 이루어진다. '미시시피 대학 진학'이라는 양부모가 만들어놓은 길을 아무 의심 없이 따르다가 문득 이 길이 본인이 스스로 결정한 것인가에 대한 질문을 스스로 하게 된다. 그리고 양부모에게 '왜 내게 잘해주었냐', '당신들이 바라는 대로 날 하게 하려고 조종한 건 아니냐'고 묻는다. 자신이 가려는 학교를 스스

로 선택하게 되면서 분명히 자기 진로에 대한 자기 자신의 선택을 확인하게
된다.

마이클의 탄력성

마이클은 신장 184cm에 몸무게 142kg이라는 큰 덩치를 가졌다. 그래서 사
람들은 그를 빅 마이크라고 부른다. 하지만 그는 덩치만 컸지 소심하기 짝이
없는 순둥이다. 마이클은 매우 가학적이고 공격적인 환경에서 자랐지만 온순
하다. 영화에 나오는 스페인 우화 「송아지 페르디난도」는 온순한 마이클을
연상시킨다.

> 함께 사는 다른 송아지는 달리고 껑충 뛰고 머리를 서로 받았지요.
> 그런데 페르디난도는 아니었어요. 그는 조용히 앉아 꽃냄새 맡기를 좋아했
> 지요.

남다른 체격 조건을 가진 마이클을 눈여겨본 학교 코치와 양어머니 리 앤
은 일단 마이클을 미식축구 선수로 뛰게 하지만 마이클은 수비를 제쳐내지 못
한다. 나쁜 환경에서 자란 아이들은 대개 쉽게 폭력적이 되고 그것이 경기장
에서 나타나는데, 마이클에게는 공격성이 없다. 마이클은 온순한 송아지 페르
디난도이다.

과거를 잊는 능력, 아무에게도 화를 안 내고 과거 일은 상관을 안 하는 성격
은 마이클의 큰 강점이다. 과거 일에 대해 매달리지 않고 자신의 처지를 다른
사람의 탓으로 돌리지 않는 태도는 마이클의 친어머니가 자신이 마약을 하는
모습을 아들에게 보이지 않기 위해 마이클에게 생존방법을 알려준 데에서 생
겨난 것이다.

엄마가 마약할 때 내 눈을 감게 했지요. 그걸 끝내면 '내가 셋을 세면 눈을 떠……. 그럼 과거는 사라지고 세상은 밝아져, 그럼 다 좋아질 거다'.

마이클은 직업적성테스트에서 공감적 관계는 3%, 학습능력에서는 5%를 나타내 저조했지만 보호본능은 95%를 보인다. 마이클의 보호본능은 영화 내내 부각된다. 마이클은 7세에 마약중독인 친어머니로부터 강제로 분리되었다. 하지만 어머니와 분리된 후 어떤 위탁가정에 보내지더라도 밤에는 도망쳐 나와 친어머니를 찾아 돌보아준다. 마이클이 자동차 면허를 얻고 처음 차를 운전하던 날 사고가 난다. 이때 마이클은 에어백을 팔로 막아내어 조수석에 앉은 리 앤의 아들 SJ의 목숨을 구한다. 보호본능이 마이클의 최대 강점임을 확인한 리 앤은 쿼터백의 사각지대를 보호하는 포지션으로 적격임을 확인하고 신뢰한다. 미식축구 경기 규칙을 하나도 모르는 마이클에게 '팀을 가족이라고 생각하고 네가 가장 잘하는 지켜주고 막아내고 보호하는 역할을 해내라'고 격려하고 힘을 실어준다. 마이클은 자신이 가장 잘하는 역할을 경기에서 팀원으로 훌륭하게 발휘함으로써 인근 대학교 미식축구팀들에서 가장 탐내는 스카우트 대상이 되고, 마침내 레프트 태클로 미식축구의 스타가 된다.

2009 NFL 드래프트에서 볼티모어에 지명된 뒤 양어머니 리 앤과 껴안은 마이클 오어(왼쪽).

마이클 오어를 일으켜 세워준 사람들

한 청소년이 성장하기까지 중요한 성장의 고비마다 아동을 믿고 지원해주는 사람들이 나타난다. 마이클의 경우도 예외는 아니다. 자기 집 소파에 재워주고 자기 아이와 함께 입학할 수 있도록 학교로 데리고 온 해밀턴 씨, 마이클의 운동능력에 신뢰를 가지고 입학을 허가해준 커턴 감독, 학습 능력이 점차 향상되는 것을 눈여겨보고 믿고 도와주는 학교선생님들과 가정교사 미스 수가 있었다. 이들을 통하여 마이클은 인간에 대한 신뢰를 회복한다. 마이클 오어가 인간에 대한 신뢰를 회복하게 해준 사람 중 가장 큰 영향력을 준 사람은 리 앤과 그녀의 가족이다.

리 앤은 마이클에게 잠잘 곳과 먹을 것을 제공해준다. 그리고 마이클이 가지고 있는 능력을 발견할 수 있도록 도와준다. 무엇보다도 그녀는 그가 정말 원하는 것을 해주었다. 바로 그가 불리고 싶은 이름을 불러주는 것이다.

　- 빅마이크란 별명이 싫어요.
　- 그래, 마이크로 불러주마.

내가 불리고 싶은 이름으로 누군가 나를 불러줄 때 자신의 가장 기본적인 욕구가 인정된 것이기에 우리는 자신의 존재의 의미를 발견한다. 그리고 리 앤은 자신이 원하는 대로 마이클을 움직이려고 했던 태도를 반성하며 마이클이 원하는 것을 스스로 결정하도록 한다. '네 인생이니 네 결정이 중요하다'고 마이클의 자기 결정권을 인정하고 존중해준다. 이것이 진정 청소년의 편에 서는 일이다.

다른 시각에서 영화 보기

영화 〈블라인드 사이드〉는 사회의 사각지대에 버려진 흑인 청소년을 피부색을 넘어 사회의 편견을 넘어 진정한 인간애를 현실화시킨 실화를 영화화한 감동스토리로 각광을 받았다. 하지만 아래 인터넷 기사는 우리가 다른 시각에서 영화 〈블라인드 사이드〉를 보도록 해준다.

영화를 읽는 방법 중 하나는 영화의 주인공이 누구냐는 것이다. 대개 감독은 주인공을 통해 영화의 목적을 드러낸다. 관객은 주인공의 기쁨과 슬픔에 동조하기 마련이고 상황판단 기준 또한 주인공에게 둔다. 주인공이 영화의 이념이다.

부유층 백인 주부(산드라 블록)가 〈블라인드 사이드〉의 주인공이다. 그러니까 우리가 이 영화를 보는 것은 산드라 블록의 생각과 감정으로 이해한다는 것이고 그것이 이 영화의 목적이다(이정우, 2010).

우선 이 영화의 시각은 마이클을 입양한 양모인 리 앤에게 맞추어져 있다. 리 앤은 백인 부유층 가정의 부인으로 많은 것을 소유하고 있다. 그녀는 지적이고 부유하다. 마음이 넓은 백인 남편과 두 자녀는 마음이 따뜻하고 배려심이 있으며 긍정적이다. 이 영화의 지역적 배경은 미시시피이다. 미시시피 주는 전통적으로 목화 경작으로 유명한 지역이며 미국에서 과거 흑인 인구의 비중이 높은 곳 중 하나이다. 인종차별법과 인종차별주의가 미국에서 가장 늦게까지 남아 있었던 곳이며 그중 미시시피 대학은 백인우월주의, 인종차별이 가장 심했던 학교이다. 그렇기 때문에 미시시피 출신 부유층의 백인 부부가 거리의 흑인 소년을 입양한다는 설정은 매우 상징적인 의미가 있다(이형석,

2010). 이 영화는 계층과 인종을 넘어서는 인류애적 휴머니즘을 강조한다. 그러나 좀 더 자세히 들여다보면 계층과 인종의 벽을 허무는 선(善)을 행하는 것은 부유층 백인의 역할이라는 의미가 숨어 있다.

❖ 생각할 거리

1. 영화〈사랑해, 말순씨〉를 통해 청소년의 자기중심성이 바깥세계로 전환되는 과정을 논의해보자.
2. 영화〈프레셔스〉를 보면서 바람직한 사회복지사의 역할에 대해 논의해보자.
3. 영화〈프레셔스〉에서 제기되는 빈곤아동과 아동학대의 문제를 논의하고 학교사회복지의 역할에 대해 생각해보자.
4. 영화〈프레셔스〉와 〈블라인드 사이드〉의 등장인물 프레셔스와 마이클의 성격, 탄력성 및 환경을 비교·분석하라.
5. 영화〈프레셔스〉와 〈블라인드 사이드〉는 모두 청소년의 성장을 다루고 있지만 영화가 초점을 두고 있는 주인공에 있어서는 차이가 있다. 주인공을 중심으로 두 영화를 비교하라.

주

---

1 줄탁동기(啐啄同機)는 병아리가 알에서 나오려고 할 때 동시에 안팎에서 시로 쪼아야 한다는 뜻이다. 알 속에서 자란 병아리가 부리로 껍질 안쪽을 쪼아 알을 깨고 세상으로 나오려고 하는 것이 '줄'이며, 품고 있는 알 속의 병아리가 부리로 쪼는 소리를 듣고 어미닭이 밖에서 알을 쪼아 새끼가 알을 깨는 행위를 도와주는 것이 '탁'이다.
2 다운증후군(down syndrome)은 21번째 염색체가 정상보다 많을 때 나타나는 질병으로, 이 질병을 가진 아이는 천사처럼 봉사정신과 인내심이 강하다고 하여 이 병을 일명 천사병이라고도 한다.
3 켄 케인스 주니어(Ken Keyes, Jr., 1921~1995)는 미국의 개인성장 작가이며, 자조체계인 Living Love method의 창시자이다.

엄기호, 2010. 『이것은 왜 청춘이 아니란 말인가』. 푸른숲.

이정우. 2010.4.22. "백인 스스로 자화자찬, 언제나 선의 위치: 정우의 영화읽기." 광주드림. http://m.gjdream.com/news_view.html?c_type=week&page=1&news_type=413& uid=419531

이형석. 2010.4.15. "거리의 흑인 소년, 천사를 만나다."《헤럴드경제》. http://biz.heraldm. com/common/Detail.jsp?newsMLId=20100413000724

이혜원 외, 2008. 『청소년권리와 청소년복지』. 도서출판 한울.

Henderson, Nan, Mike M. Milstein. 2003. Resiliency in Schools; Making It Happen for Students and Educators(장승옥 역. 2008. 『학교사회복지와 탄력성: 학생과 교육자의 꿈 이루기』. 학지사).

08

청소년 퀴어¹로서 사랑하고 살아가기

윤혜미

청소년기 아이들은 참 할 일이 많다. 심리적·사회적·인지적 성숙이 가장 활발한 시기인데 이때 하필 몸도 매일이 다르게 변한다. 3개월 전에 산 운동화가 벌써 작아지고, 어느 날 아침엔 코밑 솜털이 눈에 띄게 짙어져서 그대로 두어야 할지 혹은 전날 편의점에서 충동구매한 일회용 면도기로 한번 밀어봐야 할지 고민된다. 꿈자리 뒤숭숭했던 날 아침 등교준비도 바쁜데 젖은 팬티는 어떻게 처리해야 할지 정말 난감하다. 야동 감상후기로 침 튀기는 덩치 큰 사춘기 남자아이들이 가득한 교실은 리비도로 충만하다. 인기 걸그룹 멤버 중 누구와 사귀고 싶은지, 목선 파인 옷 입고 들어온 교생의 가슴골을 훔쳐볼 수 있을지에 목숨 거는 또래들 사이에는 나도 걸그룹 누구처럼 매끈한 '롱다리'여서 미니스커트를 입을 수 있었으면, 교생선생님 입은 원피스를 입고 싶어 입이 마르는 남자아이도 있고, 앞에 앉은 동성 친구의 프로필을 훔쳐 보며 뛰는 가슴을 억누르는 아이도 있다.

자라나는 몸이 말해주는 자신에게 대부분의 청소년이 적응하지만 일부는 자기 몸이 남의 옷 입은 듯 거북하게 느껴지는 아이가 있고, 이 시기에는 이성 (異性)의 상대방에게 관심을 보인다는 청소년기 발달특성과 달리 동성(同性)에게 애달픈 사랑과 열정을 품게 되는 아이도 있다. 이들의 '내가 누구인지, 남자인지, 여자인지, 제3의 성인지'의 탐색과 발견은 보편성이 진리인 현실세계에 부딪히면서 좌충우돌, 상처 입고 약해지고 딱지가 앉고 새 살 돋는, '남과 다른 나'도 인정해달라는 고달프고도 벅찬 행로이다. 청소년기의 성정체성 확립과 성인기 문턱 넘기는 녹록하지 않아, 전형적이든 비전형적이든 본인들에게는 미로와 같다. 넘쳐나는 화장실 성문화 정보, 여전히 이중적이고 완고한 성 태도와 또 '가상적 환호와 현실적 혐오'로 표현할 수 있는 비전형적 성에 대한 편견으로 가득 찬 한국사회는 성적 소수자로 스스로를 발견해가는 청소년들이 항해하기엔 요령부득의 거친 바다이다.

그 과정과 결과가 긍정적이든 부정적이든 간에 세상 밖으로 점차 나오고 있는 한국사회의 동성애자와 트랜스젠더도 사회복지서비스의 수요자이지만 실천현장에도 양가감정이 갈등하고, 실천가의 다문화 역량은 잘 갖추어져 있지 않다. 최근 동성애에 대해 사회복지학·심리학·정신의학·사회학·인류학 등 학계의 학문적 관심이 증가하는 것은 긍정적 신호지만(공성욱·오강섭·노경선, 2002: 930~941; 김은경·권정혜, 2004: 969~981; 성정숙·이현주, 2010: 173~203; 최은희, 2010; 함인희, 2003: 7~21), 사회복지실천현장에서 성적 지향과 관련된 원조욕구를 지닌 클라이언트와 일하는 사회복지사가 동성애자를 이해하고 도울 수 있는 실질적인 자료는 아직 많이 부족하다고 할 것이다. 특히 성정체성을 고민하게 되는 사춘기나 동성애자로서의 자신의 성정체성을 발견하고 받아들인 청소년기 후기의 동성애자에 대한 이해는 실천의 밑받침이 되는 관계형성에서 매우 중요하다.

여기서 소개하는 두 편의 영화, 〈친구사이?〉와 〈천하장사 마돈나〉는 성적 소수자 청소년과 일하는 사회복지사들에게 이들의 안전항해를 도와주기 위한 Headstart 프로그램의 역할을 하리라고 생각된다. 동성애와 트랜스젠더라는 주제는 당사자 청소년들의 고뇌와 고민, 사회적 억압과 배척, 가족과 환경의 지지부족 등 구태의연한 문제 중심의 암울한 이미지로도 그려질 수 있지만 소개하는 두 편의 영화는 이러한 선입견을 깨고 비교적 밝고 명랑하게, 심지어는 코믹하기까지 하게 소재를 다루면서 이러한 이슈를 가진 청소년들과 일할 때 생각해야 할 여러 가지를 제공해준다.

〈친구사이?〉

감독 김조광수
제작 한국게이인권단체 친구사이·청년영화
주연 서지후(민수 역), 이제훈(석이 역)
제작 연도 2009년
상영시간 30분

이 영화는 한국 영화계에서는 매우 드물게 동성애를 주제로 한 〈소년, 소년을 만나다〉를 감독한 김조광수 감독이 그 속편 격으로 생각하며 만들었다는 단편영화로, 20대의 동성애 청년들의 이야기를 밝고 가볍게 그리고 있다. 2010년 부산국제영화제 초청작이었고, 이후 단편영화임에도 극장 개봉에 성공하기도 했다.

▶줄거리

　영화의 줄거리는 짧은 상영시간만큼이나 단순하다. 서로 사랑하는 사이인 석이와 민수는 20대 초반 건강한 청년이다. 요리사가 꿈인 석이는 직접 만든 초콜릿을 분홍색 상자에 예쁘게 포장해 군대 간 민수를 면회 가면서 행복한 미소를 숨길 수 없다. '좋은 사람 만나나 봐요?' 하는 옆 좌석의 젊은 여성에게 "애인 만나러 가요"라고 당당하게 이야기한다. 그런데 그 애인이 같은 남자인 민수이다. 면회실에서 다정하게 서로를 바라보는데, 뜻밖에 민수의 어머니가 면회를 와 마주치게 되고, 둘이 무슨 사이냐는 어머니의 물음에 석이는 엉겁결에 '친구사이'라고 거짓말한다. 헤어지기 아쉬운 연인에게 벌어지는 뻔한 공식처럼 석이는 서울로 돌아갈 차편을 놓친다. 민수 어머니와 셋이 여관방에서 밤을 보내게 된 두 연인은 안타까움이 절절하다. 아침에 어머니가 성당에 간 사이 둘은 참았던 열정에 몸을 맡기는데, 일찍 돌아온 어머니가 이를 목격하고 충격을 받는다. 어머니는 아무 말도 못 한 채 황망히 돌아가고, 차창을 사이에 두고 이별하는 석이와 민수는 애달프다.

　4년을 사랑한 남자친구의 게이 선언에 '나 남자였으면 좋겠어요'라며 우는 여자 앞에서 석이는 '나 남자인 게 너무 싫어요'라며 운다. 그리고 민수네 집 앞에서 밤을 샌다. 석이와의 '연인 사이'를 들킨 민수도 고민이 크다. 민수는 뜻하지 않게 커밍아웃을 하게 된 셈이었으나 이를 계기로 어머니에게 "난 남자가 좋아요"라고 고백할 것을 결심한다. 포상휴가를 받은 민수는 석이의 손을 잡고 대낮의 대로를 달려간다.

게이: 난 남자가 좋아요

후기 청소년기 또는 초기 성인기의 주요 발달과업은 에릭슨의 주장에 따르면 '친밀성(intimacy)의 확립'이다. 친밀성은 일단 자신의 성적 정체성이 확인된 후에야 가능한 것이며 보편적으로는 이성(異性) 간의 친밀성을 의미하기 때문에 이 시기에 자기의 성적 관심이 이성이 아닌 동성이라는 것을 발견하게 되면 당사자에게 그것은 재앙일 것이다. 성적 소수자들에게서도 친밀성의 확립은 주요한 발달과제여서, 동성애자라는 사실과 화해하거나 최소한 인정한 후에야 동성애자로서의 건강한 친밀성 확립이 가능해진다. 그렇지 않으면 스스로도 내면화된 동성애 혐오증을 지닌 채 동성애자로서의 삶을 살아야 하는 갈등적 상황에 빠지게 된다.

동성애를 이해하기 위해서는 성적 정체성의 세 가지 구성요소인 성정체성(sexual identity), 성역할(gender role), 그리고 성적 선호(sexual preference)를 구분할 필요가 있다. 성정체성은 남자 또는 여자로서의 개인에 대한 자각이며, 성역할은 남자와 여자로서 기대되는 역할행동의 태도를, 성적 선호는 성과 애정의 관계에서 동성, 이성 혹은 양성에 대한 개인의 선호를 말한다. 따라서 동성애는 자신의 성정체성을 유지하며 대개는 사회에서 기대되는 방식으로 성역할 행동을 하지만 성과 애정의 필요를 충족시키기 위해서 자신과 동일한 성에게 더 끌리는 성적 선호를 말한다(배진화, 2008). 즉 성적 끌림의 방향이 이성보다는 동성을 향해 있어 동성에게 정서적·애정적·사회적으로 애착관계를 갖고 성적인 매력이나 욕구를 느끼는 것으로, 단순히 동성과의 성행위 자체 또는 동성과의 성 경험이 있다고 해서 동성애라고 할 수는 없는 것이다(최은희, 2010).

동성애자에 대한 사회의 편견 중 하나는 이들이 이성애자이고 싶은데 동성애 성향이어서 고민하므로 이를 고쳐주어야 할 것으로 보는 것이다. 그러나 모든 동성애자가 그런 것은 아니다. 영화의 석이와 민수는 자신들의 동성애 성향에 갈등이 없다. 이들은 자아동조적 동성애자이다.

또 다른 편견은 동성애자들이 성적으로 문란하다는 것인데, 사실은 많은 동성애자가 모노가미(monogamy)를 선호하며 일생의 반려를 찾는다. 민수와 석이는 일편단심 서로에게 충실하다. 민수를 면회 가는 석이의 들뜬 마음은 애인을 면회 가는 어느 여자의 마음과 다를 것 없다. 정성어린 선물을 손수 만들고 예쁘게 포장하고, '애인 만나러 간다'고 말한다. 석이를 만난 민수가 남의 눈 때문에 손을 잡을 수 없자 군화 사이에 석이의 발을 가두는 장면은 사랑스럽다. 갑작스런 민수 어머니의 등장으로 열정적 연인 노릇을 할 수 없게 된 둘은 기회가 있을 때마다 손잡고 끌어당기며 서로의 존재를 확인하려 한다. 이 영화의 장점 중 하나는 성적 소수자를 그린 영화들이 애써 피해 가려고 하는 동성애자의 성을 정면으로 다루면서 자연스러운 것으로 표현한다는 것이다.

어머니 때문에 오붓한 시간을 놓친 두 연인이 아침에 어머니가 없는 틈에 서로를 탐하는 모습을 가감 없이 보여주어 동성애자의 사랑이 정신과 육체 모든 면에서 이성애자의 사랑과 다를 바 없음을 보여준다.

　동성애를 보는 한국사회의 시선, 이게 최선입니까? 확실해요?
　수년 전 연예인들의 동성애 정체성과 트랜스젠더 정체성 커밍아웃이 큰 관심을 불러일으킨 이후 영화, 드라마 등의 대중매체를 통해 동성애가 긍정적·우호적으로 표현되어왔다(〈후회하지 않아〉, 〈커피프린스 1호점〉, 〈인생은 아름다워〉 등). 일부 대학에서 성적 소수자 축제가 개최되고 동인지가 출간되는 등 성적 소수자를 둘러싼 사회문화적 담론이 진행되면서, 한국사회가 유교문화적 보수성을 버리고 개인의 성(性)적 권리를 인정하는 사회적 관대함을 갖추어가는가 하는 착각을 하게 한다. 그러나 동성애에 대한 사회적 담론이 눈에 띄게 늘어난 것과 달리 동성애자에 대한 편견과 혐오를 비판하고 이들을 대상화하고 타자화하는 시선을 거두는 것은 여전히 어려워 보인다(성정숙·이현주, 2010). 이는 1960년대 말 동성애자의 권리를 인정해달라는 주장이 시작된 이래 '동성결혼'이 합법화되고 동성애 커플의 아동입양이 허용되는가 하면 거꾸로 '동성결혼금지 주민 발의안'이 통과되기도 하는 등, 긍정적이든 부정적이든 동성애가 대중의 관심과 사회정책에 중요한 이슈가 되는 미국과 비교할 때, 매우 극명하게 차이를 드러낸다(최은희, 2010). 성적 지향을 이유로 한 차별을 금지하는 조항을 포함한 국가인권위원회의 「차별금지법 권고법안」이 동성애 확산을 조장하고 가족해체를 조장하며 AIDS를 확산시키는 등 사회병리 현상을 심화시킨다는 기독교 단체들의 주장으로 표류를 거듭하다 2007년 자동 폐기된 사실은 동성애에 대한 한국사회의 경직성을 보여준다.
　제도가 어떻든 현대 한국사회에서 성적 소수자의 존재가 드러나고 이들의 인권논의가 표면화되면서 사회복지계의 성적 소수자에 대한 정책적·실천적 접근이 중요 주제로 등장하게 될 것이다. 실제 현장에서는 성적 소수자를 조우하지만 이들에 대한 이론적 접근이나 신뢰할 만한 실태조사도 드물 뿐만 아니라 이들을 효과적으로 도울 수 있는 문화적 역량을 갖춘 사회복지사는 찾기 어려워, 도움이 필요한 성적 소수자들이 고립무원에 처한 경우가 많다.

기존의 한 줌밖에 안 되는 연구는 동성애자의 성적 정체성 확인과정의 고민과 갈등, 동성애 혐오가 있는 사회의 억압과 차별, 배제에 초점을 두는 것이 대부분이다. 미국의 연구도 크게 다르지 않다. LGBT[2]를 약물남용, 알코올 문제, 우울, 폭력, 자살 등과 같은 위험행동과 연관시키고 특히 게이의 경우 HIV나 AIDS와의 관련성을 시사함으로써, 성소수자에 대한 법률이나 사회인식이 변화함에도 불구하고 이들 집단을 이탈적인 것으로 보는 데 일조한다는 지적이 있다. 이러한 결함 중심의 접근은 일부가 사회적 서비스의 대상이 되지만 다수의 LGBT 사람들이 건강하게 살아간다는 인식을 흐리게 하여 이들이 가진 탄력성을 외면하는 결과를 가져온다.

〈친구사이?〉의 민수와 석이는 자기들의 게이로서의 성적 정체성에 큰 갈등이 없다. 오히려 사랑하는 사람이 있어서 정말 행복하다. 이들의 구김 없는 사랑과 가까운 사람들에 대한 커밍아웃[3]은 청소년 동성애자의 성공적인 성인기 진입을 예견하게 해준다. 석이에겐 자신의 동성애를 인정하는 사장 누나가 있고, 민수는 이제 어머니에게 "남자가 좋지만, 강해질 것이고, 그래서 행복해질 거라고, 나를 위해 행복하게 생각해달라"고 부탁한다. 영화의 게이 본인들은 유연하고 탄력적이다. 이제 이들의 성인으로서의 삶의 정상성은 사회제도와 이성애자들의 편견과 혐오의 극복에 달려 있다. 그리고 바로 여기에 사회복지사의 실천과 정책 영역에서의 역할이 요구될 것이다.

사실, 영화는 고의적으로 민수와 석이의 관계의 건강성을 내세우면서 이들이 겪어왔을지 모르는 시련을 극소화한다. 석이가 면회접수 중의 '관계'란에 '애인'이라고 쓴 것을 박박 지우고, 뒤집어 서까지 지운 후 '친구'라고 쓰 는 장면과 아들의 친구가 사 실은 아들의 연인이라는 것을

알게 된 어머니의 충격이 외면과 어두운 방에서의 하염없는 침묵으로 표현되는 장면 정도가 성적 소수자가 현실세계에서 겪는 어려움을 표현한 것이다. 물론 울고불고 사정하고 위협하고 하는 과잉감정이나, 〈소년은 울지 않는다〉에서 남자가 되고 싶은 여자, 브랜든 티나의 낯선 선택이 불러온 끔찍한 폭력과 린치가 당연한 것은 아니지만, 동성애를 포용한다기보다 인기 있는 토론주제 정도로 삼는 수준인 한국사회가 이들에게 얼마나 춥고 외로운 것일지는 관객이 오히려 더 잘 안다.

　한국사회의 성적 소수자에 대한 편협성과 이해부족은 이 영화에 대한 영화등급판정위원회의 결정에서도 볼 수 있다. 영화등급판정위원회는 이 영화에 대해 '청소년이 관람하지 못하도록 각별한 주의가 필요한 영화'라며 '청소년 관람불가' 판정을 내렸다. 부산국제영화제가 이 영화를 12세 관람 등급으로 상영했고, 서울독립영화제도 15세 관람가로 상영했던 사실을 상기하면 유독 영등위가 선정성을 이유로 청소년 관람 불가 판정을 내린 것은 동성애자 차별 논란에 부딪히자 이를 피해가기 위해 모방 위험의 유해성보다는 선정성에 더 방점을 둔 것이라는 분석이 설득력 있다. 영화의 개봉도 그럴진대, 현실의 많은 석이와 민수의 삶이 밝고 명랑할 수만은 없다. 아마도 그래서 감독은 동성애자로서의 삶을 선택했음을 알리는 민수의 심정을 현실을 비켜선 '뮤지컬'이

라는 우화적 방법으로 보여주는지도 모르겠다.

▶ 영화 보기의 숨은 재미

영화 〈친구사이?〉는 짧고 단순한 스토리전개에서 남자청소년의 동성애 성정체성과 관련된 또 다른 성장영화였던 〈번지점프를 하다〉와는 매우 다른, 밝고 가벼운 접근을 보여준다. 〈번지점프를 하다〉는 교사인 서인우(이병헌 분)가 제자인 남학생 현빈을 사랑하게 되고, 현빈 역시 선생님이 연인으로 다가오는 것을 밀어내기도 하지만 게이로서의 자기 성정체성을 깨닫게 되는 이야기이다. 그런데 이 영화는 주제가 동성애이지만 두 게이가 자신의 동성애를 긍정적으로 수용하기를 적극적으로 거부하는 것으로 그려진다. 이들은 자아 이질적 동성애자인 것이다. 서인우는 자기 마음을 빼앗긴 남학생 제자 현빈이 사고로 죽은 잊지 못할 이성 연인의 도플갱어[4]처럼 느껴지고, 현빈 역시 여성으로 태어나지 못해 서인우를 마음껏 사랑할 수 없는 현실을 비관하여 동반자살을 한다. 어찌 보면 동성애자 관객으로선 이에 동감하기보다는 '이성으로 태어나지 못한 동성애자들은 자살 외에 사랑을 지켜나갈 길이 없다'는 영화의 메시지에 더 크게 상처받을지도 모른다.

이에 비해 〈친구사이?〉는 시종일관 밝다. 주인공 민수와 석이는 20대 초반의 건강하고 밝은 동성애자로 자기들의 게이로서의 성정체성에 갈등이 없으며 서로를 아끼고 사랑하고 애정의 표현에도 거리낌 없이 열정적이다. 이성애자가 보아도 이들의 표현은 사랑스럽고 현실적이며, 갈등조차 영화 중간 도입된 뮤지컬 형태로 재치 있게 표현된다. 석이가 입대한 애인 민수를 면회 가는 것으로 시작하는 이 영화는 20대 게이 청년들의 최대 고민인 입대를 다루고 있지만 최전방 철원에 근무하는 민수나 그를 찾아가는 석이의 고민을 즐거운 리듬으로 풀어낸다. 그런데 여기서 관객은 고개를 잠시 외로 꼬고 생각해 볼 필요가 있다.

최근에는 마냥 착하고 예쁘기만 한 성적 소수자들의 이야기가 스크린을 메우고 대중들은 이 착하고 예쁜 이야기를 소비한다. 예쁘장한 동성애자가 지고 지순한 사랑을 한다. 동성애자도 이성애자와 똑같은 인간이기에 데이트 폭력을 행사하기도 하고, 애인과의 갈등을 겪으며 비정상적인 관계를 끊지 못해 고민하기도 하는 등 복잡한 양상의 관계를 맺고 산다. 그러나 이들이 보수적인 한국 대중에게 받아들여지기 위해서는 "이거 봐, 우리 얼마나 순수하니? 예쁘고 가엾지 않니?"라고 다가가는 방식을 택한다. 성적 소수자는 비정상적이고 부도덕하며 퇴폐적이라는 편견을 애써 벗어나기 위해 미디어 속의 성적 소수자는 그 대극인 순수함에 서서 어필하려 한다. 그러다 보니 때로 현실성이 희생된다(이은지, 2011). 기억해야 할 것은 동성애든 이성애든 사람 사이의 일이라는 보편성에 기반을 두어 특수한 개인의 경우가 존중되어야 한다는 것이다.

〈천하장사 마돈나〉

감독 이해영·이해준
제작 싸이더스 FNH
주연 류덕환(오동구), 백윤식(씨름부 감독), 김윤석(동구 아버지),
　　　이상아(동구 어머니), 이언(씨름부 주장) Tsuyoshi Kusanagi
　　　(쿠사나기: 일어 선생님)
제작 연도 2006년
상영시간 116분

▰ 줄거리

　동구는 여자가 되고 싶은 고등학교 1학년생이다. 팝가수 마돈나의 "be what you want to be"를 모토로 삼고 있으며 일생일대의 희망은 성전환수술로 완벽한 여자가 되어 짝사랑하는 일어 선생님 앞에 당당하게 서는 것이다. 이 소박하고 사랑스런 희망을 이루기 위해서는 거금 500만 원이 필요한데, 동구의 현실은 만만치 않다. 동구의 아버지는 알코올중독의 전직 복싱 챔피언으로 아들에게 살벌한 세상에서 살아남기 위해서 "가드 올리고 상대방 주시하고"를 주문하는 전형적인 마초이고, 어머니는 이런 남편의 폭력을 피해 가출한 상태이다. 완고한 가부장제의 폭력적 가정문화에서 동구는 '여자'인 자신의 내면을 이해받기 어렵고, 가끔 일터로 찾아가 만나는 어머니만이 동구의 소망을 알고 있다. 이런 상황에서 친구가 알려준 인천시장배 씨름대회 우승 상금 500만 원은 동구의 유일한 현실적 희망이 되고 동구는 씨름부에 입단한다. 예사롭지 않은 동구의 힘과 더 예사롭지 않은 동구의 여성스런 행동은 씨름부 주장이나 기존 멤버들과의 사이에서 갖은 해프닝을 가져오지만 어쨌든 동구는 아슬아슬한 마지막 승부를 통해 씨름판의 우승자가 된다. 그리고 자기 나름의 완고한 가부장적 폭력적 방법으로 아들에게 남성성을 강요하려는 아버지 앞에서 원피스를 입고 자기의 진짜 모습을 봐달라고 요구한다.

▰ 사회복지 관점에서 영화 보기

내 안에 '여자' 있다

　고등학교 1학년의 살집 좋고 힘센 남학생 동구는 마돈나의 「like a virgin」의 섹시한 댄스 스텝을 따라하며 완벽한 여성이 되기를 꿈꾸는 청소년 트랜스젠더[5]이다. 겉모습은 남학생이지만 정신적으로는 여성이고 성전환수술을 통해 신체적으로도 완전한 여성이 되고자 하는 동구는, 집 나간 엄마와 친한 친구에게 이런 꿈을 이미 알린 바 있다. 허벅지를 붙이고 무릎 아래를 벌려 앉거나 씨름 연습장에서 새끼손가락을 들고 샅바를 잡을 때, 가슴에 수줍게 붙인 둘리 밴드를 가리려고 할 때 우리는 씨름 선수 동구 안의 '여성'을 본다. 동구는 일찌감치 육체적인 성과 정신적인 성이 반대라고 생각하는 트랜스젠더인 성적 소수자로서의 자신을 받아들였을 뿐만 아니라 외면적으로도 여성이 되기를 원하고 나아가 구체적 계획을 세운다. 성적 소수자 청소년 동구의 탄력성이 느껴지는 설정이다.

영화는 편리하게도 동구가 자신의 트랜스젠더 정체성을 수용하기까지의 고뇌와 분투, 그리고 친구와 엄마에게 커밍아웃(coming-out) 하기까지의 짐작되는 갈등과 고난의 과정은 모두 생략해버리고 자신의 트랜스젠더 아이덴티티와 화해한 이후에서 시작하기 때문에 〈소년은 울지 않는다(Boys don't cry)〉나 〈번지점프를 하다〉와 같은, 이전의 성적 소수자 영화들이 보여주는 상식이나 사회적 규범에서 일탈한 이들에 대한 폭력과 소외의 암울하고 절망적인 색채를 비껴가고 있다. 스포츠 선수 사진이나 헤비메탈 가수 또는 모터사이클 포스터가 붙어 있어야 할 남자 고등학생 동구의 방은 소녀 취향이 물씬하다. 「like a virgin」을 외치는 마돈나의 포스터 아래서 동구는 립스틱도 발라보고, 머리띠와 꽃핀도 꽂아보고, 몸매 드러나는 붉은색 중국 드레스 치파오에 통통한 몸을 우겨넣어 보기도 한다. 동구는 여자로서의 자신을 인정하고 있고, 이제 주위 사람들에게도 인정받고자 한다. 동구에게 여자로 사는 것은 호기심어린 선택이 아니라 원래의 나를 발견하고 진정한 '나'로서 살아가는 것이다. 그에게 필요한 것은 남성의 몸에 깃든 여성의 혼을 알아봐 주고 잘못 입혀진 남성이라는 몸을 벗고 여성의 몸을 찾을 수 있게 도와주는 것이다.

◆◆ 트랜스젠더(Transgender)

　남성이나 여성의 신체를 지니고 태어났으나 자신이 반대 성에 속한다고 인식하는 사람을 가리킨다. 트랜스 섹슈얼(trans-sexual)이 사전적으로 '성전환자'로서 수술이나 기타 치료를 통해 원래의 성이 아닌 다른 성으로 살아가는 사람들을 의미한다면, 트랜스젠더는 gender라는 말이 사회적 성(性), 혹은 정신적 성을 가리키는 것으로 반드시 성전환수술을 받지 않더라도 자신의 육체와 반대되는 성의 역할을 수행하고 스스로를 반대의 성으로 인식하는 사람을 포함하는 말이다. 의학용어로는 성전환증에 가까운데 '성적 주체성 장애의 가장 심한 형태로 사춘기 이후 자신의 선천적 성에 대해 지속적으로 불편감과 부적절감을 느끼며 2년 이상 1차 및 2차 성징을 제거하고 상대 성징을 획득하려는 집착에 사로잡혀 있는 상태'를 말한다. 이들은 어려서부터 반대 성의 놀이, 행동, 태도, 복장을 보이는데 이러한 원인으로는 태아단계에서 특정한 호르몬이 기능을 발휘하지 못한 데서 기인한다는 선천적 요인설과 가족환경이나 심리적 측면에 기인한다는 후천적 요인설, 그리고 복합요인설이 있다.

선택: 뒤집기 한판 승부

　영화가 선택한 도구로서의 씨름판은 의미심장하다. 붉은 치파오를 입고 친구에게 '나 장만옥 같지 않니?'라고 포즈를 취하는, 내면이 '천상여자'인 동구가 '진짜 여자'가 되기 위해 선택한 길은 벌거벗은 남자들이 근육의 힘과 기술로 상대방을 모래판에 메다꽂는 것이 목적인 가장 남성적 경기인 씨름판인 것이다. 진정한 자신의 성적 정체성을 일탈로 보기 때문에 숨겨야 하며, 아버지조차 포크레인으로 아들을 내리칠 듯 위협하는 이 세상이 동구에게는 살벌한 씨름판이다. 고등학교 1학년 소녀의 감성을 지닌 동구가 벗은 몸이 기본인 남성호르몬 철철 흐르는 씨름판에서 부끄러워 '어머, 어머' 하며 젖꼭지를 가리기 위해 둘리 반창고를 붙이는데, 이런 아이러니가 영화의 코믹성을 더해주면서 한편으로는 꿈을 이루기 위한 길이 멀고도 험할 것임을 의미하고 있다.

'뒤집기 한판이면……' 우승할 수도 있다는 감독의 말도 은유적이다. 한발 삐끗하면 자빠져 승부에서 지게 되는 씨름판 같은, 트랜스젠더에게 적대적이고 혐오적 시선을 보내는, 사회를 '뒤집어'버릴 수 있는 것이 동구에게는 '뒤집기' 기술인 것이다. 체구는 작지만 '뒤집기' 기술을 잘하는 동구에게 이 '뒤집기'는 성전환수술을 통해 자신의 외부적 성정체성을 뒤집어버릴 수 있는 기회를 주기 때문이다. 모래판에 오른 동구에게 감독이 매어주는 샅바의 보라색도 의미 깊다. 보라색은 빨강과 파랑이라는 대비되는 색깔들이 섞여 만들어내는 중립적, 또는 중성적 색깔로서 외국에서는 성적 소수자의 색깔이기도 하다. 보라색의 색상 정체성은 남·여의 젠더/섹스의 유동성을 보여주는 색깔인 것이다(이은지, 2011). 보라색 샅바를 매고 뒤집기 한판으로 승리하는 동구, 생각만 해도 유쾌하지 않은가.

편견의 극복

영화는 동구의 트랜스젠더 정체성을 사뭇 명랑하고 코믹하게 바라보고 있어 선천적 성은 여자였으나 남자로 살다가 살해당한 실존인물 브랜든 티나[6]의 이야기를 그린 〈소년은 울지 않는다〉가 보여주는 과격하고 잔인한 사회적 편견에서는 한발 비껴나 있다. 그러나 그렇다고 동구가 편견에서 자유로웠을 것이라고는 볼 수 없다.

이 영화에서도 동구가 누구보다도 인정받고 싶은 아버지(김윤석 분)가 동구의 성정체성을 외면한다. 복싱이라는 가장 폭력적이고 그래서 남성적이라고도 불리는 스포츠와 자신을 동일시하는 전직 챔피언 아버지는 세상을 사는 방법도 사각의 링 위에서 하는 경기라고 생각한다. 그에게 세상은 상대방을 때려눕혀야 자기를 방어할 수 있는 적대적인 곳이었고 그래서 아들에게도 상대방을 때려눕힐 수 있는 '남성적' 기술과 태도를 요구한다. 자신의 이러한 세계관이 사회의 더 큰 폭력으로부터 자신을 방어해주지도 못했고 가정에서는 보수적 가부장으로 나타나 급기야는 가정폭력으로 이어지면서 아내를 쫓아내는 결과를 가져왔지만 그는 다른 방법을 알지 못한다. 그래서 '가드 올리고 상대방 주시하고'의 마인드를 아들에게 요구하는데, 아들은 마돈나의 댄스 스텝으로 세상을 살고자 하며 '겨우' 여자가 되기 위해 수술을 하겠다고 한다. 그가 할 수 있는 것은 포크레인 버킷을 아들의 머리위에 내리찍듯 들이대고 더 큰 폭력의 힘으로 동구를 위협하는 것뿐이다. 이는 〈소년은 울지 않는다〉에서 브랜든의 '다름'을 자신들의 남성성에 대한 조롱이며 사회적으로도 역겨운 일탈이라고 보고 급기야 그를 강간하고 살해하는 존과 톰의 편견과 동일선상에 놓여 있다고 보아도 과언이 아니다. 그런데 살인자인 존 로터와 톰 니센이 편협함과 어리석음, 무지의 피해자이기도 했던 것처럼 동구의 아버지도 그러하다. 그의 행동은 자신이 알고 있는 유일한 세상을 유지하려는 처절한 방어수단이고 동시에 아들을 자신이 아는 세상으로부터 보호하려는 어리석은 부성애이기도 하다.

어머니(이상아 분)는 이 영화에서 좀 특이한 존재이다. 그녀는 남편의 가정폭력피해자이면서 이를 피해 가출하는 과감성을 갖추었으나 남편과 당연히 합이 맞지 않는 아들을 데려가지는 않고, 가끔 직장(놀이공원)으로 찾아오는 아들을 다독이는 인물이다. 엄마는 이미 아들의 성정체성을 알고 받아들이고 있다. 앞에서 다룬 영화 〈친구사이?〉에서 등장하는 어머니가 아들이 동성애자임을 발견하고 말문이 막혀 고민하는 과정을 아마도 동구의 엄마도 거쳤으리라. 그러나 영화는 그런 갈등의 과정을 생략하고 성전환수술을 하겠다는 사춘기 아들에게 "그래……. 너 참 힘든 길을 가는 거야"라고 안쓰러워하는 엄마를 보여준다. 엄마가 사회적 편견을 극복하고 아들을 인정해주기 때문에 이 영화가 보여주는 동구의 사랑스러움, 명랑함이 균형을 갖추게 된다. 그런 데 한편으로는 놀이공원에서 동화주인공으로 일한다는 설정은 이 엄마가 어 쩐지 현실에선 찾아보기 힘든 캐릭터일 것 같다는 생각을 하게 한다. 아들의 범상치 않은 성정체성을 대하는 엄마의 태도가 '세상이 뭐라 하든 내 자식이 므로' 한편이 되어주는 적극성도 아니고, '세상을 좀 편히 살도록' 아들에게 힘 든 길 가지 말라고 말리는 적극적 모성도 아니어서 매 맞는 아내와 동화주인 공 사이의 거리만큼이나 비현실적으로 느껴지는 것이다.

동구가 짝사랑하는 일어 선생(초난강) 앞에서 "저…… 선생님 앞에 당당하 게 설 수 있을 때까지…… 쫌만요"라고 어렵사리 고백하는 장면에 이어지는 선생의 반응은 또 다른 편견의 슬픈 현실이다. 동구가 힘들게 꺼낸 수줍고 진 실한 고백과 그 고백에 돌아오는 선생의 나무 교편은 코믹하면서도 슬프다. 동구의 순수한 사랑이 완고한 현실에서 어떻게 곡해되고 좌절되는가를 보여 준다. 그러나 동구는 일찌감치 엄마에게 트랜스젠더인 자신을 인정받았고, 이 해받지는 못했지만 짝사랑하는 선생님에게 사랑하니 기다려달라는 말도 했 으며, 여자가 되고 싶은 자신을 인정하지 않는 아버지에게 원피스를 입고 자 기를 봐달라며 "이게 나예요"라고 당당하게 말하는 용기를 갖고 있다. 동구를 응원하고 싶은 마음은 동구의 이러한 탄력적 자아 때문이기도 하다.

영화 보기의 숨은 재미

이 영화가 사랑스런 이유 중 하나는 '여자가 되고 싶은 소년'이라는 낯선 이야기지만, 트랜스젠더라는 소재의 힘에 선정적으로 의존하지 않고 '꿈을 이루기 위해 노력하는 주인공'이 온갖 편견의 벽을 넘어 자신을 찾는다는 성장영화가 갖는 보편적 드라마에 더 비중을 두었기 때문일 것이다. 이 영화는 트랜스젠더라는 성적 소수의 고민과 갈등보다는 트랜스젠더인 사춘기 소년의 성장과정을 유머와 드라마로 보여주기 때문에 관객의 공감력을 얻어낸다. 특히 동구를 연기하는 류덕환을 보는 것은 즐겁다.

또 다른 재미는 영화의 배경이 되는 도시, 인천을 구경하는 것이다. 한국의 전통적 삶이라고 배운 풍경도 아니고 스카이라인이 예술인 첨단 도시도 아니면서 적당히 퇴색하고 적당히 도시적인 조금은 쓸쓸한 느낌을 주는 인천의 외곽은, 씨름판보다 화장실에 앉아 현명한 말씀을 뱉어내는 한물 간 씨름코치(백윤석 분)나 어눌하고 촌스러운 씨름부 3인방과 절묘한 하모니를 이룬다. 영화를 따뜻하게 만드는 매우 중요한 세팅이다.

감독들이 동구 이야기가 어떤 'blind corner'에 도달할 때마다 탈출구로 쓰는 것 같은 인상을 주는 현실과 환상적 현실의 대비를 곱씹어 보는 것도 괜찮다(Edwards, 2006). 동구가 처한 어두운 현실은 일어 선생님에 대한 짝사랑으로, 폭력적이고 거부적인 아버지는 동화나라에서 동화의 주인공 복장을 하고 일하는 어머니와, 그리고 씨름판의 살과 근육의 부딪힘이라는 생소함은 마돈나의 「like a virgin」이라는 폭발적인 여성성으로 대치되는 영화의 구도도 관찰할 만하다. 영화는 또 여성적 특성에 끌리는 아들과 마초 아버지라는 구도를 가진 성장영화라는 점에서는 탄광촌 홀아비 광부의 아들이 영국왕립발레단의 발레리노가 되는 〈빌리 엘리어트〉를, 씨름판이라는 영화적 도구와 씨

름판 3인방이라는 설정은 어쩐지 일본영화 〈으랏차차, 스모부〉를 생각나게
한다.

❖ 생각할 거리

〈친구사이?〉

1. 친한 친구가 자신이 동성애자라고 나에게 커밍아웃을 해온다면 어떤 기분일까? 그 친구가 나에게
   서 필요로 하는 것은 무엇일지 생각해보자.
2. 성적 소수자와 관련된 용어를 공부해보자. 퀴어(queer), LGBT, 게이, 레즈비언, 양성애자, 트랜스젠
   더, 크로스드레서 등은 서로 어떻게 다른지 알아보자.
3. 자아동조적 청소년 동성애자와 자아이질적 청소년 동성애자가 자신의 동성애 성향에 대해 상담
   하고자 한다. 사회복지사는 각각의 청소년 클라이언트를 돕는 과정에서 어떻게 접근해야 할지 토
   론해보자.

〈천하장사 마돈나〉

1. 트랜스젠더 성향을 보이는 청소년에 대한 심리상담치료는 효과가 있을까? 치료의 목적을 어디에
   두어야 할지 토론해보자.
2. 사회복지사로서 개입했다는 가정에서 동구가 어머니에게 커밍아웃을 했을 때의 어머니와 동구의
   관계와 어머니가 동구를 인정하기에 이르는 과정을 생각해보자.
3. 성적 소수자인 사람들은 가족이나 친지, 또는 같은 성적 소수자보다는 이성애자인 친구에게 먼저
   커밍아웃하는 경향이 있다고 한다. 동구도 자신을 있는 그대로 받아들여주는 친구가 있다. 가까운
   가족보다 성적 정체성이 다른 친구에게 먼저 커밍아웃하게 되는 이유를 생각해보자.

1 퀴어(Queer)의 사전적 의미는 '기묘한, 이상한, 괴상한'이다. 처음에는 동성애자를 비하하는 뜻으로 사용되었던 이 'queer'는 1980년대 이후에 미국에서 동성애 운동의 방향이 이전과는 다른 방향으로 전개되면서 동성애 운동가들에 의해 적극적·긍정적으로 수용된 단어이다. 'gay'가 남녀 동성애자만을 뜻한다면 'queer'는 남녀 동성애자를 포함해서 이성애 제도에서 소외된 성적 소수자를 모두 포함한다. 즉 퀴어는 동성애자, 양성애자, 성전환자 등 LGBT를 포함한 성적 소수자를 총칭하는 말이다.

2 LGBT: lesbian, gay, bisexual, transgender를 한꺼번에 가리키는 말.

3 커밍아웃(coming-out)은 자신을 게이나 레즈비언으로 수용하는 과정이며 성적 정체성을 개인 삶의 다른 영역에로 통합하는 것을 말한다.

4 도플갱어(doppelganger): 독일어로, '이중으로 돌아다니는 사람'이라는 뜻이다. 우리말로는 '분신·생령·분신복제' 등 여러 용어로 쓰이지만, 자신과 똑같은 환영을 본다는 뜻에서는 차이가 없다. 예부터 분신·환영과 관련된 이야기는 독일뿐 아니라 세계 곳곳에서 전해져 오고 있는데, 지역에 따라 상징이나 의미가 조금씩 다르기는 하지만, 죽음과 관련된 것이 많다. 그러나 오늘날에는 정신적으로 큰 충격을 받거나 자신을 제대로 제어하지 못할 경우에 생기는 일종의 정신질환으로 보고 있다. 이러한 현상은 일반적으로 같은 공간과 시간에서 나타나며, 자신의 실제 성격과 반대의 모습으로 나타나기도 하고, 평소 자신이 바라던 이상형 혹은 그 반대의 모습으로 나타나기도 한다. 정상적인 사람도 지나치게 자아도취가 심할 경우 스스로 그러한 환영을 만들어내기도 한다고 알려졌다. 또 분열된 대상을 보는 것은 머지않아 자신이 죽을 것임을 암시하는 징조로 해석하기도 한다.

5 트랜스젠더(transgender)는 동성애자인가? 그럴 수도 있고 아닐 수도 있다. 정확하게는 트랜스젠더는 자신의 타고 난 성을 부정하고 다른 성이 되고자 하는 사람으로, 남성 트랜스젠더는 몸과 마음 모두 여성이 되고 싶은 반면 동성애자는 자기의 타고난 성을 부정하지 않고 남자나 여자로서의 자기와 갈등이 없지만 단지 성적 대상이 이성이 아닌 동성일 뿐이다.

6 원래 이름은 티나 브랜든이었으나 남성으로 살면서 이름을 브랜든 티나로 바꾼다. 기막힌 상징 같기도 하다. 이름 자체에 흔한 남성 이름과 여성 이름이 동시에 들어 있었으니. 그리고 이름을 '뒤집기'하여 남자로 살았으나 세상을 뒤집지는 못했다.

참고문헌

공성욱·오강섭·노경선. 2002. 「남성 동성애자와 남성 이성애자의 삶의 질과 정신건강 비
　　교」. 《신경정신의학》, 41(5): 930~941쪽.

김은경·권정혜, 2004. 「동성애 관련 스트레스가 남성 동성애자의 정신건강에 미치는 영
　　향」. 《한국심리학회지 임상》, 23(4): 969~981쪽.

배진화, 2008. 「동성애자의 자살관련 행동의 특성」. 고려대학교 대학원 석사학위 논문.

성정숙·이현주. 2010. 「동성애자 인권활동가의 청소년기 경험과 탄력성에 관한 질적 연
　　구」. 《한국아동복지학》. 31: 173~203쪽.

이은지. 개인적 대화. 2011.2.15.

최은희, 2010. 「동성애 관계 파트너 폭력 유형에 관련된 변인 탐색」. 충북대학교 대학원 박
　　사학위 논문.

함인희. 2003. 「청소년 동성애자를 향한 사회학적 성찰」. 『청소년의 고민: 내가 동성애자인
　　가요?』. 한국청소년상담원. 청소년상담문제연구보고서 49. 7~21쪽.

Edwards, R. 2006. www.variety.com/review/VE1117931890?refcatid=31

09

노인, 죽음 맞이하기

홍순혜

평균수명이 늘어나고 노인인구가 증가하면서 '노년'은 우리에게 더는 생소한 단어가 아니다. 노년의 삶은 언제부턴가 남 일이 아닌 내 자신의 운명으로 다가오게 되었다. 모두가 맞이하게 될 삶이며 청년기, 장년기를 공들여 살아온 것처럼 잘 살아야 하는 인생의 또 한 단계인 것이다. 그 삶은 모두에게 획일적이지도, 예측적이지도 않다. 하지만 우리에게 주어진 과업은 분명하다. 심리학자 에릭슨이 말하는 자아통합을 이루고 죽음을 수용할 수 있는 나를 준비하는 것일 게다.

이와 관련하여 여기서 영화 2편을 소개하고자 한다. 소개하고자 하는 〈아버지〉와 〈버킷 리스트〉는 어떻게 보면 전혀 관련성이 없어 보인다. 〈아버지〉는 처음부터 끝까지 가족 속의 노인, 자식의 아버지이자 한 여자의 남편인 노인을 보여주는 반면, 〈버킷 리스트〉는 죽음을 앞둔 노년의 인간, 그 자신과 우정을 보여준다. 두 영화의 초점은 다르나 둘 다 죽음을 앞 둔 노인들이 자신들의 삶을 통합해가는 과정을 잘 보여주고 있다는 점에서, 그리고 노년의 삶과

··◦ 에릭슨의 심리사회적 발달단계와 자아통합1

에릭 에릭슨(Erik Erikson)은 인간의 발달단계를 8단계로 나누고 각 단계별로 극복해야 할 심리사회적 위기와 발달과업을 제시했다. 노년기에 해당하는 발달단계는 '통합성 대 절망감'의 단계로서, 이제까지 살아온 인생에서의 노력과 성취를 반성해보는 시기이다. 이 시기에 성취해야 하는 긍정적인 과업은 '자아통합'이다. 자신의 인생을 되돌아보고 그만하면 만족한다, 또는 후회 없는 삶을 산 것 같다, 자신의 삶이 살 만한 가치가 있었다고 결론을 내릴 수 있다면 자아통합을 성취한 것으로 볼 수 있다. 이러한 확신이 부족하고 자신이 산 삶에 대해 불만족하는 노인들은 죽음을 두려워하고 인생을 되돌릴 수 없음에 대해 후회하고 이미 모든 것이 늦었다는 것 때문에 좌절하고 절망하게 된다.

관련된 많은 이슈를 생각해보게 하는 영화라는 점에서 노년에 관심 있는 이들이 볼 만하다.

〈아버지(Dad)〉

감독 게리 데이비드 골드버그
주연 잭 레먼, 테드 댄슨, 올림피아 듀카키스
제작 연도 1989년
상영시간 117분

한국에서 〈황혼〉이라는 제목으로 소개된 이 영화의 원제목은 〈Dad(아버지)〉다. 이는 윌리엄 와턴(William Wharton)의 동명소설에 기초한 코미디 드라마 영화다. 영화를 보지 않고 제목만 들을 때, '황혼'이냐 '아버지'냐는 독자가 영화에 대해 짐작하는 내용이 매우 다르게 된다. '황혼'은 노년을 사는 노인 영화를 연상시키는 반면, '아버지'는 자녀와의 관계로 우리의 초점을 돌려놓는다. 죽음을 앞둔 늙은 아버지가 주인공이라는 점에서 '황혼'도 낙제점 제목은 아니나, 평이함을 감수하면서까지 원작자가 제목으로 '아버지'를 택한 이유를 생각해볼 필요가 있다. 이 진부한 제목이 한국 수입업자에게는 분명 부담이었을 수 있을 것이다.

원작자는 노년에 직면하게 되는 질병과의 싸움, 그리고 죽음의 직면이라는 두 가지 피할 수 없는 상황 설정 속에서 가족의 중요성과 화합을 재조명한다. 특히 부자간의 이해와 용서, 사랑을 그리고 있다. 그 과정에서 이 영화만큼 노인 관련 이슈를 송두리째 다양하게 다루는 영화도 없는 것 같다. 신체질환, 정신질환, 노인특성, 노년기 의존, 성문제, 부부관계, 부자관계, 의료시스템, 부양문제, 죽음 등 모든 이슈가 등장한다. 또한 노인 부양에 헌신하는 자녀가 줄어드는 오늘의 현실에서 부모를 돌보는 자녀의 자세도 다시 한 번 돌아보게 한다. 노인을 이해하고 부양하고자 하는 사람들에게 매우 교육적인 영화라고 할 수 있다. 때문에 1989년, 지금부터 20년 전에 만들어진 영화지만 여기서 소개하고자 한다. 미국의 학교나 지역사회 교육 프로그램에서 여전히 방영되고 사랑받는 것도 같은 이유에서일 게다.

오래전 한 지상파 TV는 이 영화를 한국말 더빙으로 방영한 적이 있다. 따라서 방송국을 통해 한국말 더빙 영화를 입수할 수도 있고 비디오 가게 등을 통해 한국말 자막 처리된 테이프를 구할 수도 있을 것이다. 가능하다면 더빙 영화를 권하고 싶다.

▶ 줄거리

50년간 함께 살아온 평범한 노부부 제이크와 베트는 매일 다람쥐 쳇바퀴와 같은 일상을 지내고 있다. 정해진 시간에 아침 먹고, 청소하고, 신문에서 할인 쿠폰을 오려내고, 장 보러 가고⋯⋯. 이런 일상의 어느 날 베트는 슈퍼마켓에서 심장마비를 일으켜 병원에 입원하게 된다.

아들 존은 동생으로부터 어머니의 입원소식을 연락받고 몇 년 만에 고향을 방문한다. 존은 이혼 후 기업을 헐값에 사서 비싼 값에 되파는 회사의 잘 나가는 중역으로 혼자 살고 있으며, 돌보지 않은 지 오래되어 어디서 무엇을 하는지 잘 알지 못하는 대학생 아들을 하나 두고 있다.

모든 집안일을 깔끔하고 완벽하게 처리해온 지배적인 부인에게서 식사하기, 옷 입기, 운전 등 거의 모든 활동에서 지속적인 도움을 받아온 아버지 제이크는 부인의 입원 후 잠옷이 어디 있는지 찾지도 못하고 옷에 단추를 끼우는 일조차 제대로 해내지 못한다. 부인의 완벽한 보호 속에 의존성을 학습해온 아버지 제이크에게 존은 일상에서 '홀로 서는 법'을 가르친다. 설거지하는 법, 세탁법 등을 자상하게 가르치는 존은 아버지와 많은 시간을 보내며 그를 새롭게 이해하고 가까이 느끼게 된다. 제이크는 아내의 부재와 아들의 등장 덕에 노부부의 일상에서 벗어나, 아내의 전유물이었던 가사에 동참하고, 아들과 식사하러 나가기도 하고, 아들 직장도 방문하면서 아내의 입원 이전과는 다른 생활을 하게 된다. 얼마 후 병원에서 퇴원한 부인 베트는 이런 독립적인 남편의 모습을 탐탁해하지 않는다.

베트가 퇴원한 후 얼마 되지 않아 제이크도 방광에 이상이 생겨 입원하게 된다. 제이크가 암이라는 소식을 담당의사에게서 들은 존은 아버지에게 이 사실을 알리지 말 것을 당부하지만 의사는 환자의 알 권리를 내세워 제이크에게 이야기하고. 제이크는 두려움 때문에 일시적인 치매현상을 일으킨다. 병원에 불만인 존은 도움이 되지 않는다며 의사의 반대를 무릅쓰고 아버지를 퇴원시킨다. 집에서 증상이 더 악화된 제이크를 존은 다시 입원시키고 다른 의사를 소개받는다. 계속 혼수상태에 있는 아버지를 위해 존은 병실 내 간이침대에 생활하며 온갖 정성을 다해 아버지를 돌본다. 좋은 의사의 적절한 치료와 아들의 헌신적인 간호 덕에 제이크는 혼수상태에서 깨어난다.

그런데 퇴원한 제이크는 완전히 딴 사람처럼 행동한다. 의상 패션쇼를 하는가 하면 골프연습을 하고 자신이 운전해 드라이브를 가자고 하고, 더군다나 모르는 사람에 대해 이야기를 한다. 베트는 남편에게 다른 사람의 호르몬이 섞인 것 같다면서 매우 불편해하고 저항적이다. 제이크는 정신과 진단을 받게 되고, 존은 의사로부터 아버지가 어머니와의 삶에서 행복을 못 느껴 내면에서 원하는 다른 삶을 꿈꾸는 '행복한' 정신분열증이라는 이야기를 듣게 된다.

퇴원 후 어느 날 제이크는 식구들과 함께, 자신이 원했던 대로 일본식 저녁식사를 하게 된다. 이런 식사와 남편의 행동에 불만을 느껴오던 베트는 참았던 분노를 폭발시키고 존은 어머니가 아버지의 삶을 불행하게 만든 장본인이라며 아버지식대로 살게 내버려 두라고 소리 지른다. 가족 불화 직후 베트는 남편으로부터 그가 진심으로 원하는 것, 그녀에게 바라는 것을 듣게 된다. 얼마 후 암의 재발로 재입원한 제이크는 아들과 서로 사랑한다는 대화 속에 숨을 거둔다.

한편 이 모든 과정 속에 존의 아들 빌리가 등장하고 있다. 빌리는 부모가 이혼한 후 어머니와 살다 얼마 전까지 멕시코에서 친구들과 공동체생활을 하고 있었다. 할머니의 입원 소식을 듣고 집으로 돌아와 아버지 존과 직면하게 되는 빌리는 할아버지의 간호와 관련하여 아버지와 언쟁한 후 집을 떠난다. 하지만 할아버지가 재입원하게 되었을 때 아버지 몰래 병실에서 들렀다가 아버지와 마주치고, 이후 아버지와의 진정한 대화를 통해 서로가 이해하고 용서하는 기회를 갖게 된다. 아버지와 아들은 제이크의 장례식 날 자기들만의 식으로 제이크를 떠나보내는 의식을 통해 완전한 화해를 확인하게 된다.

▶ 사회복지 관점에서 영화 보기

노인의 학습된 의존과 홀로 서기 연습

제이크와 베트는 성인이 된 자녀들이 분가한 후 '빈 둥지'에서 살고 있는 노부부다. 부인 베트는 완벽한 집안 살림과 헌신적인 남편 돌보기를 자신의 평생 업으로 생각하는 전형적인 가정주부인 동시에 모든 일을 자기 식대로 처리하며 변화를 달가워하지 않는 고집쟁이 부인이다.

이런 부인 밑에서 남편 제이크는 부인이 정한 규칙과 계획대로 움직인다. 아침에 깨우면 일어나고 약 먹으라면 약 먹고 챙겨주는 옷 입고 정해진 시간에 정해진 메뉴에 따라 아침 먹고 부인이 운전하는 차를 타고 장을 보러 간다. 이런 생활에 익숙한 제이크는 집안에서 할 줄 아는 것이 없다. 혼자서 잠옷을 찾아 챙겨 입지도 못한다. 부인이 주도하는 이런 삶의 체계 속에서 제이크는 의존성을 학습한 것이다.

다행히 이들 부부에게는 존이라는 독립적 성향의 아들이 있다. 어머니 베트의 입원 후 아버지 제이크가 홀로 설 수 있도록 열심히 돕는 인물이다. 만약 이들에게 존과 같은 자식이 없었다면 어땠을까? 가정생활에서 수행해야 하는 역할들이 공유되지 않고 한쪽이 다른 한쪽에 철저히 의존적이라면, 피의존적 배우자의 부재는 의존적 배우자에게 큰 위기가 될 수 있다. 이런 문제는 정도의 차이는 있겠으나 부인이 가사를 전담하다시피 해온 우리 부모들 세대에서 흔히 발견되는 어려움이라고 볼 수 있다. 신체적 결함에 의해 일상생활 수행능력을 상실한 경우가 아니라면 나이에 관계없이 스스로 일상생활에 필요한 역할과 기능을 수행하는 것은 지극히 당연하다.

제이크의 경우는 일상생활 수행능력의 상실에 의해서가 아니라 단지 학습된 의존성 때문에 일상생활에서 필요한 역할을 수행하지 못한 것이 명백했다. 때문에 학습을 통해 홀로 서는 데 필요한 설거지, 세탁, 식사준비, 자동차 운전 등을 배울 수 있었다. 그런데 여기서 아버지에게 일상적인 집안일을 가르치는 아들 존의 노하우를 눈여겨볼 만하다. 집안일을 종류별로 나눠 색깔 카드를 정하고 색깔카드에 일처리 방법을 자세하게 순서대로 적어 아버지가 혼자서도 카드만 있으면 따라할 수 있도록 하는 것이다. 예를 들면, 설거지에 대해서는 분홍색 카드에 다음과 같이 적는다. ① 싱크대에 물을 채운다, ② 물에 세제를 짜서 넣는다, ③ 비눗물에 그릇을 넣는다, ……. 이런 카드 없이도 할 수 있을 것 같은 평범한 내용이지만 생전 안 해본 일을 눈앞에 두고 어쩔 줄 몰라 우두커니 서 있게 되는 노인들에게는 도움이 될 것 같다. 제이크는 이런 카드를 들고 침대보 갈기, 청소하기, 마루 왁스칠하기도 완벽하게 해낸다.

남편을 무조건 떠받들기만 하고 가사에서 모두 면제시켜주는 노부인이 있다면 남편이 언젠가 부인 없이도 홀로 서야 한다는 것을 기억할 필요가 있다. 혼자 남겨졌을 때를 대비해 일상생활 수행기술을 가르쳐주고 다양한 역할들을 연습할 수 있도록 도와주는 것이 바로 사랑의 표현이 아닐까.

질병과 죽음을 둘러싼 환자의 알 권리

질병은 어떤 연령대나 발병할 수 있지만 노년기 질병은 흔히 죽음의 공포와 연결된다. 따라서 부정하고 싶고 직면을 피하고 싶다. 여주인공 베트도 자신의 심장마비를 인정하지 않으려 하고 소화불량이라고 우겨댄다. 암에 대한 두려움을 갖고 있는 남편 제이크에게 자신의 심장마비에 대해 이야기하지 말 것을 자식들에게 당부한다. 그냥 몸이 안 좋다고만 해달라는 것이다. 제이크 는 부인이 심각한 상태가 아니라고 들었음에도 두려움 때문에 병문안도 가지 않는다.

베트가 퇴원하고 얼마 후 이번에는 제이크가 방광에 문제가 생겨 입원하게 된다. 담당의사는 제이크가 암에 걸렸다고 아들 존에게 통보한다. 아버지가 암을 두려워한다는 사실을 알고 있는 존은 아버지에게 이 사실을 알리지 말 것을 의사에게 당부하고, 어머니 베트에게도 종양이 생겨 제거했다고 거짓말 한다. 존의 이런 노력에도 불구하고 담당의사는 제이크에게 암이란 사실을 알리고, 그 쇼크로 제이크는 넋이 나가 가족조차도 알아보지 못하는 일종의 치매 증상을 보인다.

이 과정에서 등장하는 건강 관련 이슈 중 하나가 '환자의 알 권리'다. 아버 지를 누구보다도 잘 알고 있다고 믿는 아들은 환자의 알 권리를 유보해달라고 부탁하지만 담당의사는 자식들이 부모를 과소평가한다며 환자의 알 권리를 옹호한다. 이 영화는 환자의 개별 상황은 무시한 채 환자의 알 권리에만 관심 을 가졌던 담당의사보다는 세상에 한 분밖에 없는 유일한 아버지의 개별 상황 과 복지에 관심을 가졌던 아들의 편에 서주었다. 제이크가 암이라는 사실을 안 후 충격과 극도의 불안을 이기지 못하고 일시적 치매현상까지 일으키고 혼 수상태에 빠졌으니 의사의 암 통보는 매우 부적절했다는 결론에 도달하게 된 다. 후에 제이크의 치료를 담당했던 새 의사는 제이크가 암을 두려워해 뇌가 제 기능을 못하게 된 것 같다고 사견을 밝혔다.

이 상황은 병원에서 의사나 의료사회복지사가 흔히 만나게 되는 윤리적 딜 레마일 수 있다. 상태를 알려주자니 환자의 건강을 해칠 수 있고, 반면 상태를 숨기자니 환자의 알 권리를 침해하는 것이 되고. 이 상황에서 의사결정 지침

이 될 수 있는 것은 의료직이나 사회복지직이 중요시하는 가치들의 우선순위라고 할 수 있다. 두 전문직 모두에게 가장 최상의 가치는 생명의 존엄성이다. 따라서 어떠한 경우에도 생명을 위협하거나 침해하는 결정은 내려서는 안 된다. 생명의 존엄성에 비해 환자의 알 권리와 같은 정보공유의 가치는 그 아래에 위치한다. 하지만 어떤 경우에는 환자에게 직접 암 선고를 하는 것이 환자의 생명이나 건강을 위태롭게 하지 않을 수도 있다. 또한 자신이 죽는다는 것을 모르는 환자는 죽기 전에 하고 싶었던 많은 일을 할 기회를 놓칠 수도 있다. 이런 경우 환자의 알 권리 보장은 환자의 삶의 질을 높일 수 있는 수단이 될 수 있다. 따라서 의사는 죽음에 대한 인지가 환자에게 어떤 영향을 미칠 수 있는지에 대해 환자를 가장 잘 아는 가족들과 신중히 검토한 후 환자의 알 권리를 보장해야 할 것 같다.

노인 수발, 누구의 몫인가?

이 영화에서 가장 작위적인 부분은 밤낮없이 일하는 회사 고위간부인 아들 존이 아버지의 병 수발을 위해 상당히 오랜 시간 휴가를 내고 아버지 곁을 지키는 것이다. 반면 가장 감명 깊은 부분도 바로 이 모습이다. 아마 오늘날 이런 아들을 발견하기가 어렵기 때문에 더욱 감명 깊은지도 모르겠다.

어쨌든 부모끼리만 살다가 한 사람 또는 두 사람 모두 몸져눕게 되면 양로 또는 요양시설로 가지 않는 한 자식들의 개입이 시작된다. 직장을 휴직해야 하기도 하고, 간병으로 잠을 설치기도 하고, 병원의 간이침대 신세를 져야 하기도 한다. 동생 애니는 존에게 묻는다. 언제까지 이것이 가능할 것 같으냐고.

하지만 어렸을 적 아버지의 수고를 이해하고 고마워하는 존은 아버지를 계속 간호하고 마지막 길을 지키고자 한다. 이러한 결정은 환자 아버지와 자식 간의 관계성의 질에 의해 영향을 받을 것이다. 자식의 부모 부양이 의무가 아닌 오늘날, 노인 수발을 결심하는 자식은 그만큼 부모와의 애착이 강한 사람이 아니겠는가.

아버지라는 존재

제목이 말해주듯이, 이 영화는 아버지란 어떤 존재인가 하는 것을 제이크와 그의 아들 존, 그리고 손주 빌리를 통해 잘 보여주고 있다. 아버지 제이크는 책 『가시고기』 정도의 희생적이며 헌신적인 아버지는 아니라고 할지라도 부인과 자식을 위해 '자신'이라는 이름은 지우고 산 아버지다. 자신이 행복한지 아닌지, 행복할 권리가 있는지조차도 모른 채, 원치 않는 삶 속에서 지쳐 쓰러져도 오뚝이처럼 다시 일어나 일상을 이어간 경제적 부양자다. 전통적 가족제도를 충실히 유지하려 했고 가족이 인생의 전부였던 가장이다. 70대 이상에서 볼 수 있는 우리네 평범한 아버지상(像)인지도 모르겠다.

반면 아들 존은 40~50대 젊은 아버지의 시대상을 보여준다. 수많은 이혼자 수치에 하나를 더하고, 전처와 함께 사는 대학생 자식이 어디서 무엇을 하는지 파악이 안 되는, 일과 권력, 돈에 모든 인생을 건 아버지다. 전통적 가족제도를 유지할 능력은 없었지만 그에 대한 신념에는 변함이 없다. 그렇기 때문에 멕시코에서 남녀 혼성으로 공동체를 이루고 살면서 함께 경제를 해결하고 정서적으로 지지하는 현대적 의미의 가족제도를 구현하는 아들을 이해하지 못한다. 빌리 또한 가부장적 아버지를 이해하지 못한다. 빌리가 묻는다. "아버지에게 돈을 버는 게 엄마나 나보다 더 중요한가요?" 그게 남자의 일이며 아버지가 해야 할 일이라고 믿었다고 존은 대답한다. 거기에 솔직한 대답 하나를 덧붙인다. "그게 쉬웠다"고. 가족 간의 갈등을 해결하고 대화로 풀 수 있는 열린 마음이 존에게는 없었기에 가족은 그에게 힘들고 피하고 싶은 대상이었던 것 같다.

하지만 힘듦을 참고 용서해야 하며 가족끼리는 가족이라는 이유만으로도 사랑해야 한다는 메시지를 제이크는 존에게 일깨워준다. 제이크를 돌보는 가운데 아버지란 존재를 생각해보고 자신에게도 사랑하는 자식을 있음을 새삼 깨달은 존은 빌리에게 열린 마음으로 대화를 청한다. 그리고 빌리에게 아버지로서 함께 있고 싶었다는 고백을 한다. "너 어렸을 때 더 많이 안아주었으면 좋았을 텐데……. 널 얼마나 사랑하는지 알지?"라는 제이크의 임종 직전의 말을 더 늦기 전에 빌리에게 해준 것이다. 그리고 "용서하라"는 메시지를 준다. 용서와 화해는 가족이라는 유리항아리를 깨뜨리지 않고 잘 유지하는 비결인 것 같다.

남편이라는 존재

이 영화는 부자간의 관계를 보여주는 동시에 노부부를 통해 부부관계를 다시금 들여다보게 한다. 모든 것을 부인이 정해준 규칙과 계획대로 움직여야 하는 남편. 부인은 병원 침대에 누워서조차 아버지는 뭐 먹으면 안 된다, 뭐 안 좋아하신다 하면서 남편의 생활을 통제하고 싶어 한다. 자신이 없는 동안 홀로서기에 성공하고 원하는 삶을 살고자 하는 제이크에게 베트는 저항한다. 변한 제이크에 대해 베트는 다른 사람의 호르몬이 섞인 것 같다며 있는 그대로를 수용하지 못한다.

제이크와 베트 사이의 불편한 관계의 원인은 제이크의 '행복한' 정신분열증 발병과 이에 대한 정신과 의사의 해석에서 명확해진다. 제이크가 현실의 일상생활에서 행복을 느끼지 못해 동경하는 생활을 내면에 만들어, 현실과는 다른 순종적인 아내와 함께 공장직원이 아닌 작은 농장의 주인으로 살고 있다는 것이다. 현실에서 원하는 삶을 누리지 못한 제이크에게는 이것이 숨 쉴 수 있는 유일한 통로였는지 모른다.

이런 아버지의 삶을 새롭게 이해하게 된 아들은 일본과 같은 새로운 문화권의 옷, 음식, 말을 배우고 싶어 하는 제이크에게 강하게 반발하는 어머니 베트에게 30년 이상 어머니랑 살면서 아버지가 미치지 않을 수가 있었겠는가고 성토한다. 그러면서 아버지가 원하는 삶을 살면서 여생을 즐길 수 있도록 해주라고 사정한다. 하지만 베트는 단호히 대답한다. "나는 내 남편을 원해." 젊어서도 환경이나 사람의 변화에 적응하기 쉽지 않은데 노부인에게 남편의 극적인 변화는 수용하기 버겁다. 그리고 그것이 이제까지 살아왔던 자신의 인생을 총체적으로 부정하는 것일 때는 특히나 그렇다. 베트는 묻는다. "우리가 살아온 시간이 그렇게 힘들었나요?"라고. "나를 바라보지 말고 세상을 바라보고 살라"는 제이크의 당부는 그동안 자신에게 지워졌던 짐과 아내에게 지워진 무거운 짐을 다 내려놓자는 호소이다. 이혼도 가족에 대한 불충실함도 생각할 수 없었던 가장의 마지막 바람이다. 그동안은 할 수 없었지만 이제 죽음 앞에서는 할 수 있었던 부탁이었다.

이런 부부 갈등이 죽음을 앞둔 시점이 아닌 젊어서 발생했다면 결과는 불 보듯 뻔할 수 있다. 이혼이나 별거, 부부갈등의 심화. 하지만 죽음은 확실히 화해의 에너지를 가지고 있음이 분명하다. 둘은 마지막 춤을 춘다. 제이크의 장례식 날 베트는 평소 제이크가 좋아했지만 자신의 반대로 생전에 쓰고 다닐 수 없었던 제이크의 야구모자를 쓰고 있다. 남편을 있는 그대로 받아들였다는 표현일 것이다.

죽음에 대한 수용과 자아통합

스위스 태생 정신과 의사 엘리자베스 퀴블러 로스(Elizabeth Kübler-Ross)는 죽음을 앞둔 많은 환자들을 면담해 그들이 경험하는 상실에 대한 정서적 반응 과정을 발견했다. 비탄의 첫 단계는 '부정'이다. 다음은 '분노' 단계인데 왜 나에게 이런 일이 일어났느냐며 화를 내고 절대자를 비난하기도 한다. 세 번째는 '타협' 단계로, 치유하거나 죽음을 막아달라며 절대자에게 빌고 매달린다. 이런 바람이 현실화되지 않을 때 좌절과 절망감을 느끼는 '우울' 단계에 들어가게 된다. 마지막 단계는 '수용'이다. 수용은 체념과는 다르다. 죽음을 그저 묵묵히 감수하는 것이 아니라 사랑하는 이들 곁을 떠나야 한다는 것을 인정하는 동시에 상실의 고통에서 벗어나 평안함을 되찾고 내적 성장을 재기하는 것이다. 이 단계들은 순서대로 다 경험되는 것이 아니라 단계를 건너뛰기도 하고 한 단계 올라갔다 다시 내려오기도 한다. 어떤 사람은 '부정'을 극복한 후 곧바로 '수용'에 도달하기도 하고 어떤 사람은 수용 단계에 도달하는 데 5년, 10년이 걸리기도 한다. 어떤 단계에 고착되어 마지막 단계에 도달하지 못하는 경우도 있다.[2]

위 단계에 비추어볼 때 제이크는 죽음에 대한 수용 이전에 부정 단계에서 오랜 시간 머물러 있었던 것 같다. 죽음을 수용할 수 있는 마음의 준비가 되어 있지 않았기에 죽음을 인지하는 순간 충격으로 뇌가 마비되는 증상까지 나타난다. 하지만 제이크는 혼수상태에서 깨어난 후 비록 짧은 시간이지만 자신이 살고자 하는 식대로 살아볼 수 있는 기회를 갖는다. 우스꽝스러운 옷도 입어보고, 동양식으로 식사도 해보고, 다시 운전대도 잡아보고. 그리고 아내와 절대 할 수 없었던 마음 깊숙이 쟁여 있었던 속마음을 꺼내놓고 진정한 화해도 시도한다. 이런 경험 후에 찾아온 암의 재발은 제이크가 더는 죽음을 부정하게만 하지는 않았다. 그동안 자신의 삶을 되돌아보고 삶의 의미를 찾고 삶을 통합해볼 수 있었던 시간이 있었기에 제이크는 이제 죽음을 담담하게 받아들일 수 있는 용기와 여유, 그리고 통찰을 가질 수 있었다.

"나는 지나간 내 인생에서 내 역할과 내 성취에 대한 만족할 수 있는가?"라는 질문에 제이크는 무어라 대답할까? 아마도 살면서 불만들도 많았지만 '짐이자 힘'이었던 자식과 부인이 자신의 삶에서 중요한 일부였고 그들을 부양했던 것이 인생의 보람이었다고 이야기할 것 같다. 그렇다면 제이크의 삶은 결코 의미가 없거나 후회스러운 삶이 아니지 않겠는가? 제이크의 삶에서 평범한 우리네 아버지들의 모습을 목격하면서, 수많은 우리 아버지들이 더 늦기 전에 자신의 삶을 되돌아보고 아내와 자식과 화해하며 자신을 통합해볼 수 있는 시간을 가질 수 있기를 희망하는 마음이다.

〈버킷 리스트(The Bucket List): 죽기 전에 꼭 하고 싶은 것들〉

감독 롭 라이너
주연 잭 니콜슨, 모건 프리먼, 숀 헤이즈, 비버리 토드
제작 연도 2008년
상영시간 97분

버킷 리스트라는 말에서 '리스트'는 우리가 흔히 알고 있는 무엇인가를 적은 목록을 의미한다. '버킷'은 우리나라에서 예전에 일본식으로 '빠께스'라고 불렸던 물을 담아 나르는 뚜껑 없고 손잡이 있는 통을 의미한다. 하지만 이 영화 속 '버킷 리스트'는 죽기 전에 꼭 하고 싶은 것을 적은 목록을 의미한다. '버킷'이라는 말은 영어 슬랭 "kick the bucket(죽다, 황천객이 되다)", 즉 '죽는다'는 말을 간접적으로 돌려 쓸 때 사용하는 이 말에 근거한다. 그런데 왜 죽는다는

말을 표현하는 데 물통이 등장할까? 왜 '물통을 발로 찬다'는 말이 죽는다는 의미가 될까? 여러 가지 설이 있지만 그중 가장 설득력 있는 것은, 중세시대에 사람을 목매달거나 자살을 할 때 물통(버킷) 위에 올라가 목에 올가미를 묶고 물통을 발로 차버려 죽게 한데서 유래했다는 것이다.

버킷 리스트는 죽기 전, 다시 말해 살아서 꼭 하고 싶은 것들의 목록이라는 점에서 "someday list(언젠가 꼭 해보고 싶은 것들의 목록)" 또는 "life list(살아 있을 때 꼭 하고 싶은 것들의 목록)"인 셈이다. 이 영화 이후 버킷 리스트라는 말은 일상화되어 사용되고 있으며, 죽음과 관계없이 인생을 의미 있게, 잘 살기 위한 방법으로 활용되고 있다.

이 영화는 죽음을 눈앞에 둔 두 노인이 버킷 리스트를 들고 세상을 돌아다니며 자신의 바람을 성취해나가면서 삶을 통합해가는 과정을 그리고 있다. 정작 영화는 이런 심오한 주제보다는 버킷 리스트로 유명해졌다. 오스카 남우주연상 수상자이자 연기 거장이라 할 수 있는 잭 니콜슨과 모건 프리먼이 함께 주연을 맡았다는 점에도 많은 스포트라이트를 받았다. 노인과 가족관계를 그린 영화는 많지만, 노인 자신, 그가 원했던 진정한 삶의 성취, 노년기 자아통합에 직접적으로 초점을 맞춘 영화는 매우 드물다는 점에서 노년을 이해하고자 하는 사람들에게 빼놓을 수 없는 영화라 할 수 있다.

줄거리

주인공 카터는 자랑스러운 아들 둘과 바이올린 연주자인 예쁜 딸을 둔 아버지이자, 간호사이면서 헌신적인 아내와 사는 자동차 정비사다. 젊어서 역사학 교수가 되고 싶었지만 가족 부양과 경제적 어려움 때문에 꿈을 포기하고 기술자가 되었다. 그리고 45년의 세월이 흘러 오늘에 이른 것이다. 또 한 명의 주인공 에드워드 콜은 대형 병원인 콜 병원 소유주이자 최고관리자로서 상상할 수 없는 재력과 권력을 가진 기업가다. 독설가에다 괴팍하며 돈 안 되는 일에는 관심이 없고 코피 루왁이라는 독특한 커피만을 마시는 에드워드는 네 번 이혼했고 현재는 혼자 살면서 톰 또는 토미라고 하는 남자비서를 데리고 다닌다. 에밀리라는 결혼한 딸이 있지만 오래전 사위 문제로 심하게 다툰 후 만난 적이 없다.

두 사람은 암이 발병하여 입원하고 우연히 같은 2인 병실을 쓰게 된다. 배경이나 성격 면에서 너무나도 다른 두 사람이지만 암 환자의 고통을 공유하면서 차츰 가까워진다. 어느 날 카터는 병상에 누워 과거 대학 신입생 시절 철학 교수가 과제로 내주었던 '버킷 리스트'를 떠올리고 리스트를 작성해보려고 한다. 하지만 자신의 죽을 날이 얼마 남지 않았다는 의사의 통보에 리스트를 구겨버린다. 자신도 죽음을 앞두고 있는 에드워드는 카터가 버린 리스트를 우연히 발견하고, 카터에게 함께 리스트를 성취하기 위한 여행을 떠나자고 제안한다.

에드워드의 제안에 카터는 잠시 머뭇거렸지만 아내와의 예전 같지 않은 관계가 '진정한 나'의 부재에 의한 공허함 때문이라는 것을 인식하고 동행을 결정한다. 둘은 버킷 리스트를 들고 병원을 뛰쳐나와 여행길에 오른다. 그리고는 그동안 해보고 싶었지만 해보지 못했던 스카이다이빙, 몸에 문신하기, 신형 자동차로 경주하기, 프랑스에서의 저녁, 사파리에서의 대형 고양이 사냥, 이집트 피라미드 보기 등을 실행해간다. 여행 중에 둘은 인생에 대해 많은 이야기를 나누고, 그 과정에서 에드워드와 딸과의 소원한 관계를 알게 된 카터는 에드워드가 반대하는데도 버킷 리스트에 '에드워드 부녀가 화해하기'를 포함시킨다.

홍콩 여행 이후 카터가 가족에게 돌아갈 시간이 되었다는 것을 인식한 두 사람은 미국으로 돌아온다. 돌아오자마자 카터는 에드워드가 딸과 재회할 수 있도록 유도하지만 실패로 끝나고 에드워드는 카터에게 결별을 선언한다. 집에 돌아온 카터는 암이 뇌까지 전이되어 재입원하게 되고, 죽음의 문턱에 선 카터와 만난 에드워드는 그가 즐겨 마시는 코피 루왁의 진실이 담긴 정보를 읽고 카터와 함께 '눈물 날 때까지 웃는다'(버킷 리스트 목록). 카터는 마지막으로 에드워드에게 인생의 기쁨을 찾아갈 것을 당부한다. 에드워드는 헤어졌던 딸을 찾아가 손녀로부터 '세상에서 가장 아름다운 소녀로부터의 키스'(버킷 리스트 목록)를 받는다.

카터의 장례식 예배에서 회고 연설을 하게 된 에드워드는 카터가 살아 있는 동안 자신에게 어떤 즐거움을 주었는지, 그리고 서로가 인생에서 얼마나 큰 참된 기쁨을 찾아주었는지 이야기한다. 결국 두 사람은 지난 3개월을 함께 하면서 '모르는 사람 돕기'라는 버킷 리스트 목록을 하나 더 성취한 것이다. 두 사람은 죽은 후 카터가 희망했던 대로 화장된 후 커피 깡통에 담겨져 '장엄한 것 보기'(버킷 리스트 목록)를 성취시켜줄 장엄한 히말라야의 품에 잠든다.

◤ 사회복지 관점에서 영화 보기

죽음, 어떻게 맞을 것인가?

앞에서 소개했던 〈아버지〉에서 주인공 제이크는 고령임에도 처음부터 죽음에 대해 두려워하고 직면하기를 회피했다. 반면 〈버킷 리스트〉의 주인공 에드워드와 카터는 둘 다 아직도 직장을 가지고 일하고 있는 열심파인데도 에드워드와 카터의 죽음에 대한 반응은 훨씬 긍정적이고 참신하기까지 하다. 물론 그들도 처음부터 죽음에 대해 무조건 수용적이지는 않았던 것 같다. 카터는 자신이 언제 죽을지를 몰랐을 때는 버킷 리스트를 적으며 살아서 할 일을 생각하는 여유를 보였다. 하지만 자신의 죽음이 목전에 있다는 것을 알고 버킷 리스트를 구겨 던져버린다. 자신이 언제 죽을지를 알면 훨씬 자유로울 것이라고 생각했었지만, 알고 보니 그게 아니라고 했다. 에드워드와

카터는 엘리자베스 큐블러로스의 죽음 수용의 단계에 대한 대화를 나누며 죽음을 부정하고 싶었고 자살을 생각하기도 했다고 말했다.

어느 누구도 죽음을 오래 기다린 친구처럼 반갑게 맞을 사람은 없을 것이다. 아마도 이들 두 사람 또한 함께 새로운 도전을 실행에 옮기지 않았다면 말년은 죽음에 대한 부정과 우울의 시간이었을지 모른다. 에드워드는 카터에게 말한다. 지금 내가 나의 자리로 돌아가면 돈, 금융, 부채 그런 것들에 파묻힐 것이고, 카터 당신은 장례식 준비나 하면서 죽어가는 당신을 보고 위로할 가족들을 지켜보고만 있게 될 것이라고. 그것이 원하는 바냐고.

물론 간호사인 카터 부인은 남편을 포기하고 싶어 하지 않는다. 삶의 기회를 조금이라도 더 보장해줄 수 있다고 생각되는 큰 병원과 더 나은 치료를 찾기 위해 노력한다. 충분히 이해되는 반응이다. 하지만 암 말기 환자인 카터 자신은 아내와 자녀를 위해 보장 없는 생명연장의 피나는 노력을 하기보다는 자신을 위해 남은 시간을 사용하기로 결심한다. 이제 막 죽음의 문턱에서 만난 새로운 친구와 함께.

남은 시간을 평생 자신이 해보고 싶었지만 할 수 없었던 일들, 꿈꿀 수도 없었던 일들을 해나가면서 카터와 에드워드는 죽음에 대한 부정과 우울, 좌절, 그리고 생에 대한 후회에서 벗어날 수 있었다. 자신의 평생 꿈을 이루면서 인

생에서 가장 멋진 시간을 만들어가는 그들에게 죽음은 결코 두려운 대상만이
아니라 삶이 주는 선물이기도 했던 것 같다.

진정한 나 찾기와 자아통합

이집트에서 내려오는 이야기에 의하면 사람이 죽으면 신 앞에 가서 두 가
지 질문을 받는다고 한다. '네 삶의 기쁨(joy)을 찾았나?', '남에게도 기쁨을 주
었나?' 카터는 에드워드에게 답을 묻는다. 에드워드는 첫 번째 질문에 대해
긍정적으로 답했지만, 두 번째 질문에 대해서는 주저했다. 우리 각자는 어떤
답을 할 수 있을까?

에드워드와 카터가 작성한 버킷 리스트에는 첫 번째 질문에 긍정적 답을
줄 수 있는 열쇠들이 들어 있었다. 스카이 다이빙하기, 몸에 문신하기, 자동차
경주하기, 평생 꿈조차 꾸지 못했던 스릴 있는 모험, 장엄한 것 목격하기, 눈
물 날 때까지 웃기, 세상에서 가장 아름다운 키스 등. 그리고 두 번째 질문도
"예스" 할 수 있게 만드는 열쇠가 있었다. '모르는 사람 돕기'. 에드워드와 카
터는 3개월 전 서로 전혀 모르는 사이였다. 사실상 너무나 다른 두 사람이었
다. 한 사람은 백인에 억만장자. 또 한 사람은 흑인에 중산층 자동차기술자.
하지만 죽음 앞에서 그들은 평등했다. 우리는 모두 결국엔 죽는다는 점에서,
언제 죽을지 모른다는 점에서, 또 어디서 죽을지 모른다는 점에서 평등하다고
누군가 이야기했지만, 에드워드와 카터는 둘 다 언제쯤 죽는다는 것을 알고
있다는 점에서 평등했다. 돈이 많으냐 적으냐도, 많이 배웠느냐 아니냐, 같은
인종이냐 아니냐는 이들을 전혀 불평등하게 만들지 못했다.

죽음을 앞두었다는 공통점이 없었다면 이들은 절대 가까워지지도 우정을
쌓지도 못했을지 모른다. 하지만 둘은 살면서 상상만 했던 멋진 모험을 실행
하면서 서로의 인생이 "정말 멋졌다", "후회 없다"고 마감을 할 수 있도록 돕는

•• 버킷 리스트를 실행에 옮기는 방법3

1. 원하는 것을 결정하라.

2. 구체적이며 측정가능하고 시간제한적인 목표를 설정하라.

3. 왜 각 목표를 달성해야 하는지 그 이유를 명확히 하라.

4. 임파워링시켜줄 수 있는 신념을 가지라.

5. 목표에게 초점과 관심을 집중시키라.

6. 목표를 달성할 수 있는 가장 확실한 행동을 취하라.

7. 행동이 목표에 맞는지 재조정해가면서 진전상황을 측정하고 모니터하라.

다. 서로가 돕고 있다는 것을 처음에는 알지 못했지만 에드워드는 카터의 장
례식에서 서로가 삶에 기쁨을 주었다는 것을 확인하게 된다. 카터는 에드워
드 덕분에 45년 동안 자녀와 가족의 뒷바라지를 위해 희생했던 '자신'만의 시
간과 꿈을 실행해볼 수 있었고, 에드워드가 고용한 홍콩의 성매매여성을 통해
아내에 대한 사랑을 다시금 확인할 수 있었고, 에드워드가 맹신하는 코피 루
왁의 진실4을 통해 눈물 날 때까지 웃을 수 있었다. 에드워드는 카터를 통해
평생 소원했던 딸과 화해하고 손주에게 세상에서 가장 아름다운 키스를 받을
수 있었고, 자신이 가진 부를 통해 누군가가 후회 없는 인생으로 마감할 수 있
도록 도울 수 있었고, 눈을 감는 마지막 순간에 세상을 향해 마음을 활짝 열
수 있었다. 관객들은 에드워드나 카터나 죽음의 문전에서 자신들의 생이 결
코 후회스러웠다고 이야기하지 않을 것임을 확신한다. 내가 저럴 수 있다면,
내 인생은 정말 멋진 인생이었다고 외칠 수 있을 것 같다.

한 줌의 재로 변한 카터와 에드워드가 생전에 소원했던 대로 커피 깡통에
담겨 세상에서 가장 장엄한 산 히말라야에 묻히는 장면에서 다음과 같은 카터

의 내레이션이 나온다. 에드워드와 카터가 자신의 삶을 어떻게 마무리할 수 있었는지, 그들이 성취할 수 있었던 자아통합이 장엄한 히말라야와 함께 우리의 뇌리에 각인된다.

> 누군가의 인생을 평가한다는 것이 쉬운 일은 아니지.
>
> 세상에 남겨놓은 것으로 평가받는 사람도 있고
>
> 신념으로 또는 사랑으로 평가받는다고도 하지.
>
> 또 누구는 인생이 아무 의미 없는 것이라고도 하지.
>
> 나한테 인생은 나를 제대로 알아주는 사람이 있느냐 하는 거야.
>
> 내게 확실한 것은 에드워드가 남은 마지막 삶을 누구보다도 더 잘 살았단 거지.
>
> 눈을 감는 마지막 순간에 마음은 아주 넓게 열려 있었어.

❖ 생각할 거리

1. 노년기의 바람직한 부부 관계는 어떠한가?
2. 노년기의 바람직한 부모 - 자녀 관계는 어떠한가?
3. 노인들의 자아통합을 도와줄 수 있는 방법은 어떤 것들이 있는가?
4. 가족들은 부모의 죽음에 대해 어떤 준비가 필요한가?

주

1 에릭슨의 심리사회적 발달단계에 대한 내용은 http://psychology.about.com/od/psychoso-cialtheories/a/psychosocial_3.htm 참조.

2 Elizabeth Kübler-Ross의 5단계에 대해 더 자세한 내용은 http://www.bereavement.org/e_kubler-ross.htm 참조.

3 http://www.squidoo.com/100things

4 인도네시아어로 코피(Kopi)는 커피, 루왁(Lewak)은 사향고양이라는 뜻이므로 코피 루왁은
   '사향고양이 커피'를 의미한다. 이 커피는 세계에서 가장 비싼 커피로서, 인도네시아 등 밀림
   지역에 사는 야생 사향고양이가 잘 익은 커피 열매를 따먹은 후 소화되지 않는 씨(생두)를 배
   설해놓은 것을 채집해서 만든다고 한다(http://en.wikipedia.org/wiki/Kopi_Luwak).
   영화의 주인공 억만장자 에드워드는 최고급 커피인 코피 루왁만 마시는데, 그것이 사향고양
   이의 배설물이라는 사실을 알게 되어 에드워드와 카터가 눈물이 날 때까지 웃었던 것이다.
   하지만 원주민들이 배설된 씨를 채집하여 수작업으로 썻고 말리고 속껍질을 다시 벗겨 햇볕
   에 말리는 과정을 통해 만드는 코피 루왁은 사향고양이의 침과 위산 등이 커피씨와 함께 발
   효되어 깊고 은은하고 부드러우면서도 독특한 맛을 내는 특별한 커피라고 한다.

10

장애인의 눈으로 세상을 보자

최승희

장애인을 가진 부모가 갖는 가장 큰 바람은 '장애인 자녀보다 딱 하루만 더 사는 것'이다. 장애인의 부모는 자신이 죽은 후 끊임없이 돌봄이 필요한 장애인 자녀가 맞닥뜨리는 삶이 얼마나 고단하고 힘겨울까에 대해 슬픔과 불안을 느끼며, 남아 있는 다른 가족들에게 장애인을 돌보는 부담을 지우고 싶지 않기 때문이다. 그렇기 때문에 장애인의 자립은 부모의 최대 숙원이자 장애인 스스로의 삶의 질을 높일 수 있는 유일한 길이다. 장애인이 오롯이 홀로 서기 위해서는 다양한 사회적 자원과 환경이 구비되어야 한다. 장애의 조기진단과 치료, 특수교육, 직업재활 등의 필수적인 과정이 필요하다. 또한 장애인 스스로 살아나갈 수 있는 사회적 기술을 익혀야 함과 동시에 자립을 위해 경제활동을 할 수 있어야 한다. 그리고 그들이 세상 밖으로 발을 디딜 때에 마음으로 격려를 보태줄 수 있는 따뜻한 시선과 응원이 필요하다. 〈도토리의 집〉은 중복장애인 소녀 게이코의 성장기이다. 또한 비장애인이 장애인의 눈으로 세상을 이해하고 보게 되기까지를 보여주는 게이코 어머니의 독백이기도 하다.

〈도토리의 집〉

도토리가 자라 나무가 되고, 숲이 되는 날을 꿈꾸며

원작 야마모토 오사무

감독 나카하시 마키토

제작 연도 2001년

상영시간 110분

기타 실화

작품배경

이 작품은 실화를 바탕으로 한 만화 원작을 애니메이션 영화로 만든 것이다.
이 만화의 원저자인 야마모토 오사무는 『머나먼 갑자원』, 『천상의 현』, 『도토
리의 집』 등으로 알려진 일본의 저명한 만화가이다. 『도토리의 집』은 7편까
지 단행본으로 출판되어 다년간 베스트셀러를 기록한 만화를, 중견 영화프로
듀서인 나카하시 마키토가 110분의 애니메이션으로 제작했다. 3년간의 제작
준비과정을 거쳐 2년간의 제작, 그 후 2년간의 전국 순회 상영 등으로 전국에
〈도토리의 집〉 신드롬을 불러일으켰으며, 1년에 한 편도 추천작으로 선정하
지 않을 만큼 까다로운 일본 문부과학성의 추천을 받은 작품이기도 하다. 일
본에서 120만 명 이상이 관람하여 장애인에 대한 태도를 변화시키는 계기를
마련했던 휴먼드라마 애니메이션이다. 장애인이 처한 현실을 알림과 동시에
장애인복지 향상을 도모하기 위해 만들어진 이 영화는 막대한 제작비를 수천
곳의 장애인단체, 복지기관, 자원봉사단체와 개인으로부터 직접 조달했다. 또
한 영화 제작에는 일본 톱클래스의 아티스트들이 자원봉사로 참여해서 수준
높은 애니메이션으로 탄생할 수 있었다. 국내에서는 『사랑의 집』이라는 제목
으로 만화번역본이 출판되어 감동을 불러일으켰으며, 영화는 2001년 제2회

장애인영화제의 초청작으로 상영된 것을 비롯하여 국립특수교육원과 장애인 먼저실천중앙협의회가 주최한 '교원 초청 시사회' 실시, 세계 장애인의 날 특집 MBC 다큐멘터리에 소개되는 등의 호평을 얻었다.

◤ 줄거리

1974년, 일본 사이타마 현의 평범하고 행복한 한 가정에서 여자아이가 태어난다. 이름은 다사키 게이코. 그러나 기쁨도 잠시, 아빠 시게루와 엄마 료코는 아이가 농아이며 중복장애를 가졌음을 알게 된다. 이후 이들의 가정은 점점 황폐화되어간다. 어느 날 천식 발작으로 사경을 헤매다 극적으로 살아난 게이코를 보며 엄마는 게이코와 행복하게 살아갈 수 있는 길이 분명히 있을 거라는 확신을 가지게 되고, 게이코를 농아학교의 농중복 장애학급 유치부에 입학시킨다. 말을 하지 못하고 자해행위가 심한 기요시, 학교를 졸업하고 장애인복지센터에서 일하다 다른 사람을 다치게 하여 대인기피증으로 집에서 폐인이 되어가는 쓰토무. 부모들은 자신의 한계 앞에 절망하며, 아이들에 대한 기대를 접는다. 그리고 아이들도 부모의 좌절을 몸으로 느끼고 슬픔에 파묻혀 결국 마음의 문을 닫는다.

그러나 아이들의 이해하지 못할 행동이 결국 그 아이들이 세상과 소통하는 언어였으며 호소였음을 조금씩 알게 되는 부모들. 그리고 부모들은 어느새 하나가 되어, 학교를 졸업한 농중복장애 아이들이 일하며 즐겁게 생활할 수 있는 공동작업장, '도토리의 집'을 만들기로 한다. 보조금도 변변히 기대하기 어려운 상황에서 20억 원 이상을 모금해야 하는 인간승리의 대장정이 시작된다. 선생님과 부모들은 가두에서, 그리고 각계에 도움을 요청하며 '도토리의 집'을 만들어간다. 20억 원이라는 거액을 2년간에 걸친 시민운동을 통해 순수한 모금으로 만들어낸다. 영화는 '도토리의 집' 건립기념공연을 보여주며 끝난다. 장애인과 비장애인이 다함께 수화로 노래 부른다. "당신에게도 나에게도 눈물은 있어, 마음과 마음만으로도 이제 서로를 이해할 수 있네."

▶ 사회복지 관점에서 영화 보기

장애진단과 조기치료

게이코가 농아이면서 중복장애임을 진단받은 후에, 게이코의 통제되지 않는 행동은 이웃에게도 피해를 끼친다. 엄마 료코는 게이코에게 머리를 뜯기고, 던지는 물건에 맞으며, 한 마리 작은 짐승처럼 발버둥치는 게이코 앞에서 무력하다. 그런 게이코가 농중복장애 유치원에 들어간 것은 6세가 되어서였다. 초기 진단 이후 2~3년은 흐른 뒤이다. 장애에 대한 정확한 진단도 중요하지만 적절한 조기치료와 교육 또한 시기를 놓쳐서는 안 된다. 극중의 엄마는 장애에 대한 이해와 교육방법도 전혀 모르고 있었으며, 아이가 농아임을 알게 된 후에도 수화의 필요성을 인지하지 못했다. 들리지 않는 아이를 달랬다가 때로는 화를 내기도 하면서 스스로 지쳐갔다. 아이 또한 세상과 소통할 준비도, 교육도 안 되어 있었다. 결국 게이코는 6세가 되기까지 이렇다 할 치료와 교육을 받지 못했다.

우리나라에서는 장애아동에 대해 보육과 양육비를 지원하고 있지만 가장 큰 부담이 되는 조기치료비에 대한 지원은 매우 제한적이다. 극중의 게이코처럼 농아이면서 중복장애인 아동들은 조기치료의 종류도 많고 비용 부담도 크다. 중산층의 부모들도 치료비용의 부담이 큰데 저소득층의 경우에는 말할 나위도 없다. 이처럼 부모들의 인식부족, 경제적인 문제 등으로 장애아동이 치료시기를 놓치는 경우가 허다하다. 국내의 장애인실태조사에 의하면 장애에 대한 발견이나 진단 직후 1개월 이내에 치료받은 경우는 71.4%에 지나지 않고, 나머지 28.65%는 즉시 치료를 받지 않는 것으로 나타났다. 즉시 치료받지 않은 주된 이유는 경제적으로 곤란해서(30.8%), 그대로 두어도 괜찮거나 곧 나을 것 같아서(29.4%), 장애에 대한 무관심·무지 때문에(18.0%) 등의 순으로 나타났다. 과거에 비해 많이 개선되기는 했으나 장애발생에 대한 인식이 여전히 부족했다.

장애인 부모가 겪는 양육 스트레스 및 갈등

극중에는 다양한 가정이 나온다. 게이코의 가정, 아이에 대한 기대를 저버린 아빠와 무관심한 딸 미쓰코 사이에서 기요시의 양육에 지쳐 결국 동반자살까지 생각하는 엄마, 장애인 작업장에서 따돌림을 받고 집에 틀어박힌 손자 쓰토무가 안쓰러워 원하는 대로 과자를 줘서 손자의 이가 노인처럼 빠지게 했다고 자학하는 할머니…….

장애는 개인의 문제로 끝나지 않는다. 주 양육자의 스트레스, 아이의 양육 방법이 달라서 발생하는 부부갈등, 장애자녀의 치료와 교육으로 인한 경제적 부담 등 끝이 보이지 않기 때문에 더더욱 힘겹다. 특히 장애아동의 일차적인 양육자인 장애아동 어머니가 가장 큰 심리적 위기에 노출된다. 장애아동의 어머니들은 우울, 사회도피적 태도, 인생의 패배의식 같은 부정적인 감정을 갖기 쉬우며, 아이의 돌봄으로 인해 자신의 개인적인 생활을 영위할 수 없기 때문에 사회·문화적 활동에서 위축된다. 또한 장애아동의 치료와 교육으로 인한 재정적 어려움과 장애아동에 대한 걱정, 죄책감, 소외감을 느낀다.

아이의 비정상적 행동을 처음엔 연민과 동정으로 감싸주지만 끝내 인내의 한계에 부딪히면서 부부 사이도 부모 개인의 생활조차도 처참하게 망가지게 된다. '왜 나에게만 이런 아이가 태어난 것일까?'라며 현실을 인정하기 싫은 엄마 료코. '이 아이의 엄마라는 사실로부터 도망치고 싶다'고 고백할 정도로 심신은 지쳐만 간다. 어느 날 발작으로 응급실에 실려 가는 게이코의 가냘프지만 강한 삶에 대한 의지를 확인하는 엄마 료코는 다음과 같이 고백한다.

"우리는 아이의 장애만을 보며 그것을 무거운 짐이라고 여겨왔습니다. 그래서 엄마는 이제 웃지 않게 되었고, 아빠는 아이로부터 눈을 돌려버리게 되었습니다. 그 생각은 아이에게도 전해져 아이는 슬픔에 싸여 지내게 되고, 이윽고 아이는 마음의 문을 닫고 말았습니다. 하지만 무거운 장애를 짊어지고 있었던 건 아이가 아니라 바로 우리였습니다. 우리의 슬픔, 포기, 절망이 장애였습니다."

하지만 료코처럼 장애 부모들이 슬픔, 포기, 절망을 모두 극복하지는 못한다. 그렇기에 장애아동 부모의 스트레스를 경감하고, 장애아동의 가족 전체를 지원하는 시스템이 필요하다.

장애인 형제를 둔 비장애인 형제들

자폐아동 기요시의 누나 미쓰코는 엄마가 집을 나서면서 기요시를 잘 보라는 말을 들은 체 만 체한다. 누나의 무관심에 혼자 있던 기요시는 집밖에 홀로 나가게 되고, 동네 아이들로부터 심한 괴롭힘을 받는다. 장애 동생을 둔 미쓰코는 배가 아프다고 등교를 거부하는 날이 많아진다.

장애인과 함께 성장하는 비장애 형제들의 심리사회적 적응에 관심을 기울이게 된 것은 그리 오래지 않다. 기존의 연구에서 보면 장애인과 함께 성장하는 비장애 형제들은 가족이 장애 형제를 중심으로 움직인다는 것을 깨닫는 순간 자신의 생존을 위해 엄마를 돕는 행동 등을 한다고 한다. 반면 장애 형제로 인한 비장애 형제의 긍정적인 면도 있는데, 장애 형제를 수용하는 과정을 거치면서 이들이 실제 또래보다 책임감과 인내심이 강한 성숙한 인간으로 성장할 수도 있다는 것이다.

비장애 형제가 장애 형제로 인해 경험하는 심리·사회적 문제 등에 대한 연구와 개입 프로그램의 필요성이 제기되면서 다양한 개입이 이루어지고 있다. 비장애 형제를 지원하는 프로그램으로는 비장애 형제가 장애 형제에게 가지는 부정적인 감정을 완화하는 심리적 서비스, 비장애 형제와 장애 형제 간의 상호작용을 활성화하는 상호작용촉진 프로그램, 비장애 형제가 장애 형제의 교사역할을 일정부분 수행할 수 있도록 하는 훈련 프로그램, 비장애 형제에게 필요한 정보와 상호지지를 활성화하는 정보지원 프로그램이 있다.

장애인 성교육

게이코가 하루하루 성장하면서 엄마 료코는 여성의 성에 대해 가르치고자 결심한다. 그러나 게이코에게 생리 현상을 가르치는 것은 쉽지 않다. 결국 료코는 자신의 생리 첫날부터 마지막 날까지 자신의 행동을 그대로 게이코에게 보여주면서 교육을 한다. 이 교육은 헛되지 않아 게이코가 자신의 몸의 변화를 느끼게 되는 날 엄마의 가르침대로 행동하게 된다. 발달장애인들에게 성에 대해서 가르치는 것은 쉽지 않다. 특히 등록장애인의 41.4%에 이르는 여성장애인은 생리, 임신, 출산 등에서 여성과 장애라는 이중의 차별로 인해 많은 어려움을 겪는다. 이러한 문제를 해소하기 위하여 장애별, 연령별에 따른 지원이 필요하다. 또한 여성장애인 특성을 고려한 여성장애인 건강관리 매뉴얼 등을 제작하여 보급해야 하며, 결혼 전·후에 부부간의 성관계에 대한 교육 및 피임 등의 정보 제공이 필요하다.

장애인과 고용

이 영화는 장애인들의 사회적응과 자립이 얼마나 중요한지를 보여준다. 2

년의 기간 동안에 〈도토리의 집〉 건립을 위한 자금 20억 원을 모으기 위해 특수학교 선생님들과 부모들은 바자회와 거리모금 등을 한다. 결국 순수한 모금으로 20억 원을 마련한다. 사이타마 현의 실제 〈도토리의 집〉은 장애인 생활시설과 작업장으로서, 학교를 졸업한 이후에 독립생활을 하며 경제활동이 가능하다. 장애인 실태조사에서 나타난 우리나라의 장애인 경제활동실태는 15세 이상 장애인 133만 명 중 경제활동 인구는 63만 7,000명(47.8%)으로 이 중 취업자 수는 45만 4,000명이며 실업자 수는 18만 1,000명으로 실업률 28.4%를 기록, 해당 연도의 전체 실업률 4.2%에 비해 6.8배 높은 수준으로 나타났다. 장애인의 성별 실업률에서는 남자는 26.8%, 여자는 33.6%로 여성장애인의 실업률이 남자보다 6.8%가 높다. 장애인 고용은 우리나라뿐만 아니라 선진국에서도 매우 어려운 과제이다. 장애인 실업률이 높은 이유는 노동생산성을 강조하는 사회에서 높은 취업 장벽 때문에 일자리를 찾고자 하는 시도

> **◆◇ 장애인 고용의 유형**
>
> - **경쟁고용**(competitive employment): 일반 노동시장에의 고용으로 우리나라는 현재 50인 이상 사업체의 경우 장애인의무고용제도를 실시
> - **보호고용**(sheltered employment): 일반 노동시장에의 진입이 어려운 중증장애인을 대상으로 통제된 작업환경을 통해 보수가 있는 직업을 제공
> - **지원고용**(supported employment): 중증장애인을 대상으로 비장애인과 통합된 작업장에서 임금을 지급하면서 계속적인 고용 지원서비스를 제공

자체를 포기하는 실망실업의 상태에 처하거나 구직활동을 하더라도 장애인의 특성을 고려한 취업알선, 직업훈련, 창업 지원 등의 제도가 부족하여 일자리를 확보하는 것 자체가 매우 어렵다. 이렇기 때문에 장애인 의무고용제도를 시행하기는 하지만 장애인 고용률은 매우 낮은 수준이다.

**〈장애인이동권투쟁보고서:
버스를 타자〉**

감독 박종필
주연 장애인이동권연대
제작 연도 2002년
상영시간 57분 30초
장르 다큐멘터리

필자는 수년전 무릎을 심하게 다쳐서 한동안 목발을 짚고 다녀야 했다. 목발을 짚고 다니는 세상은 이전의 세상과 너무나 달랐다. 지하로 내려가는 계단은 가파른 계곡처럼, 가볍게 부딪히는 사람들의 접촉은 강한 일격처럼 느껴졌다. 목발에 의지한 채 온 몸의 무게를 실어 기차 객차 문을 밀기 위해서는 〈은하철도 999〉의 철이처럼 어둠을 헤쳐야 하는 용기와 힘이 필요했다. 좁은 기차복도를 목발을 짚고 가는 필자의 뒤통수에 꽂히는 사람들의 눈길은 왠지 모를 수치심까지 일게 만들었다. 목발을 짚고 다닌 몇 달 동안, 필자는 이전에 보지 못하고, 생각하지 못하던 삶의 불편함이 너무나 많음을 깨닫게 되었다. 서울시가 내세우는 '걷고 싶은 거리'는 장애인들에겐 길을 나서기에 엄두가 나지 않는 거리가 될 수도 있음을 몸으로 알게 되었다.

사회복지대상자 중 권리를 가장 강하게 표출하는 집단은 대부분 장애인이라고 말한다. 장애인들은 이동권의 보장을 위해서 큰길에 드러눕거나, 지하철 노선으로 내려가 휠체어를 탄 채 농성을 한다. 이들의 집단행동으로 교통이 마비가 되고, 지하철에서 사람들은 발이 묶인다. 장애인들의 시위를 보는 사람들 시선도 제각각이다. 저렇게라도 해서 자신들의 절박함을 알리고 싶어 하는 장애인에 대해 공감을 하는 이가 있는가 하면, 혀를 차고 강하게 비판을 하는 이도 있다. '당신들 몇몇 때문에 수백 명이 이렇게 불편을 당한다면 누가 당신들 편에 서겠냐'며 목청을 높인다. 비록 목소리를 높이지는 않아도 '굳이 저렇게까지……'라고 생각하며 마음이 불편하다. 하지만 장애인과 같은 입장이 되어 거리를 걸어본다면, 버스를 타본다면, 지하철에 오른다면, 그들이 투쟁을 선택할 수밖에 없는 절박함에 쉽게 볼멘소리를 내지는 못할 것이다.

작품배경

〈장애인이동권투쟁보고서: 버스를 타자〉(이하 〈버스를 타자〉)가 축약되지 않은 원제목이다. 장애인 이동권 쟁취를 위한 연내회의에서 기획을 했으며 박종필의 연출로 만들어진 다큐멘터리 작품이다.

〈버스를 타자〉는 2002년 서울독립영화제 'CJ 최우수상'을 받은 작품이다. 과거보다 독립영화제나 다양한 인권영화제가 개최되어 숨은 목소리들이 세상 밖으로 나올 수 있는 기회가 되고 있다. 또한 영화제에서만 보는 것에서 그쳤던 몇몇 작품들은 대중들의 관심과 주목을 받으면서 DVD로 일부 출간되었다. 〈버스를 타자〉는 〈끝없는 싸움 에바다〉, 노들장애인야간학교의 활동을 다룬 〈노들바람〉과 함께 하나의 DVD에 실렸다. 이 세 편이 모두 박종필의 연출로 만들어진 다큐멘터리이다. 〈끝없는 싸움 에바다〉는 2000년 제1회 장애인 영화제 '우수상'을, 2000년 제25회 한국독립단편영화제 해아래집 '연대와 인권상'을 수상했으며, 〈노들바람〉은 2004년 서울인권영화제 '올해의 인권영화상'을 수상했다. 각 작품마다 이 시대의 대표적인 소수자들을 대변하는 박종필 감독은 감성과 날카로움이 담겨 있다.

〈버스를 타자〉는 '이동하고 싶다'는 요구를 위해 2001년부터 전개된 장애인 이동권 투쟁을 시간적 흐름에 따라 담은 작품이다. 이동권이 가장 기본적인 요구임에도, 이들이 왜 버스를 점거하고 단식투쟁을 해야 하는지를 보여준다. 이 영화에서 박종필 감독이 바라보는 시선은 제3자의 담담함이 아닌 이들과 함께하는 내부자의 관점이다. 공권력에 장애인의 대오가 흩어질 때에 카메라의 시선도 이들과 흔들리며 함께 싸운다. 장애인들이 겪는 답답한 현실, 그들이 흘릴 수밖에 없는 눈물과 구호를 그들의 시선에서 생생하게 담아냈다.

▰ 줄거리

2001년 지하철 리프트에서 떨어져 사망한 장애인들로 인해 장애인 이동권 투쟁이 시작된다. 장애인 이동권 연대는 장애인들의 죽음에 대해 서울시의 공개사과와 이동권을 보장하기 위한 장애인 저상버스 확대 도입, 모든 역사의 장애인 승강기 설치를 강력하게 요구한다. 장애인 이동권 투쟁 연대는 천막 농성을 하고, 보건복지부장관과의 면담을 위해 사회복지사 대회장에 진입을 시도하며, 장애인들이 단체로 버스와 지하철을 타는 시위를 한다. 그 과정에서 몇 번의 국무총리실, 보건복지부 실무자들과의 성과 없는 면담내용이 오간다. 결국 이들에게 돌아온 것은 예산문제로 서로 책임을 전가하는 보건복지부와 건설교통부, 주무 부서를 찾아가라는 국무총리실의 답변이다. 그러나 이들의 투쟁은 계속되었고, 헛되지 않았다. 리프트 사고로 인한 장애인 사망사건에 대해 서울시의 공개사과를 받아냈으며, 2004년까지 장애인 승강장을 설치하겠다는 약속을 받아낸다.

▰ 사회복지 관점에서 영화 보기

투쟁이 유일한 방법일까?

지하철로에서 휠체어를 탄 장애인들이 하나의 철제 사다리의 칸마다 목을 걸고 있고, 하나의 사슬로 휠체어를 묶는다. 그리고 어떤 이들은 드러눕는다. 시청 앞에서의 단식 투쟁, 천막 농성, 장애인 수십 명이 한꺼번에 버스나 전철을 타는 시위…….

경찰들은 한결같이 '이렇게 하는 것은 불법'이라고 한다. 결국 이러한 불법 농성을 진압하기 위해 전투경찰들이 투입된다. 장애인들이 단체로 버스를 타고, 지하철을 타는 것, 단식투쟁이나 천막농성까지는 불법이라고 보기는 어렵지만, 출퇴근길의 지하철 노선 위에서의 투쟁은 쉽게 수긍되지 않는 모습인 것도 사실이다. 왜 이들은 대화로 이 문제를 해결하려 하지 않을까. 국무총리실, 보건복지부 담당자들도 하나같이 입을 모아 이렇게 이야기를 한다, "이러지 마시고, 절차를 밟으셔서 면담 요청을 하시고, 대화를 하시면 되지 않습니까?" 그러나 정작 대화를 요청하라는 공무원들은 농성책임에 대한 불똥이 자신들에게 튀지 않기를 바랄 뿐이지, 문제해결에는 관심도 없다.

우리 사회는 소수자의 목소리를 듣는 것에 익숙하지 않다. 이들이 정당하게 이야기하고, 대화하기를 원하는 자리를 외면한다. 결국 이들이 거리로 쏟아져 나오거나, 누군가가 참혹하게 희생되어야 그제야 관심을 가진다. 소수자들의 목소리가 담겨지는 성숙한 사회가 오기까지 투쟁이 때로는 다수의 심기를 불편하게 만들었어도, 이제까지 우리 사회의 정의와 권리를 오롯이 지켜낼 수 있었던 하나의 방법이었음을 인정해야 할 것이다.

사회복지 관점에서의 평등의 해석은 다소 다르다. 모든 사람의 조건 없는 평등이 아니라 가장 취약한 자의 이익과 권리가 우선시 되는 것이 평등이고 정의라고 본다. 이런 관점에서 본다면 장애인들의 지하철에서 드러눕거나 지하철 타기 시위로 출발이 지연되는 것을 불평하는 다수의 비장애인보다, 70% 이상이 한 달에 다섯 번도 외출을 하지 못하는 장애인의 권리에 힘을 보태주는 것이 마땅하지 않을까.

장애인 이동권의 현주소는?
극중에서 드디어 국무총리실에서 면담요청을 승인하고, 장애인 이동권 연대의 구성원들이 휠체어로 중앙정부청사 층계의 리프트에 오르려는 찰라, 리프트는 발판이 펴지지 않는 작동상 문제가 발생한다. 어이가 없는 웃음이 극

> ◦ 이동권이란
>
> 　이동권은 일반적으로 접근권 — 장애인이 사회 전 분야에 걸쳐 기회의 균등과 사회참여를 목적으로 교육, 노동, 문화생활을 향유할 수 있는 근본적 권리를 말하며, 구체적으로 물리적 장벽을 없애는 것으로의 이동권과 시설이용권, 각종 정보에의 장벽을 없애는 것으로서의 정보통신권 등 세 가지 권리가 있다 — 의 하위권리로 이해되며 물리적 장벽, 특히 교통시설 이용 등에서의 제약을 받지 않을 권리로 정의될 수 있다. 대중교통 또는 여객시설은 누구나 이용할 수 있는 공공재로서 모든 사람이 이용할 수 있는 시설로 구성되어야 하며, 또한 그 시설의 이용에 어떠한 사람도 차별받아서는 안 되는 것이다.

중의 장애인들에게도, 관객에게도 전달된다. 고장 난 리프트의 버튼을 한없이 눌러대며 당혹스러워하는 청사 직원들이 딱하기까지 하다. 중앙정부청사의 열 칸 남짓의 계단을 올라가기 위해 장애인들은 그렇게 하염없이 기다려야 했다. 2004년까지 장애인 이동권에 대한 실질적인 정책을 도입하겠다는 답변을 듣는 것으로 영화는 끝난다. 하지만 실제로 2004년에 건설교통부가 마련한 법률 「장애인 이동권 보장을 위한 법률」은 저상버스 도입이 권고사항에 그치고 시정명령 및 처벌 수단이 미비한 점 등 그동안 장애인계가 지속적으로 요구해온 핵심적인 조항들이 누락되어 장애당사자들의 거센 반발을 일으킨다. 결국 「교통약자의 이동편의 증진법」의 성과를 이루어냈으며, 이 법은 교통약자로서 장애인뿐만 아니라 노약자, 임신부 등을 대상으로 한다.

　장애인 이동권을 위한 차량과 설비들

　극중에서 저상버스에 올라 처음으로 버스를 타본다는 장애인들의 마음은 달리는 버스 창으로 들어오는 바람결만큼 가볍고 시원하다. 휠체어 장애인들을 위한 버스가 저상버스이다. 저상버스는 단순히 장애인만을 위한 것은 아니다. 유모차를 끄는 여성, 다리가 불편한 어르신에 이르기까지 저상버스의 이용 대상자는 다양하다. 그러나 우리나라의 저상버스의 의무 도입은 여전히 요원하다. 가장 최근의 교통약자 이동편의 시설의 조사에서 지자체마다 편차도 심했으며, 전체적으로 4~10% 수준에 지나지 않는다. 당연히 버스이용에 대한 만족도는 낮을 수밖에 없다. 「교통약자의 이동편의 증진법」에 저상버스 도입 의무화를 명시하고 있지만 아직 체감적으로 느껴지지는 않는다. 2013년까지 전국 시내버스의 50% 수준으로 확대한다고 하니 또다시 기대를 해봐야 할 것이다.

❖ 생각할 거리

1. 내가 사는 지역사회에 장애인 이동권을 위한 시설이 어떤지를 확인해보자. 그리고 앞으로 장애인 이동권을 보장하기 위해서 무엇이 필요한지를 토론해보자.

2. 장애인 직업재활시설유형에 대해서 검토하고, 장애인들의 경제적 자립을 위한 지원을 위해 무엇이 필요한지 생각해보자.

3. 나에게 장애를 가진 형제가 있다면, 비장애 형제들이 가지는 어려움과 이들에게 필요한 것이 무엇인지를 생각해보자.

4. 장애인을 위한 성교육의 내용과 중요성에 대해서 생각해보자.

정신보건복지

'뇌 의 시 대 '에 정 신 장 애 이 해 하 기

김연옥

미국 정신건강에 관한 모든 것을 관장하는 국립정신보건원이 1990년대를 '뇌의 시대'로 규정한 데에서 알 수 있듯이 20세기 말은 정신장애[1]에 관한 생리학적 관점이 강세였다. 그러한 기조는 지금까지 이어져 정신장애에 관한 생물학적 환원론, 신체치료법 등 생물학적 담론이 여전히 지배적이다. 예를 들어 유명한 연예인이 우울증으로 자살하는 사건이 발생하면 어김없이 정신과 의사들이 텔레비전에 등장하여 세로토닌과 같은 일반인에게는 매우 생소한 단어의 신경전달물질이 우울증을 유발시키는 요인이라며, 따라서 약물을 통해 완치될 수 있다는 '친절한' 설명을 하곤 한다. 이를 통해 일반인들은 정신장애를 신체장애와 마찬가지로 병원에서의 치료가 필요한 질병이라는 인식을 자연스럽게 갖게 된다.

그러나 정신장애를 신체질환과 동일한 메커니즘을 적용하여 하나의 질병으로 간주하는 데에는 정신과 의사들의 현실적인 이해가 작동했다는 주장이 있다(스컬리, 1995). 즉 정신과 의사들이 정신질환에 대한 치료와 진단에서 특권적인 역할을 유지할 수 있는 유일한 증거가 신체이기 때문이라는 것이다. 미국 법학자이면서 정신분석이론에 정통한 제드 러벤펠트가 2007년에 발표한 소설 『살인의 해석(The Interpretation of Murder)』을 보면, 정신질환에 대한 최초의 심리학적 담론인 정신분석이론의 미국 입성을 반대하는 신경의학자들의 이야기가 흥미롭게 전개되는데, 이 또한 같은 맥락에서 이해될 수 있을 것이다. 이 소설은 사실에 기초한 소설, 즉 팩션(fact＋fiction)으로서 프로이드의 미국 강연을 반대하는 정신과, 신경학자들의 이야기는 팩트에 기초해 있다.

이러한 맥락에서 보면 미국 정신의학협회에서 발간한 DSM에 수록된 수백 개의 정신장애를 새로운 각도에서 바라볼 필요가 있다. 다양한 진단명으로 명명되는 소위 정신장애자는 정말 '환자'인가? 인간은 사회의 한 성원으로서 살아가기 위해 사회의 규범과 규칙을 내재화하는 사회화 과정을 거치게 된다. 이 사회화 과정에 실패하는 사람을 재사회화시켜 다시 사회로 내보내는 사회적 장치의 대표적인 것으로 교도소를 들 수 있다. 즉 이는 각종 법으로 명문화해 놓은 규범과 규칙을 어긴 사람들을 재교육시키기 위한 곳이다. 그런데 사회 유지에는 필요하지만 명문화되지는 않은 규칙, 즉 '잔여규칙(residual rule)'이 있는데, 정신장애자란 바로 이 잔여규칙을 어긴 사람이라는 이론이 있다 (Davison, Neale and Kring, 2009). 자살충동을 느끼거나 자살을 시도하는 행동, 혹은 때와 장소에 적합하지 않은 외양이나 정서를 보이는 행동 등은 '자살을 시도해서는 안 된다', '사람은 때와 장소에 걸맞은 행동과 외양을 갖춰야 한다'는 명문화가 되지는 않았지만, 사회유지에 필요한 규칙을 어겼고 이 경우 정신질환으로 분류되어 치료대상이 되는 것이다.

이러한 관점에서 보면, 정신장애자란 사회의 지배적 가치와 규범에 반(反)한 사람들이라고 볼 수 있다. 그렇다면 사회의 지배적 가치와 규범이라는 것이 언제나 옳고 건강한 것일까? 사회유지의 관점에서는 그렇다고 할 수 있다.

그렇다면 개인의 입장에서는? 아마도 다른 이야기가 가능할 것이다. 개인의 욕망과 사회적 기대가 항상 조화로운 것은 아니기 때문이다. 여기서 소개하는 영화 두 편, 〈디 아워스〉와 〈파이트 클럽〉은 이 '다른 이야기'에 관한 영화이다. 개인과 사회의 충돌 속에서 전자는 개인을, 후자는 사회를 '죽이는' 이야기이다.

〈디 아워스(The Hours)〉

감독 스티븐 달드리
주연 메릴 스트립, 줄리안 무어, 니콜 키드먼
제작 연도 2003년
상영시간 111분

　　18세기 실학의 거두 박지원, 영화배우 이은주와 장국영, 음악가 쇼팽과 차이코프스키, 미술가 고갱과 뭉크, 정치가 처칠과 링컨, 철학자 푸코와 알튀세르……. 이 사람들의 공통점은 무엇일까? 그것은 바로 이들이 모두 우울증[2]을 앓았다는 점이며, 몇몇은 결국 자살로 생을 마감하기도 했다. 우울증은 평생유병률이 약 17%일 정도로 매우 흔하다. 미국인을 대상으로 실시된 두 차례의 대규모 연구에서 평생유병률은 5.2~17.1%이며 여성이 남성보다 약 2배가 많은 것으로 밝혀졌다(Davison, Neale and Kring, 2009).

우울증의 높은 발생률에 비하면 영화에서 소재로 다루어지는 빈도는 다른 정신질환보다 그리 빈번하지는 않으며 딱히 떠올릴 만한 유명한 영화도 거의 없는 듯하다. 예컨대 영화사에 길이 남을 불후의 명작 중에는 정신분열증을 다룬 〈뷰티풀 라이프〉(2002)와 〈샤인〉(1996), 성 장애를 소재로 한 〈블루벨벳〉(1986), 〈거미여인의 키스〉(1985), 〈해피투게더〉(1997), 자폐증의 〈레인맨〉(1988), 해리 장애의 〈프라이멀 피어〉(1996), 〈파이팅클럽〉(1999), 〈싸이코〉(1960), 〈레베카〉(1940) 등 헤아릴 수 없이 많은 명화가 정신장애를 소재로 다루었다. 그러나 이러한 명화 반열 속에서 우울증을 다룬 영화는 찾아보기 어렵다. 그것은 아마도 우울증의 증상 자체가 '조용'하고 자기공격적이라 영화 소재로 쓰기에는 극적인 요소가 적기 때문이 아닐까 추측된다.

영화 속에서 가장 빈번히 등장하는 대표적인 정신장애로는 해리성 정체감 장애를 꼽을 수 있는데, 사실 이 장애의 발생빈도는 정신장애 중 가장 낮다고 할 수 있을 정도로 현실에서는 그 사례를 찾아보기 어렵다. 그러나 해리성 정체감 장애를 영화나 드라마 속에서 아주 빈번히 접할 수 있는 이유 중 하나는 한 사람 속에 서로의 존재를 모르는 자아가 두 개 이상이 존재하여 번갈아가며 한 사람을 지배하는 그 증상의 기이함이 대단히 드라마틱하기 때문일 것이다. 그래서 일반인들은 마치 이 장애가 영화에서처럼 현실에서도 자주 발생하는 장애로 오인할 수 있다. 이런 특이한 증상의 장애에 비해 우울증은 그 증상이 별로 특기할 만한 부분이 없다고 할 수 있다. 가장 특기한 증상은 자살충동과 결국 일어나는 자살인데, 우리가 잘 알다시피 영화 속 주인공은 웬만해서는 거의 죽지 않지 아니한가. 그러니 영화소재로 우울증은 기피될 수밖에.

이렇게 우울증 관련 영화가 드문 와중에서 2003년에 등장한 〈디 아워스〉는 그러한 맥락에서 매우 진귀하고 의미 있는 영화라고 할 수 있다. 이 영화는 세 명의 여인, 즉 실존 인물인 소설가 버지니아 울프와 두 명의 허구적 여인의 일생 중 어느 단 하루를 베어내어 그날의 일상을 촘촘히 서로 교차해가면서 보여준다. 마치 버지니아 울프가 소설 『댈러웨이 부인』에서 그녀의 일생을 단 하루로 보여주듯이.

이 세 여인은 서로 다른 시간대에 존재하는데, 1923년 영국 리치몬드에서 소설 댈러웨이 부인을 집필 중인 버지니아 울프(니콜 키드먼), 이 소설을 읽으며 1951년을 살아가는 LA의 평범한 주부 로라 브라운(줄리언 무어), 2001년 '댈러웨이 부인'이라 불리며 뉴욕 잡지 편집인으로 살아가는 클라리사 본(메릴 스트립)이 그들이다. 이 영화는 스토리도 없고 구체적인 설명도 배제한 채 주인공들의 우울한 심리 내면만을 고집스럽게 파고들어 가 실존적 슬픔의 심연을 드러내 주고 있다. 스크린 가득 절망감과 불안감이 가득 넘쳐남에도 영화는 기품과 세련미를 보여준다. 여기에는 무엇보다도 메릴 스트립, 줄리안 무어, 니콜 키드먼이라는 수식어가 필요 없는 세계 최고 여배우들의 뛰어난 내면 연기가 결정적인 기여를 했다고 할 수 있다. 또한 소설 『댈러웨이 부인』을 매개로하여 다른 시간대의 세 여인의 삶이 서로 겹쳐지면서 하나의 이야기로 엮이는 구성은 매우 특이하여 매력적으로 다가온다. 마치 소설 속의 댈러웨이 부인처럼 이들의 슬프고 불안한 삶이 모두 본질적 자아의 상실에서 비롯된다는 점에서 세 사람이지만 같은 영혼을 지닌 한 사람의 댈러웨이인 것이다.

버지니아 울프를 연기한 니콜 키드먼은 이 영화로 아카데미 여우주연상을 받았다. 당시 그녀는 영화배우인 톰 크루즈와 이혼 과정에 있었는데, 따라붙는 파파라치를 따돌리기 위해 버지니아 울프로 분장한 가짜 매부리코를 그대로 붙이고 다녔는데 매우 성공적이었다고 한다. 박빙과도 같은 감정의 결을 섬세하게 표현한 줄리안 무어도 그렇고, 보는 내내 아슬아슬한 기분을 지울 수 없을 정도로 불안한 심리를 탁월하게 표현한 메릴 스트립은 감탄하지 않을 수 없는 압권의 연기를 보여주었다.

▰ 줄거리

1941년 영국 섹세스, 영화는 버지니아 울프가 강 속으로 서서히 걸어들어기는 장면으로 시작된다.

1921년의 그 어느 하루. 퀭한 눈빛과 암울한 얼굴로 침대에 누워 있는 버지니아. 부스스한 모습으로 일어난 그녀의 정신은 온통 집필 중인 소설『댈러웨이 부인』에만 쏠려 있다. 버지니아를 극진히 돌보는 남편 레너드 울프는 그녀의 글쓰기를 돕기 위한 목적으로 차린 인쇄소에서 철자교정에 몰두해 있다. 오늘의 일상에 다른 날과 다른 점이 있다면 오후에 그녀를 보기 위해 런던에서 언니와 조카들이 올 예정이라는 것뿐이다. 손님 맞을 준비를 나 몰라라 하는 그녀에 대해 하녀들은 불평을 늘어놓고……. 오후 늦게, 불안하게 서성이던 버지니아는 서둘러 옷을 차려입고 무작정 집을 뛰쳐나가 런던 행 기차역으로 간다. 뒤늦게 뒤쫓아 온 남편에게 삶의 희망도 없이 시골구석에서 죽어가는 자신의 고통스런 삶을 토로하지만, 결국 남편에 이끌려 집으로 돌아온다.

1951년의 그 어느 하루. 슬픔과 절망으로 가득한 얼굴로 침대에 누워 있는 로라. 그녀의 남편은 자신의 생일날 아침에도 그녀를 깨우지 않기 위해 아들 리처드에게 손수 식사를 차려주고 있다. 침대에서 억지로 일어난 그녀는 마치 다른 사람이 된 듯이 상냥하고 자상한 아내와 엄마의 모습으로 두 사람에게 아침 인사를 하고, 남편은 평온하고 행복한 가정에 매우 만족한 얼굴이다. 낮의 시간. 리처드와 함께 남편의 생일 케이크를 만들던 그녀는 갑자기 가방에 약을 챙겨 넣고 급하게 차를 몰아 호텔에 투숙한다. 호텔방에서『댈러웨이 부인』을 읽으며 자살을 생각하던 그녀는 다시 남편과 아들이 있는 집으로 돌아온다.

2001년의 어느 하루. 불안하고 초조한 표정으로 침대에 누워 있는 클라리

사. 불현듯 일어나 거리에 나가 꽃을 사 들고 오래된 연인 리처드의 집으로 향한다. 어린 시절 자신을 버린 엄마 로라로 인해 내면 깊이 상처를 안고 살아온 시인 리처드는 지금 AIDS로 죽어가고 있다. 그런 그를 오랜 세월 보살펴 온 클라리사는 그날도 그의 문학상 수상 축하 파티를 열려고 한다. 꽃과 음식 등 파티를 위한 준비를 마치고 리처드를 찾아간 그녀에게 그는 창턱에 걸터앉아 그녀의 하루 일과를 물어본 후 지난날의 행복했던 시간을 추억하다가 그녀가 보는 앞에서 창밖으로 뛰어내린다.

사회복지 관점에서 영화 보기

우울: 내면의 질식

흔히들 '우울증은 감기와 같다'라는 비유를 하곤 한다. 이 말이 우울증은 누구나 걸릴 수 있는 매우 흔한 증상이라는 점을 부각시키기 위한 것이라면 적절한 표현일 수 있겠지만, 감기처럼 대수롭지 않다는 인식을 심어준다면 매우 위험한 표현이다. 왜냐하면 감기로는 생을 마감하는 일이 거의 없지만, 우울증은 죽음에까지 이를 수 있는 치명적인 병이기 때문이다. 우울증의 주요 증상은 자기혐오와 무가치함, 절망감, 자신을 파괴하고 싶은 자살충동 등이다. 하지만 이 세 여인의 표정에서 우울증의 전형적 증상을 확인할 수 있다. 공허감, 무의미함, 절망감, 불안, 초조, 슬픔. 허무감, 황폐함 그리고 죽음에의 충동. 한낱 미물조차도 모두 살고자 하는 본능으로 움직이는 '생명의 신비'를 거스르고 스스로 소멸하고자 한다는 점에서 '신비롭기'까지 할 정도이다.

버지니아가 언니의 생동적인 런던의 삶을 부러워하며 흘리는 눈물. 런던행이 좌절되면서 레너드에게 황폐한 자신의 내면을 토해내면서 흘리는 눈물. 자살을 하기 위해 찾아간 호텔방 침대 위에서, 그리고 그녀의 아픔과 고통을 전혀 알지 못하는 남편이 침대에서 그녀를 기다리는 동안 화장실 문 뒤쪽 변기에 앉아 입으로는 상냥한 목소리로 남편에게 응대하면서 로라가 흘리는 눈물. 리처드를 평생 헌신적으로 보살피고 원고 더미에 묻혀 일도 열심히 하고 열정적으로 파티도 준비해보지만 왠지 초조하고 불안하고 아슬아슬한 마음에 울음을 터뜨리는 클라리사. 절망스런 삶 앞에서 이들이 흘리는 눈물은 우울증의 대표적 증상이다.

죽음에의 충동은 다른 정신장애에서 찾아보기 힘든 우울증 특유의 증상이다. 모든 생명체의 본질인 생의 본능을 거스르는 이상한 병, 이 우울증만큼 위험하고 파괴적인 질병이 또 있을까. 죽음 충동은 이 영화 전편을 관통하는 키워드이다. 영화도 버지니아의 자살로 시작하여 자살로 끝맺는다. 버지니아는 땅에 엎드려 죽은 새와 눈을 마주치며 죽음과 조우한다. 로라는 자궁암을 앓고 있는 친구와 키스하면서 죽음과 만나고 자살 유혹에 시달린다. AIDS로 죽어가는 리처드와 함께한 클라리사는 평생 죽음을 끌어안은 것이며 결국 눈앞에서 죽음을 목도하게 된다.

2003년 우리나라의 자살사망률은 OECD 국가 중 4위였는데, 2009년에는 1위의 불명예를 차지했다. 그 실상을 들여다보면 더욱 심각한데, 지난해 자살로 인한 사망자가 OECD 회원국 평균 11.2명의 세 배에 육박한다는 점이다(《경향신문》, 2010.10). 자살자의 70~80%는 우울증 증상을 가진 것으로 추정하는데, 그렇다면 이는 우리 사회에 우울증이 급속하게 확산되고 있다는 것을 의미한다. 중고생의 40%가 우울증에 시달린다는 학계의 보고도 있다. 최근에는 우울증과 자살에 관한 보도가 없는 날이 없을 정도로 심각한 지경이다.

우울증은 흔히 신체적 질환이므로 약물치료를 하면 완쾌된다고들 한다. 신경전달물질 부족과 관련된다는 점에서 완전히 틀린 말은 아니다. 우울의 증상은 뇌에 존재하는 신경전달물질인 세로토닌, 노아에피네프린 등의 농도가 떨어질 때 발생한다. 그러나 이러한 물질들이 우울뿐만 아니라 인간의 다른 정서적 반응 모두를 관장한다는 점에서 딱히 우울증의 원인으로 보기는 어렵다. 거꾸로 우울한 마음이 이러한 신경전달물질에 변화를 불러와 우울증을 유발시킬 수도 있는 것이다. 항우울제는 단지 신경전달물질에 개입하여 증상을 조절할 뿐이다.

따라서 우울증은 마음의 병이며 사회적 질병인 점을 간과해서는 안 된다. 몸과 마음이 별개가 아니기에 실직, 이혼, 입시낙방 등 갖가지 스트레스가 신체의 화학적 균형을 깨뜨리게 되는 것이다. 이러한 스트레스가 사회적 상황과 긴밀히 관련되어 있다는 점에서 사회적 질병이기도 하다. 최근 우리 사회에 우울증과 자살자가 부쩍 늘어나는 것은 취업난, 입시지옥, 부의 양극화, 고용불안정 등의 사회적 맥락과 무관하지 않다.

우울증의 사회적 속성을 가장 단적으로 보여주는 예로 중국을 들 수 있다. 1980년대 이후 연 평균 10%에 가까운 가파른 경제성장을 이루며 '미래의 초강대국'으로 부상하는 중국에서 최근 우울증 환자가 급증하는 것으로 알려졌다. 2005년 기준 그 수는 우리나라 국민의 절반 정도인 2,600만 명으로 추산된다(《매일경제》, 2006.6). 우울증은 특히 젊은 층이 많으며, 자살 가능성도 매우 높아 2005년 15~34세의 연령층의 최대 사망원인이 자살인 것으로 밝혀졌다. 최근 중국인들이 누리는 경제적 풍요는 과거 그 어느 시기와도 비교할 수 없는 수준임에도 왜 이렇게 그들에게 우울증이 증가하는 것일까? 경제성장은 했지만, 그 이면의 극심한 경쟁과 빈부격차 등 중국 사회에 점차 강해지는 긴장과 스트레스에서 그 원인을 진단해볼 수 있다.

우울: 여성 지배적 증상

이 영화가 전달하고자 하는 의미는 너무도 분명하고 단순하다. 그것은 어느 시기에 살았건 시대적 환경이 어떻게 변화되었든 관계없이 예나 지금이나 여성에게 '자신의 삶'을 산다는 것은 너무도 어렵고 힘들다는 것이다.

외견상으로 보아 이들 세 명의 여성은 각 시대의 미들클래스 이상의 삶을 영위하고 있다. 버지니아는 자신을 끔찍이도 아끼는 남편 레너드의 보호아래 다른 일에는 전혀 무관심한 채 창작활동에만 몰두하고, 로라는 자신을 사랑하는 남편, 귀여운 아들과 함께 경제적으로 안락하고 행복한 가정을 꾸리고 있으며, 21세기를 사는 클라리스는 잡지 편집인으로서의 전문적 일과 딸, 그리고 연인까지 부족한 것 없고 거칠 것 없는 삶을 살아가고 있다. 그런데 이들은 이러한 평온함에 안주하지 못하고 왠지 초조하고 안절부절못하며 삶의 무의미함과 공허감에 시달리고 있다는 점에서 쌍둥이 같다.

이들은 각자 처해진 삶 속에서 그것에 밀착하지 못하고 부초처럼 겉돌며 마치 남의 옷을 입은 듯 혹은 무대 위의 배우처럼 연기하듯이 살아가고 있다. 주어진 역할과 진짜 자신이 원하는 삶과의 간극에 갇혀 이들은 절망하고 고통스러워하는 것이다. 자신이 원한 삶이 아니라 타인에 의해서 규정된 삶을 살아간다는 점에서 이들의 삶의 본질적 속성은 똑같다.

버지니아는 런던에서의 활기차고 생동감 넘치는 삶을 동경하는데, 남편 레너드는 그녀의 질병치료에 좋다는 이유로 갑갑한 시골생활을 거의 강요하다시피 하고 있다. 그녀를 더욱 절망하게 하는 것은 본인이 갈망하는 삶으로부터 멀리 벗어나 희망도 없이 시골구석에서 사그라져 가는 자신에 대해 '내 인생은 어디로 간 거야'하고 울부짖는 그녀를 남편은 전혀 이해하지 못한다는 점이다. 철자교정에 '탁월한 능력'을 보이며 시간을 엄수하는 등 한 치의 빈틈도 허락하지 않는 철저한 생활인인 레너드가 면도날과 같은 예민한 예술성 감성을 지닌 버지니아를 어떻게 이해할 수 있겠는가. 1950년대의 풍요로운 미국의 전형적인 중산층의 삶을 살아가는 로라는 어떠한가. 근사한 정원과 차고가 딸린 널찍한 주택, 성공한 사업가인 듯한 자상한 남편, 사랑스런 아들, 그리고 곧 태어날 아이. 로라의 역할은 그 시대가 요구하는 여성성의 옷을 입는 것이다. 예쁘게 단장하고 남편과 아이를 보살피며, 더 그럴 수 없는 상냥한 말투와 미소로 '완벽한 가정주부'의 '역할'을 '연기'하며 그림에 나옴직한 스위트홈을 만들어가는 것이다. 금방 눈물이 쏟아질 것만 같은 로라의 눈과 남편과 아들을 향해 한가득 미소를 짓는 그녀에 입이 그녀가 갇힌 삶의 잔인한 간극을 선명하게 보여주고 있다. 후에 로라는 클라리스에게 '죽음 같은 현실'이었다고 고백한다.

여성의 삶을 둘러싼 여건이 앞의 두 여인들과 비교할 수 없이 변화된 21세기에 살고 있다는 점에서 클라리스를 이해하기는 쉽지 않다. 그러나 그녀 또한 자신이 원했던 삶이 아니었던 점에서는 예외가 아니다. 리처드가 그녀를 '댈러웨이'라고 부른다는 점에 그녀를 이해할 수 있는 단초가 있다.

그녀는 소설 속 댈러웨이 부인처럼 다른 사람들을 '즐겁게' 하는 일에 온 에너지를 쏟아 붓고 있다. 댈러웨이 부인이 파티를 즐겨했듯이 영화 속 그 어느 하루 동안의 그녀도 하루 종일 대대적인 파티를 준비하는 데에 몰두한다. 리처드를 위한 파티로서 그와 그녀를 아는 모든 사람을 불러 모을 예정인 것이다. 파티 준비는 그녀의 삶의 색깔을 보여주는 하나의 상징이다. 그런 그녀에게 리처드는 "넌 네 인생을 중요하게 생각지 않는다"고 하며 이제라도 그녀 자신을 위한 삶을 살 것을 권한다. 두렵더라도 자신의 시간과 자아를 직면하라는 말이다. 리처드와의 관계에서 삶의 의미를 찾으려 했지만 그것은 무의미한 발버둥일 뿐이며, 이러한 사실은 누구보다도 그녀 자신이 가장 잘 알고 있다. 리처드를 보살핀 것은 그보다는 그녀 자신을 위한 것이었다. 그렇지 않으면 공허하게 비어 있는 자신의 시간과 내면을 직면해야 했으므로. 이를 간파한 리처드는 파티 참석을 완강히 거부하며 클라리스가 "파티를 여는 것은 침

묵이 두렵기 때문이야"라고 말한다. 그래서 창밖으로 몸을 던지기 직전 "지금
껏 너를 위해 살아왔으니 이제는 보내줘"라고 했던 것이다. 클라리스가 본능
적으로 느끼는 자아 소외는 그녀를 마치 벼랑 끝에 서 있는 듯 끊임없이 불안
하고 초조하게 하며, 보는 사람이 내내 아슬아슬하고 위태로운 느낌을 갖게
했던 것이다.

　이처럼 본질적 자아에 충실한 삶이 되지 못하고 외부에 의해 규정된 삶은
무의미하고 공허할 수밖에 없다. 여성의 경우 이 외부의 힘은 여전히 다양한
형태로 작동하며 그로 인해 여성의 삶은 우울할 수밖에 없다는 것을 이 영화
는 이야기하고 있다.

〈파이트 클럽(Fight Club)〉

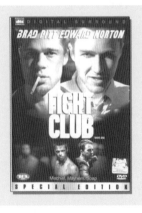

감독　데이비드 핀처
주연　브래드 피트, 에드워드 노턴
제작 연도　1999년
상영시간　139분

　낮에는 평범하고 무기력한 소시민으로, 밤이면 '폭력으로 세상을 구제하기'
위한 거대한 폭력조직의 리더로 자아가 분열되는 주인공을 통해 인간에 내재
된 공격성과 폭력성을 충격적으로 보여준 이 영화는 척 팔라닉의 소설 『파이
트 클럽』(1997)을 원작으로 제작되었다. 데이비드 린치 감독은 특유의 감각적

인 영상과 강렬한 폭력성을 통해 자본주의 사회의 억압과 규제, 그 속에서 '일회용 부품'으로 소비되고 동시에 소비하는 존재로 살아가는 현대인의 소외감을 표현했다.

이 영화는 영상적 미학과 묵직한 철학적 메시지, 배우들의 뛰어난 연기 등이 어우러진 수작으로 평가되어 명화 반열에 올라가 있다. 영국《브리티시 필름 매거진(British Film Magazine)》은 2005년 평론가를 대상으로 한 설문조사를 통해 역사상 최고의 영화 순위를 선정했는데, 이 영화가 4위로 평가되었다. 유명한 히치콕 감독의 〈현기증〉(1958)이 2위, 코폴라 감독의 〈대부 2〉(1974)가 5위, 데이비드 린 감독의 〈아라비아의 로렌스〉(1962)가 77위에 선정된 것을 보면 〈파이트 클럽〉의 영화적 완성도를 가늠해볼 수 있다.

영화에서, 타일러에 의해 무기력한 샐러리맨에서 서서히 대담하고 공격적으로 변해가는 잭을 섬세하게 표현한 에드워드 노턴과, 잭의 또 다른 자아로서 공격적이고 야성적인, 길들여지지 않은 야수인 타일러로 분한 브래드 피트가 보여준 신들린 연기는 그 캐릭터들만큼이나 매우 강렬한 인상을 남겼다. 인간의 길들여지지 않은 공격성과 난폭함, 원초적 충동을 상징하는 타일러는 영화사상 가장 매력적인 캐릭터로 평가되었다. 2008년 영국 영화잡지 엠파이어는 최고의 영화캐릭터 100선에서 〈파이트 클럽〉의 타일러를 1위로 선정했다. 참고로 〈스타 워즈〉의 다스 베이더는 2위, 〈다크 나이트〉의 조커는 3위로 선정되었다. 죽기까지 서로 폭력을 휘두르며 보기 역겨울 정도의 잔인함을 보여주는 타일러의 캐릭터가 얼마나 강렬했던지, 더그 라이만 감독의 〈본 아이덴터티〉(2002)의 제이슨 본, 프랭크 밀러, 로버트 로드리게스, 쿠엔틴 타란티노 등 감독 3인의 〈씬 시티〉(2005)의 마프 등과 함께 2007년 맥심온라인에서 주최한 해외네티즌들이 뽑은 '영화 속 최고의 인간 병기 캐릭터'로 선정되기도 했다.

  자동차회사 리콜 심사관 잭은 지루하게 반복되는 일상을 무료함과 공허함 속에서 아무 느낌 없이 살아가는 무력한 존재로서, 자신의 존재 이유를 오로지 온갖 사치품을 소비하는 것에서 찾고 있다. 불면증에 시달리는 그는 밤마다 말기 암 환자, 고환절제 환자, 백혈병 환자 등 죽음이 깊게 드리운 사람들의 모임을 찾아가 거짓 환자 행세를 하며 죽음의 냄새로부터 위로를 얻는다. 여느 때와 다름없는 출장길에서, 죽음을 꿈꾸며 자신이 탄 비행기의 추락만을 고대하며 앉아 있던 그는 바로 옆자리에 앉아 있는 비누제조업자 타일러를 만나게 된다.

  출장에서 돌아온 바로 그날, 잭을 기다리는 것은 누군가에 의해 폭파되어 흔적도 없이 사라진 집과 길거리에 흩어져 있는 아끼던 세간들이었다. 살 곳이 없어진 잭은 버려진 건물에서 살고 있던 타일러에게 의지하게 되고, 이 이상한 동거는 "싸워봐야 진정한 자신을 알 수 있다"라고 말하는 타일러와 사정없이 두들겨 패는 싸움으로 시작된다. 이렇게 시작된 싸움은 주말마다 술집 지하에서 일대일 격투를 벌이는 '파이트 클럽'으로 발전하여 수많은 사람들이 가입하기 시작한다.

  이 클럽은 곧 전국적인 조직이 되고, 이 회원들은 타일러의 지도에 따라 서로 죽기 직전까지 때리고 맞을 뿐만 아니라 시설, 건물, 자동차 등을 파괴하는 광폭한 폭력세력으로 커진다. 처음에는 싸움과 폭력을 통해 자유를 맛보던 잭은 점차 조직이 사회를 위협하는 파괴조직으로 변해감에 따라 점차 경계심을 느끼기 시작한다. 특히 모든 조직원이 타일러의 지시에 의해 일사불란하게 복종하는 것을 보면서 '타일러는 우리를 길들여갔다'고 독백하며, 억압으로부터의 자유를 얻기 위해 시작된 폭력이 또 다른 억압임을 깨닫게 된다. 두려움을 느끼기 시작한 잭은, 타일러가 전 조직원에게 하달한 건물초토화 계획, 즉 신용회사, 국제정보기구 등을 포함하여 도시의 거대 건물들을 파괴하려는 계획을 결사적으로 막으려 한다. 이러한 과정에서 잭은 타일러가 실은 자신이 만들어낸 분신이라는 충격적인 사실을 깨닫게 된다. 광폭한 타일러를 없애기 위해 자신의 머리에 총을 발사한 잭은 타일러가 명령한 대로 거대한 고층 건물들이 차례로 폭파되는 장면을 목도하게 된다.

◤ 사회복지 관점에서 영화 보기

잭의 자아분열: 사회적 자아에 대한 반기

영화 〈디 아워스〉의 세 명의 여인은 사회의 규범과 틀 안에서 점차 본연의 자아와 멀어지면서 불안과 우울에 빠지게 되고 종국에는 자기파괴 유혹에 시달리게 된다. 〈파이트 클럽〉의 잭 또한 사회의 보이지 않는 규제와 통제 속에서 자본주의의 쳇바퀴를 돌리며 꿈과 목표를 상실한 채 생명력을 잃고 어제와 오늘이 비슷하고 다른 사람과 그다지 다르지 않는 그저 그런 삶을 꾸려가면서 매일 밤 불면증에 시달린다는 점에서 〈디 아워스〉의 버지니아, 로라, 클라리스 등과 다르지 않다.

그러나 〈파이트 클럽〉의 잭이 이 세 여인과 크게 다른 점이 있는데, 바로 이 지점에서 이 영화는 시작된다. 잭이 사회의 규제와 틀에 의해 재단된 삶에서 오는 무기력과 공허감을 자기 파괴적인 '우울'의 형태로가 아니라 타인 공격적인 파괴와 폭력으로 표출한다는 점이다. 정신질환 중 흔히 조용하고 내면적이고 자기 공격적인 증상은 주로 여성에게서 발생하고 타인 공격적인 정신질환은 남성에게서 그 유병률이 높은 역학적 특징을 이 두 영화에서도 확인할 수 있다.

잭은 자본주의 사회가 무차별하게 제공하는 환상(우리는 누구나 백만장자나 스타가 될 수 있다), 생산품(물건이 바로 자아, 따라서 고급 사치품이 바로 나를 고급으로 만든다)에 길들여져 '집안(자아)'을 '자본주의 생산품'으로 가득 채우는 것으로 삶이 시간을 매워가시만 내면은 무기력하고 공허하고 불안하기 그지없다.

소비사회 속 현대인의 이러한 불안증을 '위무(위로하고 어루만져 달램)'하고 '무마(타이르고 얼러서 마음을 달램)'하는 '자격증'을 교부받은 종교기관이나 심리전문가들을 밤마다 찾아다니지만 그것 또한 거짓임을 깨닫는 순간 잭이 조우하게 된 이가 바로 타일러이다. 타일러는 잭의 집이 파괴되는 바로 그날 드러난, 잭의 내면에 숨어 있던 폭력, 파괴, 자유, 열망, 충동 등 길들여지지 않은 본능이다. 잭이 자신의 집을 폭파하고 타일러의 집으로 들어가는 것은 사회가 요구하는 대로 길들이고 만들어진 '가짜 자아'를 버리고 내 속의 '진짜 자아'를 직면하는 것을 의미한다. 자신을 포함하여 주위 사람들을 피터지게 때리고 짓이기는 폭력은 사회적 규범으로 길들여진 가짜 자아의 파괴를 의미한다. 타일러가 잭에게 '싸워야만 너 자신을 알게 돼'라고 하는 말은 분열된 자아 간의 투쟁으로 타일러와 잭의 폭력적 싸움으로 형상화되었다.

융의 분석심리학에 따르면 사람이 태어나 사회 속에서 성장하는 과정에서, 가지고 태어나는 심리적 본성 중 사회가 인정하고 격려하는 것은 자아 이미지로 통합되고, 그렇지 않고 처벌되는 부분은 무의식 속으로 억압된다. 무의식 속으로 감춰지는 본성은 개인의 열등한 부분일 수도 있겠지만 '문화적'인 사회가 환영하기 어려운 속성으로 원시적 생명력, 창조성, 열정의 에너지이기도 하다. 융은 억압된 이 부분이 자아로 완전히 통합될 때 비로소 개인은 자아실현의 길로 들어선다고 했다. 성격을 칭하는 영어 personality의 어원은 연극배우가 쓰는 가면을 의미하는 persona이다. 즉 성격은 사회적 관계에서 보이는 자아이며, 사회적 자아로만 사는 삶은 무의미하고 공허하며 무기력하다.

잭이 타일러를 만나는 것은 무의식 속의 자아를 불러낸 것으로서 일종의 자아통합이며 자기 치유의 시작일 수 있었다. 그러나 지나치게 커진 본능 에너지가 사회적 자아를 마비시키는 또 다른 억압, 즉 본능과 사회적 자아 간의 불균형이 발생하면서 자아통합은 실패하고, 제어가 안 되는 또 다른 자아를 죽이기 위해 잭 자신에게 총을 겨누게 되는 것이다.

DSM 기준으로 잭은 해리성 정체감 장애일까 정신분열증일까

이 영화에서 잭과 타일러의 자아분열은 현대인의 자기소외를 형상화한 것으로서 정신장애의 증상으로 접근하는 것은 다소 부적절한 감이 있다. 그러나 영화의 이러한 메타포를 잠시 잊는다면 이 영화는 정신건강 교재로 활용될 수 있을 정도로 정신장애 증상에 관한 자못 흥미로운 얘깃거리를 제공해주고 있다. 잭과 타일러가 동일 인물이라는 점은 극적인 반전 영화로 유명한 나이트 샤말란 감독의 〈식스 센스〉(1999)나 알레한드로 아메나바르 감독의 〈디 아더스〉(2002)에 뒤지지 않을 충격적인 반전이다.

잭은 우연히 비행기 안에서 타일러를 만나고, 살던 집이 파괴되자 타일러를 찾아가 함께 살게 된다. 둘은 만나자마자 서로 주먹을 주고받으며 폭력을 휘두르고, 이후 결성된 '파이트 클럽'을 이끄는 타일러를 잭은 줄곧 지켜보게 된다. 여기까지는 대부분의 관람자들은 이 영화에 장치되어 있는 반전을 전혀 상상조차 할 수 없을 것이다. 그런데 타일러가 말라 싱어(헬레나 보넘 카터)를 만나게 되는 시점부터 예리한 눈을 가진 관람자라면 뭔가 이상하다는 것을 눈치 챌 수 있을 것이다. 타일러와 섹스를 한 말라에게 그렇게 사는 모습이 이해할 수 없다며 '똥 보듯 하는' 잭을 너무 이상하다는 듯이, 그리고 '아주 재수 없다'는 듯이 기분 나빠하는 말라의 반응에서 단초를 찾을 수 있다. 잭, 타일러 그리고 말라는 한 번도 같은 화면에 함께 잡히지 않는다. 타일러의 폭주를 막으려고 타일러를 찾아다니면서 잭은 이상한 경험을 하기 시작한다. 잭이 처음 만나는 전국 각지의 조직원들이 아주 익숙한 듯이 잭에게 절대적 경외감을 보인다. 그리고 말라에게서 "너와 섹스를 했고, 너는 타일러 더든"이라는 결정적 소리를 들으며 타일러와 자신이 동일 인물임을 알게 된다.

타일러는 잭의 또 다른 자아였던 것이다. 잭의 이런 증상을 해리성 정체감 장애라고 한다. 해리성 정체감 장애란 존재감, 사고방식, 행동방식이 각기 다른 자아상태(타자, alter)가 각기 독자적으로 존재하며 각기 다른 시간에 출현하여 마음의 주인이 되는 상태를 가리키는 진단명이다. 파이트 클럽의 조직원들에게는 잭이 타일러이고 타일러가 잭이었던 것이다. 잭과 타일러가 싸우는 모습은 다른 사람 눈에는 혼자서 때리고 맞는 이상한 광경일 뿐이다.

그러나 같은 사람인데 어떻게 잭은 줄곧 타일러를 상대로 말하고 싸우고 함께 어울려 다녔을까? 잭이 해리성 정체감 장애라면 현실적으로 가당치도 않는 얘기다. 영화니까 가능한 설정이다. 그런데 영화적으로 설정된 허구라고 보지 말고 정말 잭이 타일러라는 인물을 보았다고 생각하면 또 다른 얘기가 가능해진다. 잭은 줄기차게 타일러라는 환상을 본 것이고 환청을 들은 것이다. 잭이 말라와 대화하면서 아래층에서 타일러가 해주는 말을 앵무새처럼 그대로 말라에게 말하는 장면이 있다. 말라는 듣지 못하는 타일러의 말을 잭은 듣는 것이다. 타일러를 잭과 다른 시간에 나타나는 별개의 자아가 아니라 동일 시간대에 잭이 보는 환상이고 환청이라고 한다면 잭의 진단명은 해리성 정체감 장애가 아니라 정신분열증이 된다.

진단기준상으로는 이 두 개의 정신장애의 증상이 확연하게 구별이 되지만 실제 장애를 가진 사람을 두고 보면 그 증상이 그렇게 선명하게 나눠지는 것은 아니다. 그래서 임상적으로 해리성 정체감 장애와 정신분열증은 서로 오진되는 경우가 많다.

《디 아워스》

1. 이 세 여인의 우울증에 대한 분석의 기저에는 인본주의 심리학이 놓여 있다. 왜 그럴까.
2. 우울증에 대한 정신분석학과 학습이론의 관점에 대해 생각해보자.

《파이트 클럽》

1. 해리성 정체감 장애와 정신분열증의 상호 간 오진 빈도가 높다고 하는데, 그 이유를 진단기준의 신뢰도와 타당도와 관련하여 생각해보자.
2. 해리성 정체감 장애와 정신분열증의 진단기준에 대해 공부해보자.
3. 잭이 타일러를 만나기 전, 밤마다 찾아다니는 각종 환자들의 모임은 일종의 자조집단이다. 이 자조집단의 등장배경, 특성, 기능 등에 대해 공부해보자.

주

1 정신질환, 이상심리, 정신장애 등은 흔히 혼용되지만 의미상의 차이는 존재한다. 정신질환은 생리학적 이상을 강조하는 개념으로 신체질환에 대비되는 개념이며, 이상심리는 적응과 부적응에 초점을 주는 개념으로 심리학분야에서 주로 사용하고, 정신장애란 기능에 초점을 둔 개념이라고 할 수 있다. 여기서는 상호 교환적으로 사용되었다.

2 여기서 우울증이란 미국 정신의학협회에서 발행한 정신장애 분류진단체계인 DSM (Diagnostic and Statistcal Manual of Mental Disorders)에 기준한 주요우울증(major depression)을 의미한다.

참고문헌

Davison G. C, Neale, J. M. and Kring, A. M. 2009. 『이상심리학』. 이봉건 역. 서울: 시그마프레스.
러벤펠트, 제드. 2007. 『살인의 해석』. 박현주 역. 서울: 비채.
스컬리, 앤드류. 2005. 『현대정신의학잔혹사』. 전대호 역, 서울: 모티스.
"작년 1만 5000명 자살… 34분당 1명꼴", 《경향신문》, 2010.10.10.
"中 우울증 환자 2600만명", 《매일경제》, 2006.06.20.

12

보편적 사회복지제도의 필요성

이혜경

2010년 3월 23일 미국의 오바마 대통령이 「의료개혁법안(The Patient Protection and Affordable Care Act, H.R. 3590)」에 서명함에 따라, 선진국 중에서는 가장 늦게 미국도 전 국민을 대상으로 한 보편적 건강보장제도를 시행할 수 있게 되었다. 그러나 이번 개혁안 역시 기존처럼 민간보험제도의 틀을 그대로 유지하기 때문에 사회보장적 관점에서 보면 근본적인 한계가 있다.

다큐멘터리 영화 〈식코〉는 기존 미국 민간의료보험제도를 신랄하면서도 재미있게 고발할 뿐만 아니라 캐나다·영국·프랑스·쿠바의 의료보장제도까지, 나아가 보편적 사회보장제도의 필요성을 이해하는 데 유용한 영화이다.

〈식코(Sicko)〉

감독 마이클 무어

출연 마이클 무어

제작 연도 2008년

상영시간 123분

장르 다큐멘터리

〈볼링 포 컬럼바인〉, 〈화씨 911〉 등 사회고발적 다큐멘터리를 만들어 유명해진 마이클 무어 감독은 2008년 미국의 의료보험제도를 고발한 〈식코〉를 제작했다. 〈식코〉는 단지 사회적 이슈만을 제공한 것이 아니라 상당한 흥행성적을 거두어 큰 수익도 올렸다고 한다.

무어 감독은 1999년 자신이 진행한 TV쇼 〈끔찍한 진실(The Awful Truth)〉에서 췌장 이식수술을 하기 위해 보험회사와 싸우는 크리스 도나휴 사건을 다루면서 〈식코〉 제작의 아이디어를 얻었다고 한다. 무어 감독은 민간의료보험제도의 부조리 때문에 어려움을 겪는 150~200개 사례를 150일 동안 촬영하여 이를 다큐멘터리 방식으로 영화화하여 민간의료보험회사에 의한 미국의 의료보장제도를 통렬히 비판하고 있다(유동철·장명희, 2008). 이 영화는 인터넷에서 무료로 다운받을 수 있게 해두었기 때문에 교과목에서 활용하기가 더욱 용이하다.

▰ 줄거리

영화 처음에 미국의 민간의료보험제도로 고통받는 다양한 사례가 소개된다. 우선, 의료보험에 가입하지 못한 5,000만 명에게 초점이 주어진다. 병원 갈 돈이 없어 상처를 스스로 꿰매는 실직자, 두 손가락이 절단되었는데 약지 봉합수술은 1만 2,000달러이고 중지 봉합수술은 6만 달러라서 돈이 적게 드는 약지만을 봉합한 어떤 목수 등 매우 극단적인 장면이 나온다.

그러나 〈식코〉는 이렇게 의료보험이 없는 사람뿐만 아니라 의료보험 가입자도 역시 민간의료보험제도의 피해자라는 것을 보여준다. 한때는 남부러울 것이 없는 중산층이었으나 부부가 모두 병에 걸린 후 빈곤층으로 전락하여 딸 집에 얹혀사는 부부, 비싼 약값을 대려고 79세의 고령임에도 슈퍼마켓에서 청소 일을 하는 노인, 응급상황임에도 보험적용이 가능한 병원으로 옮겨지다가 사망한 어린이, 수술 이전의 병력이 드러나 보험금 지급을 거부당한 여성의 사례 등이 소개된다.

나아가, 〈식코〉는 민간의료보험회사의 거대한 먹이사슬 구조에 초점을 맞춘다. 1971년 닉슨 부통령이 민간보험회사에 이익이 되는지 알고 있으면서 법안을 통과시키는 화면도 나온다. 또한 민간보험회사가 정치인과 밀접히 관련되어 있다는 것도 보여준다. 제약회사는 많은 돈을 정치인들에게 기부하고, 정치헌금을 받은 국회의원들은 제약회사에 유리한 법을 통과시키며, 의원들은 의원직을 사직한 후에 고액 연봉을 받고 제약회사의 임원으로 취업하거나 관련 로비스트가 된다.

무어 감독은 다른 국가와의 비교를 위해 캐나다, 영국, 프랑스로 간다. 캐나다에 가서 "병원비가 얼마인가?" 하고 물었다가 이상한 사람 취급을 받는다. 다섯 손가락이 잘리고도 무료로 수술을 받는 캐나다, 빈곤한 사람에게 치료

후 교통비까지 지급하는 영국, 치료 후 회복을 위해 4주간의 유급휴가 증명서
를 발급하는 프랑스 등등.

외국의 의료보장제도를 살펴보고 미국으로 돌아온 무어 감독은 9·11 당시
구호 작업에 참여했지만 제대로 치료를 받지 못하고 있던 미국의 '영웅' 세 명
을 포함하여 다수의 환자들을 데리고 처음 콴타모아 수용소로 가려고 시도하
지만 출입이 거부되자, 미국의 '적'으로 간주되는 사회주의 국가 쿠바로 간다.
미국에서 120달러짜리 약을 한 달에 두 갑씩 복용하던 한 여성은 그 약이 쿠
바에서는 단돈 5센트밖에 안 하는 것에 놀라움을 금치 못한다. 무어 감독은
쿠바국립병원을 방문하여 같이 간 미국 환자들에게 쿠바 국민과 동등한 의료
서비스를 받게 해달라고 부탁하고 치료를 받은 모두가 쿠바의 의료보장제도
에 감탄한다.

미국으로 돌아온 무어 감독은 의료에 대한 사회적 책임이 필요하고 다른
나라의 좋은 예를 따라야 한다는 것을 주장하면서 영화를 끝맺는다.

◤ 사회복지 관점에서 영화 보기

〈식코〉는 본격적으로 미국의 의료보험제도의 문제점을 고발한 다큐멘터리
영화이기 때문에 사회복지와 관련된 여러 쟁점을 찾아볼 수 있다. 여러 쟁점
중에서 특히 사회복지정책론 교과목에 활용될 수 있는 쟁점인 미국 의료보장
제도의 변천, 미국 민간의료보험제도의 문제점, 각국 의료보장의 방식유형,
그리고 국가에 의한 사회보장제도의 필요성을 중심으로 살펴보고자 한다.

미국 의료보장제도의 변천
미국 역사상 의료보험 문제는 주요 정치적 쟁점 중 하나였다. 20세기 이후

민간보험회사로부터 막대한
후원금을 받은 미국 정치가들.
〈식코〉의 한 장면.

역대 미국 대통령들은 미국의 의료체계를 개혁하기 위해 애써왔고, 다양한 성
과를 거두기도 했다. 20세기 초 제26대 대통령인 시어도어 루스벨트는 미국
최초로 보편적인 의료보장제도를 제안했고, 제32대 대통령 프랭클린 루스벨
트는 경제공황 이후 뉴딜 정책의 초석인 「사회보장법」(1935년)을 법제화할 당
시 전 국민 의료보험제도를 구상하기도 했다. 그러나 그러한 구상은 주로 미
국의사협회(AMA)의 '의료보험제도는 의료를 국가가 통제하려는 정책의 술책'
이라는 반대 때문에 실현되지 못했다.

　트루먼 대통령은 페어딜(Fair Deal) 정책의 일환으로 전 국민 의료보장이라
는 대의명분을 채택했고 1948년 선거 공약에 포함했다. 그러나 트루먼 대통
령 역시 미국의사협회, 상공회의소의 반대 및 의료보험은 사회주의적 발상이
라고 주장하는 보수파의 조직적인 반대에 부딪혀 뜻을 이루지 못했다. 1965
년 존슨 대통령은 '위대한 사회'를 제창하여 연방기금으로 양대 소외집단인
빈곤층과 노인층에게 의료혜택을 제공하는 메디케이드(Medicaid: 빈곤층 대상)
와 메디케어(Medicare: 65세 이상 노인 대상)를 도입했다. 이 제도로 현재 미국에
서는 빈곤층과 노인 7,600만 명이 혜택을 받고 있다(Clinton, 2003).

　1971년 2월 닉슨 부통령과 민간보험회사 카이저가 의료보험제도를 민간회
사가 운영하도록 하는 방안을 결정한다. 이런 식의 제도가 도입되면 보험회

●◦ 건강관리기구(Health Maintenance Organization)

　자발적 가입자들에게 미리 약정된 의료 서비스를 제공하는 미국의 민간의료보험 조직 형태이다. HMO의 도입 초기인 1945년에는 미리 의사에게 일정액을 지불하면 건강 진단을 비롯한 포괄적인 의료 서비스를 받을 수 있는 회원의 건강 유지를 목적으로 하는 조직체였으나, 1970년대에 와서 의료비 억제를 위해 이용자의 의료 서비스 선택을 제한하는 방식으로 바뀌게 되었다. HMO의 회원은 HMO가 지정한 의료기관에서만 의료 서비스를 받을 수 있으며, 다른 의료기관에서 진료를 받으면 보험금이 지급되지 않는다.

사가 높은 수익을 올릴 수 있다는 것을 닉슨 부통령은 잘 알고 있으면서도 다음 날 '모든 미국인을 위한 의료보장 정책'이라고 발표하는 화면이 〈식코〉에 나와 닉슨을 조롱거리로 만든다. 이렇게 만들어진 것이 건강관리기구(Health Maintenance Organization)를 중심으로 한 민간의료보험 시스템이다.

　그 후 여러 민주당 대통령이 전 국민 의료보험제도를 제안했으나 큰 성과가 없었다. 1993년 민주당 대통령 후보였던 빌 클린턴은 주요 선거공약으로 '의료개혁'을 내세워 취임 후 '의료개혁특별위원회'를 설치하여 의욕적으로 공공 의료보험제도를 도입하려고 했으나 결국 성공하지 못했다. 〈식코〉에서 '의료개혁특별위원회' 위원장으로 활발히 활동하는 영부인 힐러리의 모습과 이를 결사적으로 반대하는 공화당 의원 및 미국의사협회 회원의 모습이 나온다. 그뿐 아니라 보수파 회합인 커피 모임에서 의료개혁을 저지하기 위해 '의료 사회화는 개인의 자유를 제한하는 사회주의적 발상'이라는 레이건 대통령의 연설을 틀어놓는다.

　2010년 3월에 와서야 오바마 대통령은 100년에 걸친 노력의 결과로 드디어 「환자보호와 적정의료법(Patient Protection and Affordable Care Act)」과 동 법의 수정법인 「보건의료와 교육조정법(Healthe Care and Education Reconciliation Act)」 등의 의료개혁 법안을 통과시킨다. 이번 의료개혁법안의 여덟 가지 원칙은 ① 정부와 기업이 부담하는 보건의료비용 증가를 장기간에 길처 줄여야 하고, ② 의료비로 인한 파산이나 부채로부터 가계를 보호하고, ③ 의료기관 (의사) 선택과 건강보험 선택의 자유를 보장하고, ④ (사후적 치료가 아니라) 예방과 건강에 투자하고, ⑤ 환자의 안전과 간호의 질을 제고해야 하고, ⑥ 보험료가 적정수준이어서 지불 가능하되 보험혜택이 큰 의료보험에 국민 누구나 가입할 수 있어야 하고, ⑦ 이직이나 실직 상태에서도 급여자격이 유지되어 하며, ⑧ 과거 병력을 이유로 보험 가입을 거절당하거나 급여 제한이 있어서는 안 된다는 것이다. 즉, 2010년 의료개혁안의 핵심은 4,700만 명으로 추정되는 미국 내 무보험자의 의료보험 가입을 강제화한 것이다. 이것은 미국에서 전 국민 의료보험을 달성하는 것이나, 그 시행은 2012년에나 가능하다. 그러나 이번 개혁이 처음 민주당에 의해 제안되었던 보험 미가입자를 위한 공공보험제도는 채택되지 않았기에(김주경, 2010), 미국의 의료보장제도는 계속 민간체계로 남겨지게 되었다.

민간의료보험에 의존하는 미국의 문제점

2010년 서명된 의료개혁안 이전까지 미국은 선진국으로는 유일하게 보편적 의료보장제도가 도입되지 않은 국가이다. 지난 100여 년간 미국 국민은 주로 민간보험회사의 보험 상품에 가입하여 질병과 상해 등의 위험에 대처해왔다. 국가는 65세 이상 노인과 장애인 및 저소득층 같은 사회 소외계층에 한정하여 공공부조로서의 의료보장제도만 제공해왔을 뿐이다.

미국 의료보험제도의 첫 번째 문제점은 의료 사각지대가 상당한 비중으로 존재한다는 것이다. 2007년을 기준으로 미국 국민의 15.3%인 4,500만 명이 보험료가 비싸서 의료보험에 가입하지 못할 뿐만 아니라 메디케어나 메디케이드 같은 공공부조 대상자도 아닌 의료 사각지대에 놓여 있다. 〈식코〉는 첫 장면에서 보험에 들지 못해서 상처를 스스로 꿰매는 한 가난한 실업자의 충격적인 모습을 보여주고 있다. 즉, 의료보험에 들지 않은 사람들은 건강상의 위험에 처해도 치료를 받지 못하고, 흔한 질병에 걸려도 결국 진료비가 비싼 응급실 신세를 지거나 개인 부담으로 진료비를 부담하다가 파산하기에 이르게 된다.

미국 의료보험제도의 두 번째 문제점은 의료보험 가입자도 역시 과중한 의료비로 어려움을 겪는다는 것이다. 〈식코〉에는 중산층이었으나 부부 모두가 심장질환과 암이라는 중병에 걸려 병원비 부담 때문에 파산하여 결국 딸의 집 창고에서 비참하게 살아가는 모습이 나온다. 독립심을 미덕으로 여기는 미국 문화에서 자녀에게 경제적으로 의존한다는 것은 큰 수치인 것을 감안할 때, 이는 노부부에게 최악의 상황이다.

세 번째 문제점은 운영에서 지나친 상업주의로 절차가 까다롭고 제도 운영에 비용이 많이 든다는 것이다. 미국에서는 돈이 없거나 보험에 가입되지 않은 환자가 병원 응급실에 갈 경우 치료는 받을 수는 있게 돼 있다. 그러나 문제는 그 이후 병원의 의료비 독촉이다. 〈식코〉에서는 교통사고로 기절하여 구급차로 응급실에 왔는데, 미리 구급차 사용신청을 안했다고 엄청난 금액의 청구서를 받은 여성의 예가 소개된다.

결론적으로, 미국은 전 세계 의료비의 절반 정도(미국 GDP의 13~14%)를 쓰고 있음에도 인구의 다수가 어떠한 형태의 의료보험체계에도 가입되어 있지 않고 있다(Clinton, 2003: 215~231). 2005년에는 미국 국민 1인당 의료비 사용액이 6,401달러였는데, OECD 평균이 2,700달러인 것이 비하면 의료비용 지출

이 무척 높다는 것을 알 수 있다(이상이 외, 2008: 30), 이는 지나친 상업주의를 기반으로 한 민간의료보험제도에 기인하는 면이 크다.

각국의 의료보장 방식

미국처럼 의료의 책임을 시장에 맡기지 않고 국가가 책임지는 의료보장 방식의 유형에는 크게 사회수당(Demogrant) 방식, 사회보험(Social Insurance) 방식, 사회주의(Socialist) 방식 등 세 가지가 있다.

(1) 사회수당 방식

〈식코〉에서 무어 감독은 처음 캐나다를 방문하는데, 캐나다는 국가 조세로 의료보장을 운영하는 사회수당 방식의 국가이다. 자궁경부암에 걸린 22세 여성이 나이가 어려 미국에서 보험급여를 받을 수 없자, 캐나다인 친구의 도움(사실혼 관계인 것처럼 거짓말함)으로 무료 의료 서비스를 받기 위해 캐나다로 간다. 또한 무어 감독의 먼 친척인 노부부는 '캐나다의 무상 의료 서비스 때문에 노후가 걱정이 없다'고 증언하고 있다.

다음으로 무어 감독은 영국을 방문하는데, 영국은 국민보건서비스(National Health Service/NHS)를 1948년부터 시행했으며, 국민보건서비스는 조세로 전

영국 NHS하에서 출산한 후
병원비를 안 내고 퇴원하는 부부.
〈식코〉의 한 장면.

국민에게 의료보장제도를 실시하는 대표적인 사회수당형 의료보장제도이다.
영국에서 가난한 사람에게는 병원에서 교통비까지 제공하는 것을 보고 무어
감독은 무척 놀란다. 영국의 국민보건서비스는 사회주의적 의료방식이라고
미국에서 공격하고 있고, 영국의 의사는 수입이 낮아 행복하지 않으리라는 것
이 미국 일반인의 생각이다. 그러나 무어 감독이 영국의 의사와 인터뷰를 해
보니, 자동차는 고급 아우디를 몰고 집도 좋아 생활수준이 높을 뿐만 아니라
삶에 대한 만족도도 높다고 한다.

　　이 외에도 스웨덴, 덴마크 등 스칸디나비아 국가는 대표적인 사회수당 방
식으로, 국가의 재정책임으로 의료보장제도를 운영하여 에스핑 안데르센
(Esping-Andersen)의 분류에 의하면 '사회민주주의 복지국가'에 해당한다.

(2) 사회보험 방식

　　무어 감독은 다음에 프랑스를 방문하는데, 프랑스는 의료보장에서 기본적
으로 본인, 고용주, 정부 등 3자가 부담하는 사회보험의 방식을 취하고 있다.
프랑스 의료보장의 재원은 피고용자가 총소득의 6.8%를, 노령연금 수급자가
급여액의 1.4%를, 실업자가 실업급여의 2%의 보험료를 내고 사업주는 급여
총지불액의 12.8%를, 정부는 자동차보험료, 약품광고료, 주류 및 담배 판매금
의 12%의 세금을 부과하여 의료재정에 기여한다. 프랑스뿐만 아니라 독일,

한국 등도 의료보장에서 사회보험 방식을 주된 방식으로 취하고 있다.

프랑스에는 병원뿐 아니라 'SOS 의사'라는 응급의료를 제공하기 위해 직접 가정방문을 하는 의사가 있으며, 이를 만나본 무어 감독이 다시 한 번 감탄한다.

(3) 사회주의 방식

사회주의 방식이란 국가가 무상으로 의료 서비스를 제공하는 방식으로 사회주의 국가의 의료보장 방식이다. 쿠바는 1959년 카스트로 혁명 이후 '교육 - 의료 복지 혁명'이란 구호 아래 의료보장제도의 확충을 주요 국가정책으로 내세웠다. 쿠바는 1960~1970년대 소련의 원조금의 상당 부분을 의료개발에 투여하여 국가의 경제규모에 비해 의료수준이 상당하다. 쿠바의 진료체계는 철저히 3단계로 구성되는데, 1차는 진료소로 가족 주치의 1인과 간호사 1인으로 구성된 팀이 120~150가구(약 300명 정도)를 담당한다. 쿠바에서 환자는 1차진료 이후 일반병원 급의 2차 진료기관에 가고, 2차 진료로 치료가 안 되는 큰 수술 등은 3차 진료기관인 대형 종합병원에 가게 된다(화이트포드·브랜치, 2010: 5~30). 쿠바는 국민 1인당 의료비를 미국의 10분의 1밖에 사용하지 않음에도 미국에 비해 영아 사망률이 낮고 평균 수명이 높다고 〈식코〉에서 지적하고 있다.

미국은 의료비를 유럽 국가의 2~3배, 우리나라의 5배나 많이 사용하고 있으나, 건강지표가 다른 선진국에 비해 나쁘다. 예를 들어 2005년 기준 평균수명이 스웨덴은 80.6세, 영국은 79세, 독일은 79세, 프랑스는 80.3세인 반면 미국은 77.8세이다(OECD 국가 평균은 78.6세). 또한 주요 건강수준 지표인 영아사망률은 스웨덴 2.4%, 영국 5.1%, 독일 3.9%, 프랑스 3.6%인 반면 미국은 6.8%이다. 즉, 미국은 세계에서 의료비를 가장 많이 사용하면서도 건강결과는 상대적으로 매우 나쁜데, 이는 미국의 의료체계가 지나치게 상업주의에 기반을 두어 비효율적이기 때문이라는 것이다(이상이 외, 2008).

보편적 사회보장제도의 필요성

무어 감독은 프랑스의 의료뿐만 아니라 아동보육 서비스, 가사도우미 서비스, 교육 서비스 등에 감탄한다. 〈식코〉에서 무어 감독은 프랑스에 사는 미국인을 10여 명 모아놓고 프랑스의 의료보장제도에 관해 얘기를 듣는데, 자연스럽게 프랑스의 타 사회보장제도의 우수성에 대해서도 얘기가 나온다. 한 여성이 말하기를 자신은 프랑스에 살고 있어 사회보장제도의 각종 혜택을 누리는데 미국에 있는 부모님은 평생 열심히 일하고도 그러지 못해 유감이라고 하며 눈물짓는다.

20세기 이후 복지국가는 복지의 일차적 책임이 개인이나 가족에서 국가로 전환된 것이라 할 수 있다. 사회복지정책의 주요 영역은 국제노동기구(ILO)에서 각국 정부에게 권고한 노령(+장애·유족), 의료, 산업재해, 실업, 가족 등 다섯 가지 영역의 사회보장제도이다. 일반적으로 산재, 노령, 질병에 대처하기 위한 사회보장제도가 어느 나라에서나 먼저 도입되는 경향이 있어 이들 제도를 '사회보장의 제1세대'라 부르고, 나머지 실업과 가족을 위한 사회보장제도를 '사회보장의 제2세대'라고 부른다.

소위 복지국가라 분류되는 서유럽 및 북유럽 국가들은 이미 20세기 초에 이러한 제도를 도입하여 복지국가의 초석을 마련했고, 제2차 세계대전 이후에는 수급대상자가 전 국민으로 확대되었다. 우리나라도 산업재해보험(1964년 실시), 의료보험(1977년 실시/2000년에 국민건강보험으로 바뀜), 국민연금(1988년 실시)이 먼저 도입되었고, 실업에 대한 정책인 고용보험(1995년 실시)은 비교적 최근에 도입되었으며, 아직 보편주의적인 가족수당제도는 도입되지 않고 있다.

❖ 생각할 거리

1. 미국 의료보험의 경험을 통해 볼 때, 우리나라 의료보장의 발전방향은 어떠해야 할까?
2. 최근 사회적 이슈로 대두되고 있는 학교급식 문제를 사회복지의 선별주의와 보편주의와 연결시켜 생각해보자.

참고문헌

김주경. 2010. 「건강보장의 보편적 실현, 미국의 의료개혁」. 《이슈와 논점》, 제45호. 국회입법조사처.
유동철·장명희. 2008. 『영화로 보는 사회복지』. 서울: 양서원.
이상이 외. 2008. 『의료민영화 논쟁과 한국의료의 미래』. 서울: 밈.
화이트포드, 린다·로렌스 브랜치. 2010. 『또 하나의 혁명: 쿠바 일차진료』. 최영철·김승섭·김재영 역. 서울: 메이데이.
Clinton, H. R. 2003. *Living History*. 『살아 있는 역사』 김석희 역. 서울: 웅진닷컴. 215~231쪽.
Esping-Andersen, G. 1990. *The Three Worlds of Welfare Capitalism*. Cambridge: Polity Press.

┃ 지은이

김혜래_ 꽃동네대학교 사회복지학부 사회복지 전공 교수

김민아_ 국가인권위원회 인권영화 담당

김연옥_ 서울시립대학교 사회복지학과 교수

박경애_ 해누리가족상담센터 소장, 가사재판 및 협의이혼 상담위원

신은주_ 평택대학교 사회복지학과 교수

윤혜미_ 충북대학교 아동복지학과 교수

이은주_ 꽃동네대학교 사회복지학부 사회복지 전공 교수

이혜경_ 평택대학교 사회복지학과 교수

이혜원_ 성공회대학교 사회복지학과 교수

최승희_ 평택대학교 사회복지학과 교수

홍순혜_ 서울여자대학교 사회복지학과 교수

한울아카데미 1374

영화, 사회복지를 만나다

ⓒ 김혜래 · 김민아 · 김연옥 · 박경애 · 신은주 · 윤혜미 · 이은주 · 이혜경 · 이혜원 · 최승희 · 홍순혜, 2011

지은이 | 김혜래 · 김민아 · 김연옥 · 박경애 · 신은주 · 윤혜미 · 이은주 · 이혜경 · 이혜원 · 최승희 · 홍순혜
펴낸이 | 김종수
펴낸곳 | 도서출판 한울

편집 | 김경아

초판 1쇄 인쇄 | 2011년 8월 1일
초판 1쇄 발행 | 2011년 8월 19일

주소 | 413-756 파주시 교하읍 문발리 535-7 302(본사)
      121-801 서울시 마포구 공덕동 105-90 서울빌딩 1층(서울 사무소)
전화 | 영업 02-326-0095, 편집 031-955-0606(본사), 02-336-6183(서울 사무소)
팩스 | 02-333-7543
홈페이지 | www.hanulbooks.co.kr
등록 | 1980년 3월 13일, 제406-2003-051호

ISBN 978-89-460-5374-8 03330 (양장)
ISBN 978-89-460-4480-7 03330 (학생판)

* 가격은 겉표지에 있습니다.
* 이 도서는 강의를 위한 학생판 교재를 따로 준비했습니다.
  강의 교재로 사용하실 때에는 본사로 연락해주십시오.